CATALOGUE DES LIVRES

COMPOSANT LA BIBLIOTHÈQUE

DE

M. EUGÈNE BURNOUF.

CONDITIONS DE LA VENTE.

Il y aura, chaque jour de vente, exposition de 1 à 3 heures.

Les livres vendus devront être collationnés sur place, dans les 24 heures de l'adjudication. Passé ce délai, ou une fois sortis de la salle de vente, ils ne seront repris pour aucune cause.

Les articles au-dessous de 12 fr. ne seront admis à rapport que dans le cas où ils seraient incomplets par enlèvement de feuillets ou de portion de feuillet emportant du texte ; ils ne seront pas repris pour taches, mouillures, déchirures, piqûres ou autres défectuosités.

Les acquéreurs payeront, en sus des enchères, 5 centimes par franc, applicables aux frais de la vente.

Nota. Le libraire chargé de la vente remplira les commissions qui lui seront adressées.

Imprimerie de W. REMQUET ET Cie, rue Garancière, 5.

CATALOGUE

DES

LIVRES IMPRIMÉS

ET MANUSCRITS

COMPOSANT LA BIBLIOTHÈQUE

DE

Feu M. Eugène BURNOUF,

MEMBRE DE L'INSTITUT,

Secrétaire perpétuel de l'Académie des inscriptions et belles-lettres, professeur de langue et littérature sanskrites au Collége de France, inspecteur de l'enseignement supérieur, membre du conseil supérieur de l'Instruction publique, membre des Sociétés asiatiques de Paris, de Londres, de Madras, de Calcutta, etc. ; membre des Académies de Munich et de Lisbonne ; correspondant de celles de Berlin, de Saint-Pétersbourg, de Turin, etc.

Dont la vente aura lieu le mardi ~~[illegible]~~ 1-20bre et jours suivants,
à sept heures précises du soir,

Rue de l'Odéon, n° 21, au premier étage,

Par le ministère de Me Ducrocq, Commissaire-Priseur,
rue Grange-Batelière, n° 12.

PARIS.

BENJAMIN DUPRAT, LIBRAIRE DE L'INSTITUT,

DE LA BIBLIOTHÈQUE IMPÉRIALE, DES SOCIÉTÉS ASIATIQUES DE PARIS,
DE LONDRES, DE MADRAS ET DE CALCUTTA, etc.

Rue du Cloître-Saint-Benoît, n° 7.

M DCCC LIV.

ORDRE DES VACATIONS.

1re **Vacation.**	Mardi 18 avril 1854.	No 1—176.	
2e	—	Mercredi 19 avril.	No 177—349.
3e	—	Jeudi 20 avril.	No 350—519.
4e	—	Vendredi 21 avril.	No 520—695.
5e	—	Samedi 22 avril.	No 696—866.
6e	—	Lundi 24 avril.	No 867—1043.
7e	—	Mardi 25 avril.	No 1044—1208.
8e	—	Mercredi 26 avril	No 1209—1379.
9e	—	Jeudi 27 avril.	No 1380—1549.
10e	—	Vendredi 28 avril.	No 1550—1720.
11e	—	Samedi 29 avril.	No 1721—1883.
12e	—	Lundi 1er mai.	No 1884—2056.
13e	—	Mardi 2 mai.	No 2057—2228.
14e	—	Mercredi 3 mai.	No 2229—2410.
15e	—	Jeudi 4 mai.	No 2411—2580.
16e	—	Vendredi 5 mai.	No 2581—2730.
17e	—	Samedi 6 mai.	Lots de livres de littérature, et autres.
18e	—	Lundi 8 mai.	Manuscrits. No 1—109.
19e	—	Mardi 9 mai.	Manuscrits. No 109—218.

Les Manuscrits ayant été acquis par la Bibliothèque Impériale ne seront point livrés aux Enchères,

Il en sera de même des Nos 2678 à 2730. Textes indiens lithographiés.

On ne trouvera pas dans ce catalogue la classification rigoureuse que nous voudrions établir, si nous avions à décrire une bibliothèque conservée pour l'usage du public. Il nous a paru convenable de disposer ces livres, que vont se partager les acheteurs, dans un système mixte, en nous conformant, pour les livres qui se rencontrent d'ordinaire, aux habitudes du plus grand nombre des lecteurs, et en plaçant dans leur série de linguistique les ouvrages écrits dans l'un des idiomes qui ne font pas partie de l'éducation commune. On ne trouvera donc pas le Radjatarangini à l'*Histoire*, mais parmi les ouvrages écrits en sanscrit, ni l'Ayeen Akbery à la *Politique,* mais dans la série des livres persans, etc.

Les titres nous ayant été donnés tout transcrits par la personne qui avait eu l'obligeance d'en rédiger les bulletins, nous n'avons pas toujours reconnu par nous-même le bon choix des exemplaires, mais on peut avoir confiance dans le goût pur et sévère qui avait présidé à la formation de cette bibliothèque.

Quant à la description des manuscrits, elle est due en grande partie à l'illustre Indianiste qui était parvenu à recueillir cette admirable collection. C'est dire assez que dans ces notes succinctes on peut puiser de précieuses indications pour l'exploitation future de ces mines qui lui avaient déjà offert à lui-même de si riches filons et qui recèlent tant de trésors dont la conquête fera peut-être la gloire de quelque savant encore à naître. *Exoriare aliquis.....*

CATALOGUE DES LIVRES

COMPOSANT LA BIBLIOTHÈQUE

DE

M. EUGÈNE BURNOUF.

THÉOLOGIE.

1. Biblia hebraica. Eorumdem latina interpretatio Xantis Pagnini, Benedicti Ariæ Montani, et quorumdam aliorum collato studio ad hebraicam dictionem diligentissime expansa. Accesserunt libri græce scripti, qui vocantur apocryphi, cum interlineari interpretatione latina. — Novum Testamentum græcum, cum vulgata interpretatione latina græci contextus lineis inserta, atque alia Ariæ Montani. *Genevæ*, 1609, in-fol. v. (Le titre et plusieurs feuillets raccommodés.)

2. Biblia hebraica ex recensione Aug. Hahnii, cum vulgata interpretatione latina denuo edita. *Lipsiæ*, 1838, 2 vol. in-12, dem. mar. r.

3. Librorum sacrorum Veteris Testamenti concordantiæ hebraicæ et chaldaicæ, auctore J. Fuerstio. *Lipsiæ*, 1840, in-fol. dem. mar. r.

4. Vetus Testamentum ex versione septuaginta interpretum edid. D. Millius. *Amstelodami*, 1725, 2 vol. pet. in-8, cart.

5. Biblia sacra vulgatæ editionis, Sixti V et Clementis VIII jussu recognita atque edita. *Parisiis*, 1741, in-8, mar. n.

6. The Pentateuch translated into the sungskrit language, from the original greek by the missionaries

at Serampore. *Serampore*, 1808, in-4, dem. rel. —The Holy Bible in the sanscrit language. Vol. I, containing the five books of Moses and the book of Joshua. *Calcutta*, 1848, in-8, cart. — Les Livres historiques de la Bible en sanscrit. *Serampore*, 1811, in-4, v. f. fil. *Rare*.

7. La Sainte Bible en latin et en français, avec des explications, par Louis-Isaac Lemaistre de Sacy. *Bruxelles*, 1703-27, 40 vol. in-12, mout. r.

8. La Sainte Bible, trad. par Lemaistre de Sacy. *Paris*, 1722, in-8, d. veau, f. tr. dor.

9. Le Pentateuque, avec une traduction française et des notes philologiques, etc., par J.-B. Glaire. *Paris*, 1835-37. 2 vol. gr. in-8, br.

10. Vetus Testamentum græcum juxta septuaginta interpretes, cum latina translatione, cura et studio J.-N. Jager. *Paris*, 1839, 2 vol. gr. in-8, br.

11. Commentarius grammaticus criticus in Vetus Testamentum in usum maxime gymnasiorum et academiarum adornatus, edente J.-V.-D. Maurer. *Lipsiæ*, 1835-47. 4 tom. en 7 part. in-8, br.

12. Caroli Francisci Houbigantii notæ criticæ in universos Veteris Testamenti libros cum hebraice, tum græce scriptos, cum integris ejusdem prolegomenis ad exemplar parisiense denuo recusæ. *Francofurti ad Mœnum*, 1777, 2 vol. in-4, dem. v. ant.

13. Briani Waltoni Biblicus apparatus chronologico-topographico-philologicus; adjiciuntur. Joh. Drusii de proverbiis sacris classes duæ. *Tigurii*, 1673, in-fol. vél.

14. Biblisches real Woerterbuch ausgearbeitet von Dr G. B. Winer. *Leipzig*, 1847, 2 vol. gr. in-8, dem. v. f.

15. Concordantiæ bibliorum sacrorum vulgatæ editionis; cura et studio F.-P. Dutripon. *Parisiis*, 1838, in-4, dem. mar. r. f.

16. Sam. Bocharti opera omnia. Hoc est Phaleg Chanaan, et Hierozoicon, editio IV. *Lugd. Batav.* 1712. 3 vol. in-fol. vél.

. Histoire critique du Vieux Testament, par le R. P. Richard Simon. *Rotterdam*, 1685, 2 v. in-4, v. br. — Sentiments de quelques théologiens de Hollande sur l'histoire critique du Vieux Testament, composée par R. Simon. *Amsterdam*, 1711, in-12, v. br.

18. Accord du livre de la Genèse avec la géologie et les monumens humains, par M. Gervais de Laprise. *Caen*, 1803, in-8, demi-rel. — L'Antiquité dévoilée au moyen de la Genèse, source et origine de la mythologie et des cultes des payens, par Gosselin. Troisième édit. *Paris*, 1812, in-8, bas.

19. Histoire du peuple de Dieu, depuis son origine jusqu'à la naissance du Messie, tirée des seuls livres saints, par le P. Berruyer. *Paris*, 1742-58, 22 vol. in-12, v. m.

20. Histoire de l'Ancien et du Nouveau Testament, par le R. P. D.-A. Calmet. *Paris*, 1718, 2 vol. in-4, v. br.

21. Novum Testamentum græce, excudebat Rob. Stephanus typographus regius. *Lutetiæ*, 1546, in-18, mar. r. fil. tr. dor.

22. Novum Testamentum græce, cum notis Steph. Curcellæi. *Amstelodami*, 1711, in-12, br. en cart.

23. Novum Testamentum græce. Textum ad fidem codicum versionum et Patrum recensuit et lectionis varietatem adjecit D. Jo. Jac. Griesbach. Vol. I. Editionem tertiam emendatam et auctam curavit D. David Schulz. *Berolini*, 1827. Vol. II. Editio secunda. *Halæ Saxonum et Londini*, 1806, 2 vol. in-8, dem. mar. r. fil.

24. Τῆς παλαιᾶς διαθήκης ἅπαντα εἰς κοινὴν ἑλληνικην διαλεκτον μεταφρασθεῖσα. Ἐν Λονδρᾳ, 1840. = Η νέα διαθήκη μεταφρασθεῖσα εἰς τὴν σημερινὴν τῶν Ελληνων διάλεκτον,

μετατυπωθεῖσα δ'ἀπαραλλάκτως ἀπὸ τὴν βιβλικὴν Ἑταιρείαν τῆς Γενεύης. Ἐν Γενεύῃ, 1831. — L'Ancien et le Nouveau Testament traduits en grec moderne. *Londres* et *Genève*, 1831, 2 vol. in-8.

25. Le Nouveau Testament de Notre-Seigneur Jésus-Christ, édition stéréotype. *Paris*, 1813, in-8, bas.

26. Lo Nou Testament de Nostre Senyor Jesu-Christ, trad. de la vulgata llatina, en llengua catalana. *Londres*, 1835, in-12, cart. en toile.

27. Testamant Nevez hon aotrou Jésuz-Krist. Trôet é brézounek, gaut J. F. M. M. A. Le Gonidec. *Angoulem*, 1827, in-12, bas.

28. Jesus-Christoren evanyelio saindua, S. Mathiuren arabera. Itçulia escuarara, Lapurdico lenguayaz. *Bayonan*, 1825, in-8, br., 82 pag. en basque.

29. An Biobla Naomtha. Bible en irlandais. *London*, 1817, in-8, v. f. — Nouveau Testament en irlandais. London, Bible Society, 1818, in-12, v.

30. Tiomnadh Nuadh ar Tighearna agus ar Slanuighir Josa Criosd. *London*, 1838, in-12, v. gran. En irlandais.

31. The Gospel according to St. John, in Irish, with an interlined english translation; and a grammatical praxis on the gospel according to St. Matthew in Irish... by Owen Connellan. *Dublin*, 1830, in-12, cart.

32. Nouveau Testament de N.-S. J.-C. en langues slavonne et russe. *Saint-Pétersbourg*, 1823. 1 vol in-8, v. rac.

33. Biblia russica, 1 vol. in-4, bas. — Nouveau Testament de N.-S. J.-C., traduit en langue russe par Athanase Stoikovitch. *Leipzig*, Tauchnitz, 1834, in-8, bas.

34. Ulfilas. Veteris et Novi Testamenti versionis gothicæ fragmenta quæ supersunt ad fidem codi-

cum castigata, latinitate donata, adnotatione critica instructa cum glossario et grammatica linguæ gothicæ, conjunctis curis ediderunt H.-C. de Gabelentz et Dr J. Loebe *Lipsiæ*, 1843, 2 vol. in-4, dem. v. f.

35. Auslegung des evangelii Johanis. — L'Évangile de saint Jean, traduit en gothique par Massmann. *Munich*, 1834, in-4, demi-rel. v. f.

36. Das hebenzehend capitel Johannis, von dem gebete Christi gepredigt und ausgelegt durch D. Mart. Luther. *Wittemberg*, 1534, in-4, v. br., fermoirs.

37. Evangelii secundum Matthæum versio francica sæculi IX, nec non gothica sæc. IV. quoad superest von J.-A. Schmeller. *Stuttgart* und *Tubingen*, 1827, in-8, cart.

38. Biblia, dat is de gantsche schriftuur. *London*, 1817, in-8. En hollandais. —Nouveau Testament de N.-S. J.-C. en vieille langue prussienne. *Tilsitt*, 1834, in-8, bas.

39. Biblia to iest Wszystko Pismo swiete starego i nowego przymierza. *Wroclawiu*, 1836, in-8. Bible en polonais. — Le Nouveau Testament de N.-S. J.-C. en lithuanien, in-8, v.

40. The New Testament of our Lord and Saviour Jesus-Christ, translated from the original greek into persian, at Sheeraz, by the rev. H. Martyn. *Calcutta*, 1816, in-8, v. gr.

41. The New Testament of our Lord and Saviour Jesus-Christ, in sanscrit. *Calcutta*, 1841, in-8.

41 *bis*. Le Nouveau Testament en sanscrit. *Serampore*, 1808, in-4, cart.

42. The New Testament of our Lord and Saviour Jesus-Christ, translated into Pali. *Colombo*, 1835, in-8, bas.

43. The Gospels according to St.-Matthew and St.-

John, in english and bengalee. *Calcutta*, 1819, in-8, v. f.

44. The New Testament, translated into the Goozuratee language. *Serampore*, 1820, in-8, v. — Actes des apôtres, en guzarate. *Bombay*, 1832, in-8, d. r.

45. The New Testament, translated into the Nepala language. *Serampore*, 1821, in-8, dem. v. f.

46. The New Testament of our Lord and Saviour Jesus-Christ, translated from the original greek into the Mahratta language, by the american missionaries in Bombay. *Bombay*, 1826, in-8, v. — A defence of the Serampore Mahratta version of the New Testament, in-8 de 78 pag., cart. — L'Évangile de S. Luc en mahratte. *Bombay*, 1836, in-8, d. rel. — Discussion sur les religions chrétienne et hindoue, en mahratte. *Bombay*, 1837, in-8, d. v. f.

47. The Singhalese translation of the New Testament of our Lord and Saviour Jesus-Christ. *Columbo*, 1820, in-8, v.

48. The Malabar New Testament of our Lord and Saviour Jesus Christ, in-8, bas.

49. Les Évangiles en télinga. *Madras*, 1812, gr. in-8, v. gr. fil.

50. Sacra Biblia, tradotta in lingua italiana da Diotati. *Londra*, in-18, cart.

51. Codex apocryphus Novi Testamenti, opera et studio J.-C. Thilo. Tom. I. *Lipsiæ*, 1832, in-8, br.

52. J. Usserii Annales Veteris et Novi Testamenti. *Bremæ*, 1686, in-fol., v. br. — In Annales J. Usserii Tabulæ et observationes geographicæ, authore R. P. F. Lubin. *Paris*, 1773, in-fol. — Histoire critique du texte du Nouveau Testament, où l'on établit la vérité des actes sur lesquels la Religion chrétienne est fondée; par Richard Simon. *Rotterdam*, 1689, in-4, v. br.

53. Histoire critique des versions du Nouveau Testament, où l'on fait connaître quel a été l'usage de la lecture des livres sacrés dans les principales églises du monde, par Richard Simon. *Rotterdam*, 1690, in-4, v. br.

54. Nouvelles observations sur le texte et les versions du Nouveau Testament, par Richard Simon. *Paris*, 1695, in-4, v. jasp.

55. Histoire critique des principaux commentateurs du Nouveau Testament, depuis le commencement du christianisme jusques à notre temps, par Richard Simon. *Rotterdam*, 1693, 1 vol. in-4.

56. Défense des sentimens de quelques théologiens de Hollande sur l'histoire critique du Vieux Testament, contre la réponse du Prieur de Bolleville. *Amsterdam*, 1686, in-12, v. br.

57. Dissertation préliminaire ou Prolégomènes sur la Bible, par L. Ellies Du-Pin, 2 tom. en 3 vol. in-8. — Nouvelle Bibliothèque des auteurs ecclésiastiques, par le même. *Paris*, 1698-1704, 51 vol. — Traité de l'amour de Dieu, par le même, 1717, in-8. — Traité de la Doctrine chrétienne, par le même, 1703, in-8. En tout 56 vol. in-8, v. br.

58. Remarques sur la bibliothèque des auteurs ecclésiastiques de M. Du Pin, par dom Mathieu Petitdidier. *Paris*, 1691-92, 2 vol. in-8, br.

59. Critique de la bibliothèque des auteurs ecclésiastiques et des prolégomènes de la Bible, publiés par M. Ellies Du-Pin; par Richard Simon. *Paris*, 1730, 4 vol. in-8, dem. v. f.

60. Revue des sources nouvelles pour l'étude de l'antiquité chrétienne en Orient, par F. Nève. *Louvain*, 1852, in-8, br. — Essai philologique et historique sur les temples du feu mentionnés dans la Bible, par M. l'abbé Arri, in-8, br. (24 pag.)

61. Projet de réunion de tous les cultes, ou le chris-

tianisme rendu à son institution primitive, par P. Feuillade. *Lyon*, 1815-21, 4 vol. in-8, br.

62. Traité de la Doctrine chrétienne et orthodoxe, par Ellies Du-Pin. *Paris*, 1703, in-8, v. ant.

63. Christian researches in Asia; with notices of the translation of the scriptures into the oriental language, by the rev. C. Buchanan, eleventh edition. *London*, 1819, in-8, dem. v. f.

64. H. Relandi Dissertationes miscellaneæ. *Trajecti ad Rhenum*, 1706-8, 3 part. en 2 vol. in-12, vél. —H. Relandi Palæstina ex monumentis veteribus illustrata. *Traj. Bat.*, 1714, 2 vol. in-4, fig., dem. v. f.

65. Histoire de la destruction du paganisme dans l'empire d'Orient, par Chastel. *Paris*, 1847, in-8, br.

66. Histoire de la destruction du paganisme en Occident, par Beugnot. *Paris*, 1835, 2 vol. in-8, d. r.

67. Recherches historiques et critiques sur les mystères du paganisme, par M. le baron de Sainte-Croix; deuxième édition, revue et corrigée par Sylvestre de Sacy. *Paris*, 1817, 2 vol. in-8, fig., br.

68. Histoire de l'établissement du christianisme, tirée des seuls auteurs juifs et païens, par l'abbé Bullet. *Paris*, 1825, in-8, dem. v. f.—Eclaircissements sur la doctrine et sur l'histoire ecclésiastique des deux premiers siècles, par Faydit. *Maestricht*, 1695, in-8, d. rel.

69. A short life of the apostle Paul, with a summary of christian doctrine, as unfolded in his epistles. In sanskrit verse. With an english version and Bengalee and Hindee translations. *Calcutta*, 1850, in-12, br.

70. Catechismus pro iis, qui volunt suscipere baptismum in octo dies divisus. Opera sacræ congregationis de Propaganda fide in lucem editus ab Alexandro de Rhodes. *Roma*, 1651, in-4, d. v.

71. Compendium doctrinæ christianæ idiomate burmano. *Romæ*, 1776, pet. in-4, br.

72. Catechismus pro burmanis, eorum lingua primisque nunc litterarum typis excusus, addita etiam latina interpretatione opera clericorum regularium S. Paulli in regno Avæ missionariorum. *Romæ*, 1785, in-8, dem. v. ant.

73. Cathechismo da doutrina cristian. — Cristanchi Sastrazza cathexismo. *Roma*, 1778, in-12, d. rel.

74. Exposition de la doctrine de l'Église catholique sur les matières de controverse, par Bossuet. *Paris*, 1686, in-12, vél.

75. Théologie de l'eau, ou Essai sur la bonté, la sagesse et la puissance de Dieu, manifestées dans la création de l'eau. Trad. de l'allemand de J. A. Fabricius. *Paris*, 1743, in-8, v. gr.

76. Théologie des insectes, ou démonstration des perfections de Dieu dans tout ce qui concerne les insectes. Trad. de l'allemand de Lesser; avec des remarques par P. Lyonnet. *Paris*, 1745, 2 vol. in-8, fig., v. marb. fil. tr. dor.

77. Les Mœurs chrétiennes au moyen âge, ou les âges de la foi, par Digby. Trad. de l'anglais par M. J. Daniélo. *Paris*, 1841, 2 vol. in-8, br.

78. Eusebii Pamphili Evangelicæ præparationis libri xv, græce. *Lutetiæ*, Rob. Stephanus, 1544, in-fol. — Eusebii Pamphili Evangelicæ demonstrationis lib. x. *Lutetiæ*, 1545, in-fol. (Les 2 ouvr. rel. en 1 vol. in-fol. v. ant. fil.)

79. La Préparation évangélique, traduite du grec d'Eusèbe Pamphile, avec des notes critiques, historiques et philologiques; par Séguier de Saint-Brisson. *Paris*, 1846, 2 vol. in-8, br.

80. Epistolæ genuinæ S. Ignatii martyris; adduntur S. Ignatii epistolæ, quales vulgo circumferuntur. Adhuc S. Barnabæ epistola. Accessit universis translatio vetus. Edidit, et notas addidit Isaacus Vossius. *Amstelodami*, 1646, in-4, parch.

81. Sancti Barnabæ apostoli (ut fertur) Epistola

catholica ab antiquis olim ecclesiæ Patribus, sub ejusdem nomine laudata et usurpata. Hanc primum è tenebris eruit, notisque et observationibus illustravit R. P. domnus Hugo Menardus. *Parisiis*, 1645, in-4, parch.

82. Sancti Justini Philosophi et martyris opera. *Lutetiæ Parisiorum*, 1615, in-fol., dem. v. rose.

83. Lettres de S. Basile le Grand, de S. Grégoire de Nazianze et de S. Jean Chrysostome; traduites en français et distribuées d'après l'ordre historique, par J.-L. Genin. *Paris*, 1827, in-8, br.

84. Sancti Patris nostri Joannis Chrysostomi archiepiscopi Constant. opera omnia græce et latine. Tomus VI. *Paris*, 1642, in-fol. v. br.

85. Apologétique de Tertullien, trad. par l'abbé J.-F. Allard. *Paris*, 1827, in-8, dem. v. rose.

86. Arnobii Afri disputationum adversus gentes libri VII. Recognovit, notis priorum interpretum selectis aliorumque et suis illustravit J.-C. Orellius. *Lipsiæ*, 1816, 2 vol. in-8, dem. m. r. f.

87. L. Cœlii sive Cœcilii Lactantii Firmiani opera omnia quæ extant. *Biponti*, 1786, 2 vol. in-8, dem. v. ant.

88. Sancti Aurelii Augustini de Civitate Dei, libri XXII. *Parisiis*, 1838, gr. in-8, br.

89. Les Confessions de saint Augustin, trad. par le R. P. de Ceriziers. *Paris*, 1639, in-18, mar. citr. fil. tr. dor.

90. Les Confessions de saint Augustin, trad. en françois par Arnaud d'Andilly. Nouv. édition avec le latin à costé. *Paris*, 1676, in-8, v. br.

91. Les Confessions de saint Augustin, trad. en françois par Du Bois. *Paris*, Impr. R., 1758, 3 vol. in-12, v. f. fil.

92. Les lettres de saint Augustin, trad. en françois sur l'édit. des P. P. bénédictins de la congrég. de S. Maur, par Du Bois. *Paris*, 1701, 6 vol. in-8, v. br.

93. Les soliloques et les méditations de saint Augustin, trad. en françois par Du Bois. *Paris*, Impr. R., 1759, in-12, v. f. fil.

94. Le Manuel et le Livre de saint Augustin, De l'Esprit et de la Lettre, trad. en françois par Du Bois. *Paris*, Impr. R., 1759, in 12, v. f. fil.

95. Les deux Livres de saint Augustin, De la véritable religion, et des mœurs de l'Église catholique, trad. en françois par Du Bois. *Paris*, 1690, in-8.

96. Poëme de S. Prosper contre les ingrats, où la doctrine catholique de la grâce est excellement expliquée, et soustenuë contre les erreurs des Pélasgiens et des semi-Pélasgiens, trad. en françois avec les vers latins mis à costé des françois. *Paris*, 1646, in-4, dem. mar. r.

97. Isidori Hispalensis de nativitate Domini, passione et resurrectione, regno atque judicio Epistolæ : versio francica sæculi octavi. Ex codice Parisiensi edidit, annotationibus et glossario instruxit A. Holzmann. *Carolsruhæ*, 1836, in-8, cart.

98. The homilies of the Anglo-Saxon church.—The homilies of Ælfric, with an english translation, by B. Thorpe. *London*, 1843. Vol. I, in-8.

99. Histoire critique de Manichée et du manichéisme, par Beausobre. *Amsterdam*, 1734-39, 2 vol. in-4, v. marb.

Le 2e vol. est légèrement mouillé à la marge du bas.

100. De l'état de l'âme, depuis le jour de la mort jusqu'à celui du jugement dernier, d'après Dante et saint Thomas. Thèse de littérature, par G.-H. Bach. *Rouen*, 1836, gr. in-8, br.

101. De l'immortalité de l'âme selon les Hébreux, par M. J.-B.-Fr. Obry. *Amiens*, 1839, in-8, dem. v. f. (Extr. des Mém. de l'Acad. d'Amiens.)

102. Rituale romanum Urbani VIII jussu editum illyrica lingua. *Romæ*, 1640, in-4, vel.

103. Les œuvres de sainte Thérèse, divisées en deux parties, de la traduction de M. Arnauld d'Andilly. *Paris*, 1696, in-4, v. gr. fil. tr. dor.

104. Lettres de M. Antoine Arnauld, docteur de Sorbonne. *Nancy*, 1727-43, 9 vol. in-12, vél.

105. Lettres de M. Arnauld d'Andilly. *Paris*, 1662, pet. in-12, mar. r. fil. tr. dor.

106. La vérité sur les Arnauld, complétée à l'aide de leur correspondance inédite, par P. Varin. *Paris*, 1847, 2 vol. in-8, br.

107. Essais de morale et autres œuvres de Nicole. *Paris*, 1755-69, 26 vol. in-12, v. gr.

108. La vie de dom Armand-Jean Le Bouthillier de Rancé, abbé régulier et réformateur du monastère de la Trappe, par l'abbé de Marsollier. *Paris*, 1703, in-12, mout. v.

109. De Imitatione Christi, libri IV. Edid. Nic. Beauzée. *Parisiis*, Barbou, 1789, in-12, fig. v. rac. — De Imitatione Christi liber primus, ex latino in hebræum versus à J. Müller. *Francofurti ad M.*, 1837, in-8, br.

110. Études sur les mystères, monumens historiques et littéraires, la plupart inconnus, et sur divers manuscrits de Gerson, y compris le texte primitif français de l'Imitation de J.-C. récemment découvert ; par Onésime Leroy. *Paris*, 1837, in-8, bas.

111. Entretiens solitaires, ou prières et méditations pieuses, en vers françois, par M. de Brébeuf. *Paris*, 1660, in-12, v. br.

112. Poésies sacrées et philosophiques tirées des livres saints, par Lefranc de Pompignan. *Paris*, 1743, in-4, v. éc. fil.

113. Les véritez royales, ou instruction du prince chrestien, par J.-J. de Barthès. *Paris*, 1645, in-4, mar. r. fil. tr. dor.

114. Oraisons funèbres de Bossuet, Fléchier et autres orateurs, avec un discours préliminaire et des notices par Dussault. *Paris*, 1820-26, 4 vol. in-8, fig., br.

115. OEuvres de Massillon. *Paris*, 1745-49, 15 vol. in-12, v. f. fil. tr. dor.

116. Génie du christianisme, ou beautés de la religion chrétienne, par Chateaubriand. Cinquième édit. *Lyon*, 1809, 5 vol. in-8, fig., dem. v.

117. Examen critique des apologistes de la religion chrétienne, par Fréret. 1767, in-12, dem. v.

118. Lettres de quelques juifs portugais, allemands et polonais à M. de Voltaire, suivies des mémoires sur la fertilité de la Judée, par l'abbé Guénée. *Paris*, 1817, 3 vol. in-12, dem. rel.

119. Lettres édifiantes et curieuses, écrites des missions étrangères. Nouv. édit. *Paris*, 1780-83. 26 vol. in-12, fig., v. jasp.

120. Morceaux choisis des lettres édifiantes et curieuses, écrites des missions étrangères sur la religion, les mœurs et usages des peuples, etc. *Paris*, 1810, 2 vol. in-12, fig., v. gr. fil.

121. Acta sanctorum martyrum Orientalium et Occidentalium in duas partes distributa; accedunt acta S. Simeonis Stylitæ. Edidit S.-E. Assemanus. *Romæ*, 1748, 2 vol. in-fol. vél.

122. Les Vies des saints Pères des déserts, et de quelques saintes, écrites par des Pères de l'église et autres anciens auteurs ecclésiastiques, grecs et latins. Trad. en françois par Arnaud d'Andilly. *Paris*, 1701, 3 vol. in-8, v. br.

123. Les Vies des SS. Pères des déserts d'Occident. *Paris*, 1736, 3 vol. in-12, fig., bas.

124. Les Vies des SS. Pères des déserts d'Orient. *Paris*, 1739, 2 vol. in-12, fig., bas.

125. Histoire des inquisitions, où l'on rapporte l'origine et le progrès de ces tribunaux, leurs variations, la forme de leur juridiction, et l'extrait du Manuel des inquisiteurs. Nouv. édition. *Cologne*, 1769, 2 vol. in-12, br.

126. Les Vies des saints, composées sur ce qui nous est resté de plus authentique et de plus assuré dans leur histoire, par A. Baillet. *Paris*, 1724, 4 vol. in-fol., v. br.

127. Noticia historico-natural de los gloriosos triumphos y felices adelantamientos conseguidos en el presento siglo por los religiosos del orden de N. P. S. Augustin en las missiones que tienen a su cargo en las islas Philipinas, y en el grande imperio de la China. Compusto por el R. P. Fr. Antonio Mozo. *Madrid*, 1753, in-4, parch.

128. Relation des missions et des voyages des evesques, vicaires apostoliques, et de leurs ecclésiastiques ès années 1672, 1673, 1674 et 1675. *Paris*, 1680, in-8, v. br.

129. Die protestantischen missionen in Indien mit besonderer Rucksicht auf Bengalen. Von J.-J. Weitbrecht. Mit einem Vorwort von W. Hoffmann. *Heidelberg*, 1844, in-12, br.

130. Mémoires pour servir à l'histoire des égaremens de l'esprit humain par rapport à la religion chrétienne, ou Dictionnaire des hérésies, des erreurs et des schismes, par Pluquet. *Paris*, 1764, 2 vol. in-12.

131. Essai sur l'esprit et l'influence de la réformation de Luther, par Ch. Villers. Deuxième édit. *Paris*, 1804, in-8, br.

132. Die Bible oder die heilige Schrift des Alten und Neuen Testaments, nach der deutschen Uebersetzung, D. Martin Luther. *London*, 1831, in-12, pap. vél., v. fers à froid.

133. Pentateuchus ex recensione textus hebræi et

versionum antiquarum latine versus notisque philologicis et criticis illustratus a J.-A. Dathio. *Halæ*, 1791, in-8, dem. v. f.

134. Commentaire géographique sur l'Exode et les Nombres, par L. de Laborde. *Paris*, 1841, in-fol., cartes, dem. v. f.

135. Introductio in libros sacros veteris fœderis, in epitomen redacta a Joh. Jahn. Editio secunda emendata. *Viennæ*, 1814, in-8, dem. v. f.

136. Job et les psaumes, trad. nouv. par H. Laurens. *Montauban*, 1839. 1 vol. in-8, br.

137. Job, traduit par J.-M. Dargaud. *Paris*, 1839, gr. in-8, br. — Le Cantique des Cantiques, trad. par le même. *Paris*, 1839, in-8, br.

138. Herméneutique sacrée, ou introduction à l'Écriture-Sainte en général, et en particulier à chacun des livres de l'Ancien et du Nouveau Testament; par J.-H. Janssens, trad. du latin par J.-J. Pacaud. *Paris*, 1833, 3 vol. in-8, dem. v. f.

139. Dictionnaire historique, critique, chronologique, géographique et littéral de la Bible; par Dom A. Calmet. *Paris*, 1730, 4 vol. in-fol., fig., demi-rel. non rog.

140. Les Méditations des zélateurs de piété, c'est-à-dire les méditations de sainct Augustin; soliloques et manuel d'iceluy : Méditations de sainct Anselme et de sainct Bernard; et autres dévotes occupations. *Paris*, 1597, in-12, mar. vert, tr. dor.

OUVRAGES PHILOSOPHIQUES SUR LES DIVERS CULTES.

RELIGIONS DES PEUPLES ORIENTAUX.

141. Religions de l'antiquité, considérées principalement dans leurs formes symboliques et mythologiques; ouvr. traduit de l'allemand du Dr F. Creuzer, refondu en partie, complété et développé

par M. Guigniaut. *Paris,* 1825-51, 3 tom. en 8 part., plus 3 cahiers de planches. Les 3 prem. part. dem. v. f., les autres br. Envoi du trad.

142. Les Religions du monde, ou démonstration de toutes les religions et hérésies de l'Asie, Afrique, Amérique et de l'Europe, depuis le commencement du monde jusqu'à présent. Escrites par le Sr A. Ross et trad. par Th. La Grue. A *Amsterdam,* 1666, gr. in-4, fig. vél.

143. Le Génie des religions, par E. Quinet, 2e édit. *Paris,* 1851, in-12, br.

144. Origine de tous les cultes, ou religion universelle, par Dupuis. *Paris,* an III, 3 vol. et atl. in-4, bas. m.

145. Vie de Jésus, ou examen critique de son histoire, par le Dr D.-Fr. Strauss, trad. par E. Littré. *Paris,* 1839-40, 2 tom. en 4 vol. in-8, br.

146. Die Religions-Systeme der Hellenen in ihrer Geschichtlichen entwickelung bis auf die Makedonische Zeit. Dargestellt von P.-F. Stuhr. *Berlin,* 1838, in-8, br. — Die Religions Systeme der Heidnischen Völker des Orients. Dargestellt von P.-F. Stuhr. *Berlin,* 1836, in-8, br.

147. Symbolik und Mythologie oder die Naturreligion des Alterthums, von F.-C. Baur. *Stuttgart,* 1824-25, 3 vol. in-8, dem. v. f.

148. Symbolik des mosaischen cultus, von K.-C.-W.-F. Bähr. *Heidelberg,* 1837-39, 2 vol. in-8, br.

149. An analytical and comparative view of all religions now extant among Mankind, with their internal diversities of creed and profession, by J. Conder. *London,* 1828, in-8, cart. — Book of religions and philosophical sects, by Muhammad Al Sharastani, edited in arabic by Will. Cureton. Part. I. *London,* 1842, in-8, cart.

150. Veterum Persarum et Parthorum et Medorum

religionis historia, autore T. Hyde. Editio secunda. *Oxonii*, 1750, in-4°, fig., demi-rel. n. rog.

151. Oracula sybillina cum variorum commentariis gr. et lat. opera et studio Servatii Gallæi. *Amstelodami*, 1689, 2 vol. in-4°, vél.

152. Oracula sybillina, textu ad codices mss. recognito, minimis supplementis aucto, cum Castalionis versione metrica, innumeris pœne locis emendata, etc. Curante C. Alexandre. Vol. 1. *Parisiis*, 1841, in-8, br.

153. Opuscula mythologica, physica et ethica. Græce et latine. Cum notis var. (ex recensione Th. Gale). *Amstelœdami*, 1688, in-8, par.

154. Explication de divers monumens singuliers qui ont rapport à la religion des plus anciens peuples, par Dom Martin. *Paris*, 1739, 1 vol. in-4°, fig., v. f. fil. tr. dor.

155. Mémoire sur les oracles des anciens, par M. Clavier. *Paris*, 1818, in-8, br.

156. Les Livres sacrés de l'Orient, contenant : le Chou-King ou le Livre par excellence; les Sse-Chou ou les Quatre Livres moraux de Confucius et de ses disciples; les Lois de Manou, premier législateur de l'Inde; le Koran de Mahomet; traduits ou revus et publiés par J. Pauthier. *Paris*, 1840, gr. in-8, br.

157. Le Koran, traduction nouvelle faite sur le texte arabe par M. Kasimirski. *Paris*, 1841, in-12, br.

158. Adriani Relandi de religione Mohammedica, libri duo, quorum prior exhibet compendium theologiæ Mohammedicæ. *Ultrajecti*, 1705, in-12, dem. mar. v. fil.

159. Doctrine et devoirs de la religion musulmane, tirés textuellement du Coran, suivis de l'Eucologe musulman, trad. de l'arabe par M. Garcin de Tassy. *Paris*, 1826, in-18, br.

160. Joannis Seldeni, de Diis Syris syntagmata II. Adversaria nempe de numinibus commentitiis in veteri instrumento memoratis. Editio novissima additamentis locupletata, opera Andr. Bayeri. *Amstelodami*, 1680, pet. in-8, v. br.

161. Exposé de la religion des Druzes, tiré des livres religieux de cette secte, et précédé d'une introduction et de la vie du khalife Hakem-Biamr-Allah, par M. le baron Silvestre de Sacy. *Paris*, 1838, 2 vol. in-8, br.

162. Essai sur la théogonie mexicaine, par M. Ternaux-Compans. *Paris*, 1840, in-8, br. 52 pag. (Extr. des Ann. des voyages.)

163. Histoire de la religion des Banians, contenant leurs loix, leur liturgie, etc., trad. de l'anglois de Henri Lord. *Paris*, 1667, in-12, v. br.

164. Ueber religiose Bildung Mythologie und Philosophie der Hindus, mit Rücksicht auf ihre älteste Geschichte von Dr J.-G. Rhode. *Leipzig*, 1827, 2 vol. in-8, fig., dem. v. f.

165. Ant. de Coucto de gentilis Angollæ fidei mysteriis liber. *Romæ*, 1661, in-4, dem. v. a.

166. Bagavadam, ou doctrine divine; ouvr. indien, canonique, sur l'Etre suprême, les dieux, les géans, les hommes, les diverses parties de l'univers, etc., par Foucher d'Obsonville. *Paris*, 1788, v. m.

167. Of the origin of the hindu religion, by Paterson. S. l. n. d., in-4, fig., dem. v. rose.

168. Systema Brahmanicum liturgicum, mythologicum, civile ex monumentis indicis Musei Borgiani Velitris, dissertationibus historico-criticis illustravit Fr. Paullinus a S. Bartholomæo. *Romæ*, 1791, in-4, fig., dem. v. ant.

169. Brahma et Brahmanisme, par M. le baron

d'Eckstein, in-8, cart., 16 pag. (Extr. de l'Encycl. des gens du monde.)

170. Two lectures on the religious practices and opinions of the Hindus, by H.-H. Wilson. *Oxford*, 1840, in-8, dem. cuir de r., 71 p.

171. Mythologie des Indous; travaillée par mad. la chanoinesse de Polier, sur des manuscrits authentiques apportés de l'Inde par feu M. le colonel de Polier. A *Roudolstadt*, 1809, 2 vol. in-8, dem. v. f.

172. Krichna et sa doctrine. Traduit sur le manuscrit hindou de Lalatch Kab par Th. Pavie. *Paris*, 1852, in-8, br.

173. The Prem sagur, or the history of Krishnu, according to the tenth chapter of the Bhagubut of Vyasudevu. Translated into Hindee from the bruj bhasha of Chutoorbooj-Misr, by Lulloo Lal. *Calcutta*, 1831, in-4, cart.

174. The Parsi religion; as contained in the Zand-Avasta and propounded and defended by the Zoroastrians of India and Persia unfolded, refuted, and contrasted with Christianity, by J. Wilson. *Bombay*, 1843, in-8. — The doctrine of Jehovah addressed to the Parsis; a sermon preached on the occasion of the baptism of two youths of that tribe may 1839. By J. Wilson. *Bombay*, 1839, in-8, 69 pag.

175. Dialogues between certain Brahmans, Marattas, and others, and a Christian, on the hindoe and christian religions; translated from the Maratta, by the rev. J. Stevenson. *London*, 1830, in-12, dem. mar. r. fil., 72 pag.

76. Essai sur les dogmes de la métempsychose et du purgatoire enseignés par les bramins de l'Indostan; suivi d'un récit abrégé des dernières révolutions et de l'état présent de cet empire, tiré de l'anglois par M. Sinner. *Berne*, 1771, in-12, v. m.

JURISPRUDENCE.

177. Introduction générale à l'histoire du droit, par E. Lerminier. Deuxième édition. *Paris*, 1835, in-8, br. — Lettres philosophiques adressées à un Berlinois, par E. Lerminier. *Paris*, 1833, in-8, br.

178. Histoire du Droit romain, suivie de l'histoire de Cujas ; par M. Berriat-Saint-Prix. *Paris*, 1821, in-8, dem. v. ant.

179. Esprit des lois romaines de Gravina, trad. par Requier. *Paris*, 1821, in-8, dem. v. ant.

180. Corpus juris civilis academicum, in duas partes distributum, usuique moderno ita accommodatum, auctore C.-H. Freiesleben. *Coloniæ Munatianæ*, 1789, in-4, bas.

181. Doctrina Pandectarum in usum scholarum scripsit Ch.-F. Mühlenbruch. *Halis Saxonum*, 1823-25, 3 vol. in-8, br.

182. Institutionum juris romani privati historico-dogmaticarum denuo recognitarum epitome. Novæ editionis prodromus. Adumbravit et sententias legum duodecim tabularum, necnon edicti prætorii atque ædiliti quæ supersunt ; denique breves tabulas chronologicas adjecit D.-C.-G. Haubold. *Lipsiæ*, 1821, in-8, br.

183. Institutes de Justinien nouvellement expliquées par M. Ducaurroy. Sixième édit. *Paris*, 1841, 2 vol. in-8, br.

184. L'interprétation des Institutes de Justinian avec la conférence de chasque paragraphe aux ordonnances royaux, arrestz de parlement et coustumes

générales de la France. Ouvrage inédit d'Étienne Pasquier, publié par M. le duc Pasquier, avec une introduction et des notes de M. C. Giraud. *Paris*, 18 7, in-4, cart.

5. Gaii institutionum commentarii IV. E codice rescripto bibliothecæ capitularis Veronensis a Frid. Bluhmio iterum collato secundum edidit Jo. Frid. Lud. Goeschen. *Berolini*, 1824, in-8, dem. v. f.

186. Juris civilis ecloga qua cum Justinianeis Institutionibus Novellisque 118 et 127, continentur; Gaii institutionum commentarii IV, Ulpiani regularum liber singularis, Pauli sententiarum libri V, et breviora quædam veteris prudentiæ monumenta. *Parisiis*, 1822, in-12, dem. v.

87. Traité des loix politiques des Romains, du temps de la république; par M. de Pillati de Tassulo. *La Haye*, 1780, 2 vol. in-8, br.

188. Caroli Sigonii de antiquo jure provinciarum libri duo, Venetiis, 1568. — C. Sigonii de lege curiata magistratuum et imperatorum, ac jure eorum liber. *Venetiis*, 1569. — N. Gruchii et C. Sigonii de binis comitis, et lege curiata contrariæ inter se disputationes. *Bononiæ*, 1566. — C. Sigonii Patavinarum disputationum adversus Franciscum Robortellum liber secundus. *Patavii*, 1562, 1 vol. in-4, v. f.

189. Jo. Gottlieb Heineccii antiquitatum romanarum jurisprudentiam illustrantium syntagma secundum ordinem Institutionum Justiniani digestum. Edid. C.-G. Haubold. *Francofurti ad Mœnum*, 1822, in-8, dem. v. ant.

190. J. Gottl. Heineccii ad legem Juliam et Papiam Poppaeam commentarius. *Amstelœdami*, 1731, in-4, vél.

191. De veteri ritu nuptiarum et jure connubio-

rum libri duo, autore Barnab. Brissonio. *Amstelodami*, 1662, in-12, vél.

192. Petri Pithœi opera, sacra, juridica, historica, miscellanea. Collecta et edita studio C. Labbæi. *Parisiis*, 1609, in-4, mout. dent.

193. Élémens philosophiques du citoyen. Traité politique, où les fondemens de la société civile sont découverts, par T. Hobbes, et trad. en françois par Sam. Sorbière. *Amsterdam*, 1649, in-8, bas., r. fil. tr. dor.

194. Les Six Livres de la république, de J. Bodin. Troisième édit. *Paris*, 1578, in-fol. parch.

195. Du rapport des diverses formes de gouvernement avec les progrès de la civilisation; discours politique et moral, par J.-A.-F. Massabiau. *Paris*, 1805, in-8, bas.

196. Études sur l'histoire des lois, etc., par M. de Pétigny. Tome II, 1re part. *Paris*, 1844, in-8, br.

197. De l'origine des loix, des arts et des sciences et de leurs progrès chez les anciens peuples; par Goguet. *Paris*, 1758, 3 vol. in-4, mar. vert, fil. tr. dor.

198. Esprit, origine et progrès des institutions judiciaires des principaux pays de l'Europe; par J.-D. Meyer. *Paris*, 1823, 5 vol. in-8, dem. v. rose.

199. L'ordre naturel et essentiel des sociétés politiques (par Lemercier de Larivière). *Londres* et *Paris*, 1767, 2 vol. in-12, veau éc.

200. De l'esprit des institutions politiques, par J.-A.-F. Massabiau. *Paris*, 1821, 2 vol. in-8, br.

201. Origines du Droit français cherchées dans les symboles et formules du Droit universel, par M. Michelet. *Paris*, 1837, in-8, br.

202. Histoire du système politique de la France, depuis Clovis jusqu'à la révolution de 1789, par M. D. Mollard. *Paris*, 1840, 2 vol. gr. in-8, br.

— De l'ordre social en France, par le même. *Paris*, 1840, in-8, br. (52 pag.)

203. Études sur l'histoire, les lois et les institutions de l'époque mérovingienne, par J. de Pétigny. *Paris*, 1843-46, 3 vol. in-8, br.

204. Études sur l'histoire du Droit français, par C.-A. Chambellan. 1re part. *Paris*, 1848, in-8, br.

205. Loi Salique, ou recueil contenant les anciennes rédactions de cette loi, et le texte connu sous le nom de *Lex emendata ;* par J.-M. Pardessus. *Paris*, 1843, in-4, br.

206. Droit public français, ou histoire des institutions politiques, par J.-B.-J. Paillet. *Paris*, 1822, in-8, dem. v. ant.

207. De l'excellence des roys, et du royaume de France. Traitant de la préséance, premier rang et prérogatives des roys de France par dessus les autres, et des causes d'icelles ; par Jérôme Bignon. *Paris*, 1610, pet. in-8, vél.

208. Élémens de droit public et administratif ; par E.-V. Foucart. *Paris*, 1834-35. Tome I et 1re part. du tome II. 2 vol. in-8, br.

209. Traité des droits des communes et des bourgeoisies; par M. Varsarvaux. *Nantes*, 1759, in-12, bas.

210. Code Napoléon. Édition seule officielle pour le royaume de Westphalie. *Strasbourg*, 1808, 1 vol. in-8, dem. v. bl. (En français et en allemand.)

211. Histoire du droit de propriété foncière en Occident. Mémoire couronné par l'Académie des Inscriptions et Belles-Lettres dans sa séance du 10 août 1838; par E. Laboulaye. *Paris*, 1839, in-8, br. (Envoi de l'auteur.)

212. Histoire de la possession et des actions possessoires en droit français; précédée d'une introduc

tion sur le droit de propriété; par J. A. Alauzet. *Paris*, Impr. N., 1849, in-8, br.

213. Dictionnaire général et complet de procédure, ou Table du Journal des avoués dans un double ordre chronologique et alphabétique; par Chauveau Adolphe. *Paris*, 1837, in-8, br.

214. Traité de droit pénal, par M. P. Rossi. *Paris*, 1839, 3 vol. in-8, br.

215. Essai sur les peines et le système pénitentiaire, par J. Alauzet. *Paris*, Impr. R., 1842, in-8, br.

216. Des prisonniers, de l'emprisonnement et des prisons, par G. Ferrus. *Paris*, 1850, in-8, br.

217. Des conspirations et de la justice politique, par F. Guizot. *Paris*, 1821, in-8, br.

218. Des moyens de gouvernement et d'opposition dans l'état actuel de la France, par F. Guizot. *Paris*, 1821, in-8, dem. v. ant.

219. Essai sur les garanties individuelles que réclame l'état actuel de la société, par P. C. F. Daunou. *Paris*, 1819, in-8, br.

220. Du pouvoir spirituel dans ses rapports avec l'État, depuis l'origine de la monarchie française jusqu'à la révolution de 1830, par M. Filon. *Paris*, 1844, in-8, br.

221. Plaidoyers de MM. Chauveau-Lagarde et Billecoq, défenseurs de M. de Tonniges. — Plaidoyer de M. Bonnet, même affaire; plaidoyer et réplique de M. Gairal pour J.-F. Herbelin, notaire, même affaire, et autres mémoires et plaidoyers, 1 vol. in-4, dem. v. ant.

222. Plaidoyers et œuvres diverses de M. Patru. Nouv. édit. *Paris*, 1681, 1 vol. in-8, v. br.

223. Das Recht des Besitzes. Eine civilistische Abhandlung von Dr F. C. von Savigny. *Giessen*, 1822, in-8, dem. v. ant.

224. Constitution de l'Angleterre, ou état du gouvernement anglais comparé avec la forme républicaine et avec les autres monarchies de l'Europe; par de Lolme. *Paris*, 1822, 2 vol. in-8, dem. v. ant.

225. The Matakshara, a compendium of hindu law; by Vijnaneswara. Founded on the texts of Yajnawalkya the Vyavahara section, or jurisprudence. Edited by sri Lakshmi Narayana Nyayalancara. S. L., 1829, in-8, dem. cuir de r. fil.

226. Two treatises on the Hindu law of inheritance translated by H. T. Colebrooke. *Calcutta*, 1810, in-4, dem. v. ant.

227. A digest of Hindu law on contracts and successions; with a commentary by Jagannatha Tercapanchanana. Translated from the original sanscrit. By H. T. Colebrooke. *Calcutta*, 1798, 4 vol. in-fol., dem. mar.

228. Treatise on obligations and contracts. By H.-T. Colebrooke. Part. 1. *London*, 1818, gr. in-8, cart.

229. Daya tatwa, a treatise on the law of inheritance, by Raghunandana Bhattacharya. Edited by Lakshmi Narayan Serma. S. L., 1828, in-8, dem. cuir de R.

230. Daya Krama Sangraha, a compendium of the order of inheritance, by Krishna Terkalankara Bhattacharya. Edited by Lakshmi Narayan Serma. S. L., 1828, in-8, dem. cuir de R. fil.

231. Histoire de la procédure civile chez les Romains, par F. Walter. Trad. de l'allemand par L. Laboulaye. *Paris*, 1841, in-8, br.

232. Jus matrimonii veterum Indorum cum eodem Hebraeorum jure subinde comparatum. Jo. Henrici Kalthoffii commentatio. *Bonnæ*, 1829, in-8, cart.

233. De re judicata et de rei judiciariæ apud Roma-

nos disciplina exercitationem.... ad licenciatus gradum promovendus E. Burnouf. *Lutetiæ Parisiorum*, 1824, in-8, dem. v. f.

234. Fragmentum legis romanæ in aversa tabulæ Heracleensis parte. Notis criticis et commentario illustravit G. T. L. Marezoll. *Gottingæ*, 1816, in-8, br.

235. Vyavahara tatwa, a treatise on judicial proceedings by Raghunandana Bhattacharya. Edited by Lakshmi Narayan Serma. S. L. 1828, in-8, dem. cuir de R. fil.

236. Das Mosaische Recht mit Berücksichtigung des spätern jüdischen, von Dr J. L. Saalschütz. *Berlin*, 1844, 2 vol. in-8, br.

237. Législation orientale; par Anquetil-Duperron. *Amsterdam*, 1778, in-4, dem. v. ant.

238. Recherches sur la constitution civile et politique des femmes depuis les Romains jusqu'à nos jours, par Ed. Laboulaye. *Paris*, 1843, in-8, br.

PHILOSOPHIE.

239. Historia philosophiæ, vitas, opiniones, resque gestas et dicta philosophorum complexa. Auctore T. Stanleio. *Lipsiæ*, 1711, in-4, vél. bl.

240. J. Bruckeri historia critica philosophiæ a mundi incunabulis ad nostram usque ætatem deducta. Editio secunda. *Lipsiæ*, 1767, 6 vol. in-4, bas. rac.

241. Manuel de l'histoire de la philosophie, trad. de l'allemand de Tennemann par V. Cousin. *Paris*, 1829, 2 vol. in-8, dem. mar. rose, fil.

242. Histoire de la philosophie, par l'abbé J. B.

Bourgeat. — Philosophie orientale. *Lyon*, 1850, in-8, br.

243. Manuel de philosophie, par A. H. Matthiæ, trad. de l'allemand par M. H. Poret. *Paris*, 1837, in-8, br.

244. Manuel de philosophie à l'usage des élèves qui suivent les cours de l'université, par M. C. Mallet. *Paris*, 1835, in-8, dem. v. f.

245. R. Cudworthi, systema intellectuale hujus universi, seu de veris naturæ rerum originibus commentarii.... Recensuit Moshemius. *Lugd. Batav.*, 1773, 2 vol. in-4.

246. De la recherche de la vérité, par N. Malebranche. *Paris*, 1772, 4 vol. in-12, bas.

247. Élémens de philosophie, par Patrice Larroque. *Lyon*, 1830, in-8, dem. v. f.

248. Leçons de philosophie, ou essai sur les facultés de l'âme, par M. Laromiguière. *Paris*, 1825, 2 vol. in-8, dem. v.

249. Leçons de philosophie sur les principes de l'intelligence ou sur les causes et sur les origines des idées, par P. Laromiguière. Sixième édit. *Paris*, 1844, 2 vol. in-12, br.

250. Histoire des causes premières, ou exposition sommaire des pensées des philosophes sur les principes des êtres ; par M. l'abbé Batteux. *Paris*, 1769, 2 vol. in-8, veau, éc. fil.

251. La morale d'Epicure tirée de ses propres écrits, par M. l'abbé Batteux. *Paris*, 1758, in-12, veau r. fil, tr. dor.

252. Doctrine de la science. Principes fondamentaux de la science de la connaissance, par J. G. Fichte, trad. par P. Grimblot. *Paris*, 1843, in-8, cart.

253. Histoire critique du gnosticisme, et de son influence sur les sectes religieuses et philosophi-

ques des six premiers siècles de l'ère chrétienne; par Matter. *Strasbourg*, 1828, 2 vol. in-8, fig., dem. v. f.

254. Histoire critique du gnosticisme, et de son influence sur les sectes religieuses et philosophiques des six premiers siècles de l'ère chrétienne; par M. J. Matter. *Strasbourg*, 1843. Tomes I et II, in-8, fig., br.

255. De l'influence des mœurs sur les lois, et de l'influence des lois sur les mœurs, par M. Matter. *Paris*, 1832, in-8, br.

256. Histoire des doctrines morales et politiques des trois derniers siècles, par M. J. Matter. Tome III. *Paris*, 1837, in-8, br.

257. Histoire des révolutions de la philosophie en France pendant le moyen âge jusqu'au XVIe siècle, par le duc de Caraman. *Paris*, 1845-48, 3 vol. in-8, br.

258. Œuvres philosophiques, morales et politiques de Fr. Bacon, avec une notice biographique par J. A. C. Buchon. *Paris*, 1836, gr. in-8, demi-rel. veau.

259. Analyse de la philosophie du chancelier Fr. Bacon. *Amsterdam* et *Paris*, 1755, 3 vol. in-12, veau éc.

260. Fr. Baconis de Verulamio, De dignitate et augmentis scientiarum, libri IX. *Lugd. Batav.*, 1645, in-24, vél.

261. Dictionnaire historique et critique, par P. Bayle. Sixième édition. *Basle*, 1741, 4 vol. in-fol. bas.

262. Œuvres diverses de Pierre Bayle. *La Haye*, 1727, 4 vol. in-fol.

263. Lettres de Bayle, publiées sur les originaux; avec des remarques, par Des Maizeaux. *Amsterdam*, 1729, 3 vol. in-12, v. f.

264. Dictionnaire historique et critique de P. Bayle. Nouvelle édition, augmentée des notes extraites de Chaufepié, Joly, La Monnoie, Leduchat, L. J. Leclerc, P. Marchand, etc., etc., par Beuchot. *Paris*, 1820, 16 vol. in-8, dem. v. ant.

265. Machiavel, son génie et ses erreurs; par A. F. Artaud. *Paris*, 1833, 2 vol. in-8. br.

266. OEuvres choisies de Vico, contenant ses mémoires écrits par lui-même, la Science nouvelle, les Opuscules, Lettres, etc.; précédées d'une introduction sur sa vie et ses ouvrages, par M. Michelet. *Paris*, 1835, 2 vol. in-8, br.

267. Les Essais de Michel Seigneur de Montaigne. *Paris*, 1652, in-fol. dem. mar. r.

268. Essais de Michel Seigneur de Montaigne (édit. stéréotype). *Paris*, 1802, 4 vol. in-12, bas.

269. Essais de Michel de Montaigne, avec des notes de tous les commentateurs. *Paris*, 1834, gr. in-8, dem. v. f.

270. OEuvres complètes d'Estienne de la Boëtie, réunies pour la première fois et publiées avec des notes, par L. Feugère. *Paris*, 1846, in-12, br.

271. Pensées de Blaise Pascal. *Paris*, Renouard, 1803, 2 vol. in-18, demi-rel.

272. Pensées de Pascal, publiées dans leur texte authentique; précédées de la vie de Pascal, par madame Périer, avec un supplément, et d'une étude littéraire; et accompagnées d'un commentaire suivi, par E. Havet. *Paris*, 1852, in-8, br.

273. OEuvres philosophiques d'Arnaud, avec des notes et une introduction par E. Jourdain. *Paris*, 1843, in-12, br.

274. Le Prince de Balzac; reveu, corrigé et augmenté de nouveau par l'autheur. *Paris*, 1660, in-24, v. br.

275. Œuvres complètes de Volney. *Paris*, 1821, 8 vol. in-8, fig. cart.

276. Système de l'idéalisme transcendental, par M. de Schelling. Trad. de l'allemand par P. Grimblot. *Paris*, 1842, in-8, cart.

277. Critica della ragione pura di M. Kant. *Pavia*, 1820-22, 8 tom. en 4 vol. in-18, dem. v. f.

278. Le Socrate rustique, ou description de la conduite économique et morale d'un paysan philosophe; trad. de Hirzel. *Zurich*, 1764, in-12 veau et fil.

279. Le Ménagier de Paris; traité de morale et d'économie domestique composé vers 1393, par un Parisien, pour l'éducation de sa femme; publié par la société des bibliophiles françois. *Paris*, 1847, 2 vol. in-8, br.

280. De l'habitude, par F. Ravaisson. *Paris*, 1838, in-8, br. — Speusippi de primis rerum principiis placita qualia fuisse videantur ex Aristotele. *Parisiis*, 1838, in-8, br.

281. Paradoxes métaphysiques sur le principe des actions humaines; trad. de Collins par Lefèvre de Beauvray. A *Eleutheropolis*, 1756, in-12, v. éc.

282. Recueil philosophique ou mélange de pièces sur la religion et la morale, par différents auteurs (publié par Naigeon). *Londres*, 1770, 2 vol. in-12, veau ant., fil.

283. Essai sur le beau. Nouv. édit. augmentée de six discours, par le P. André. *Paris*, 1810, in-12, bas.

284. Mélanges de littérature et de philosophie, par P. Ancillon. *Paris*, 1809, 2 vol. in-8, dem. v. ant.

285. Homme, Univers et Dieu, ou religion et gouvernement universels, par L. V. F. Amard. *Paris*, 1844, 2 vol. in-8, br.

286. Œuvres philosophiques du P. Buffier, avec

notes et introduction, par Fr. Bouillier. *Paris*, 843, in-12, br.

7. Traité de la gloire, par M. de Sacy, avec une dissertation de M. du Rondel sur le même sujet. *La Haye*, 1745, in-12, mar. cit. aux armes de Fr.

288. Théorie de l'homme intellectuel et moral, par S. Ch. H. Cros. *Paris*, 1836, 2 vol. in-8, br.

289. Théorie de l'homme intellectuel et moral, par S. Ch. Henri Cros. Troisième édit. *Paris*, 1842, 2 vol. in-8, br.

290. Les charactères des passions, par le sieur de la Chambre. *Amsterdam*, 1658-62, 4 tomes en 2 vol. in-12, v. f.

291. De l'influence de la philosophie du XVIIIe siècle sur la législation et la sociabilité du XIXe, par E. Lerminier. *Paris*, 1833, in-8, br.

292. Philosophie ancienne et moderne.— Recueil : De l'état actuel de la philosophie (extrait des Ann. de l'éducation), 19 pag. — Laromiguière et l'éclectisme, aux amis de Laromiguière, par Valette. 32 pag. — Du spiritualisme au XIXe siècle, ou examen de la doctrine de Maine de Biran, par Gruyer, 47 pag. Philosophie spiritualiste de la nature (préface), par Th. H. Martin. — Œuvres de Proclus, publiées par M. Cousin (prospectus). — Lettre à M. le rédacteur du *Temps* sur sa destitution, par M. Saint-Martin. — De l'initiation chez les gnostiques, 52 pag. — Des sacrifices que l'état social demande aux libertés naturelles de l'homme, par J. Matter, 24 pag. — Exposé du système physique d'Epicure, par Ajasson de Gransagne, 48 pag. — Essai critique sur l'Hexaméron de saint Bazile, par l'abbé Cruice, 118 pag. — Dissertation sur la philosophie atomistique, par M. Lafaist, 118 pag. — Cours d'histoire de la philosophie ancienne. École d'Alexandrie. Discours d'ouverture par M. H. Poret, 38 pag. — Faculté

des lettres de Rennes. Discours prononcé à l'ouverture du cours de philosophie, par M. Riaux (1839 et 1844), 24, et 35 pag. — De mystica Apuleii doctrina, auctore Charpentier. *Parisiis*, 1839, 32 pag. — De H. Corn. Agrippa et P. Ramo Cartesii prænuntiis, auctore L. H. Monin, 21 pag. — De psychologia Homerica, auctore E. L. Hamel. *Parisiis*, 1832, 23 pag. — De primo Tusculanarum quæstionum libro, auctore C. Gaillardin. *Paris*, 1830, 18 pag. — De Boethii consolationis philosophicæ libro, auctore C. E. A. E. Barry. *Paris*, 1832, 40 pag. — De rationis auctoritate tum in se tum secundum sanctum Anselmum considerata, auctore Vacherot. *Cadomi*, 1836, 44 p. — De Platonica idearum doctrina qualem eam fuisse tradit Aristoteles et de iis quæ Aristoteles in hac reprehendit, auct. Jacques. *Parisiis*, 1837, 44 pag. — Stoica, nec non epicurea de Deo et homine doctrina auctore Lehuirou. *Cadomi*, 1838, 19 pag. — Des principes fondamentaux de la phrénologie appliqués à la philosophie, par J. B. Mège. *Paris*, 1845, 24 pag. — Homère et Vico, ou observations sur le troisième livre de la Science nouvelle, par Giguet. *Paris*, 1841, 44 pag. — Note sur la création de l'Institut. *Paris*, 1840, 15 pag. — Projet de diviser en sections l'Académie des Inscriptions, par M. Letronne. *Paris*, 1834, 33 pag. — Philosophie réclamée par les besoins de notre époque, par le baron Massias. *Paris*, 1842, 40 pag. — Observations sur un bas-relief de la cathédrale d'Amiens, par M. J. B. F. Obry. *Amiens*, 1837, 49 pag. — Songe ou vision d'un malade, le huitième jour de sa maladie, 4 pag. — Essai sur le symbolisme antique d'Orient, par de Brière. *Paris*, 1847, 101 pag. — 2 vol. in-8, cart.

293. De l'abolition de l'esclavage ancien en Occident, par E. Biot. *Paris*, 1840, in-8, br.

294. Histoire de l'esclavage dans l'antiquité, par H.

Wallon. *Paris*, Impr. R., 1847, 3 vol. in-8, br.— De l'esclavage dans les colonies, pour servir d'introduction à l'histoire de l'esclavage dans l'antiquité, par le même. *Paris*, 1847, in-8, br.

295. Discours qui a eu la mention honorable, sur cette question proposée par l'Institut national : Quelle a été l'influence de la réformation de Luther sur les lumières et la situation politique des différents états de l'Europe? par M. Leuliette. *Paris*, 1804, in-8, dem. v. br.

296. Choix de rapports, opinions et discours prononcés à la tribune nationale depuis 1789 jusqu'à ce jour; recueillis dans un ordre chronologique et historique. *Paris*, 1818-20, 22 vol. in-8, dem. v. — Table générale des matières. Suppl. au 1er vol. *Paris*, 1825, in-8, br.

297. Mélanges et correspondance d'économie politique de J. B. Say, publiés par Ch. Comte, son gendre. *Paris*, 1833, in-8, br.

298. Histoire morale des femmes, par M. E. Legouvé. *Paris*, 1849, in-8, br.

299. Cours d'études pour l'instruction du prince de Parme, par l'abbé de Condillac. *Genève* et *Lyon*, 1789, 16 vol. in-12, bas.

300. Tableau historique de l'instruction secondaire en France, depuis les temps les plus reculés jusqu'à nos jours, par M. Kilian. *Paris*, 1841, in-8, br.

301. De quelques améliorations à introduire dans l'instruction publique, par L. G. Taillefer. *Paris*, 1824, in-8, br.

302. Rapport sur l'état de l'instruction publique dans quelques pays de l'Allemagne et particulièrement en Prusse, par V. Cousin. *Paris*, Impr. R., 1832, 2 part. in-4, br.

303. De l'esprit, par Helvetius. *Paris*, 1758, in-4, v. m.

304. Traité philosophique de la faiblesse de l'esprit

humain, par M. Huet. *Amsterdam,* 1723, in-12, v. gr.—Huetiana, ou pensées diverses de M. Huet, evesque d'Avranches. *Paris*, 1722, veau, br.

305. Marcelli Palingenii stellati poetæ zodiacus vitæ. Id est de hominis vita, studio ac moribus optime instituendis libri XII. *Rotterodami*, 1722, in-12, dem. m. v. — Le zodiaque de la vie humaine, ou préceptes pour diriger la conduite et les mœurs des hommes. Trad. de Marcel Palingene, par M. J. B. C. de la Monnerie. *Londres*, 1733, 2 tom. en 1 vol. in-12, veau j.

306. Adagiorum Des. Erasmi Roterodami chiliades IV cum sesquicenturia : magna cum diligentia, maturoque judicio emendatæ, et secundum concilii Tridentini decretum expurgatæ. *Parisiis*, 1571, in-fol., demi-rel. — Adagiorum opus Des. Erasmi. *Basileæ,* 1528, in-fol., veau, tr. dor. aux armes. -- Stultitiæ laus, Des. Erasmi declamatio. *Basileæ,* 1780, in-8, dem. mout. r. —L'éloge de la folie, trad. du latin d'Erasme par M. Gueudeville. 1757, in-12, fig. v. m.

307. De veterum poëtarum sapientia gnomica, hebræorum in primis, et græcorum commentatus est U. A. Rohde. *Hauniæ,* 1800, in-12, v. f. fil, tr. dor. (*Vogel*).

308. Œuvres de Descartes, publiées par V. Cousin. *Paris,* 1824-26, 11 vol. in-8, dem. v. ant.

309. Nouveau système d'études philosophiques, par M. G. Ozaneaux. *Paris*, 1830, in-8, dem. v. f.— Introduction aux œuvres de Spinoza, par E. Saisset. *Paris,* 1843, in-8, br.

310. L'harmonie du monde divisée en trois cantiques. Trad. du latin de François Georges, par Guy Le Fevre de la Boderie. *Paris*, 1579, in-fol, mar. r., fil. tr. dor.

Cet ouvrage du P. François Dardi, savant franciscain, fut mis à l'index.

311. Encyclopédie nouvelle. Dictionnaire philoso-

phique, scientifique, littéraire et industriel, offrant le tableau des connaissances humaines au XIXe siècle, par une société de savants et de littérateurs; publiée sous la direction de MM. P. Leroux et J. Reynaud. *Paris*, 1840-48. Tomes I, II, III, VIII et livr. 37, 39 à 48. In-4, br.

312. Encyclopédie élémentaire, ou introduction à l'étude des lettres, des sciences et des arts, par M. l'abbé Petity. *Paris*, 1767, 3 vol. in-4, v. m.

SCIENCES.

SCIENCES MATHÉMATIQUES, ASTRONOMIE, ETC.

313. Histoire des sciences mathématiques en Italie, depuis la renaissance des lettres jusqu'à la fin du XVIIe siècle, par M. G. Libri. *Paris*, 1838-41, 4 vol. in-8, br.

314. Lettres sur l'origine des sciences et sur celle des peuples de l'Asie, par Bailly. *Paris*, 1777, in-8, v. r.

315. Leçons élémentaires de mathématiques, par M. l'abbé de la Caille. Nouv. édit. par M. l'abbé Marie. *Paris*, 1784, in-8, v. m.— Leçons élémentaires d'arithmétique, ou principes d'analyse numérique, par Mauduit. *Paris*, 1793, in-8, cart.

316. Cours de géométrie supérieure. Séance d'ouverture, par M. Chasles. — Histoire de l'arithmétique. Explication des traités de l'Abacus, et particulièrement du traité de Gerbert, par le même. — Recherches sur l'astronomie indienne, par le même. — Notice sur les manuscrits inédits de Fermat, par M. G. Libri. — Biographie de Condorcet, par M. Arago. — Recherches nouvelles pour servir à l'histoire des sciences mathématiques chez les Orientaux, par M. Sédillot. — Mémoire sur les systèmes géographiques des Grecs

et des Arabes, par le même. — Note sur l'origine de nos chiffres et sur l'Abacus des pythagoriciens, par Vincent et autres, 17 br. in-4.

317. Histoire du calcul des probabilités depuis ses origines jusqu'à nos jours, par Ch. Gouraud. *Paris*, 1848, gr. in-8, br.

318. Bulletin scientifique publié par l'Académie impériale des sciences de Saint-Pétersbourg. Tom. I, II, III. *Saint-Pétersbourg*, 1835-38, in-4, br.

319. Exposition du système du monde, par M. Laplace. Troisième édit. *Paris*, 1808, 2 vol. in-8, pap. vél., v. f. fil, tr. dor.

320. Cosmos, Essai d'une description physique du monde, par A. de Humboldt ; trad. par MM. Faye et Galusky. *Paris*, 1847-48, 2 vol. in-8, br. (Tom. I et II.)

321. Kosmos. Entwurf einer physischen Weltbeschreibung von Alex. von Humboldt. *Stuttgart* und *Tubingen*, 1845-47, 2 vol. in-8, br. (Tom. I et II.)

322. Institutions Newtoniennes, par M. Sigorgne. *Paris*, 1769, in-8, v. m.

323. Traité de l'astronomie indienne et orientale; ouvrage qui peut servir de suite à l'histoire de l'astronomie ancienne, par M. Bailly. *Paris*, 1787, in-4, dem. v. f.

324. Astronomie indienne, d'après la doctrine et les livres anciens et modernes des Bramines sur l'astronomie, l'astrologie et la chronologie; par M. l'abbé J. M. F. Guérin. *Paris*, Impr. R., 1847, in-8, fig., br. — Catéchisme suivi de trois dialogues et de la liste des éclipses de soleil et de lune calculées pour le Bengale à partir de 1836 jusqu'en 1940 inclusivement, par J. F. M. Guérin. Nouv. édit. revue et corrigée. *Chandernagor*, 1836, in-8, cart. (En sanscrit.)

325. Commentarius in Ruzname naurus sive tabulæ æquinoctiales novi Persarum et Turcarum anni.

Nunc primum editæ e bibliotheca G. H. Velschii cujus accedit dissertatio de earumdem usu. *Aug. Vindel.* 1676, in-4, parch.

326. De M. J. B. Biot. Mémoire sur le zodiaque circulaire de Denderah. *Paris,* 1844, in-4, fig. — Sur divers points d'astronomie ancienne, et en particulier sur la période sothiaque, comprenant 1460 années juliennes de 165 j. 1/4, in-4, fig. — Précis de l'histoire de l'astronomie planétaire, écrit à l'occasion de la découverte de M. Leverrier. *Paris,* 1847. — The war in China... ou récit de l'expédition anglaise en Chine, par Duncan Mac Pherson (extrait du *Journal des savants*). — — Sur l'Introduction à l'histoire du buddhisme indien, par M. E. Burnouf (extr. du *Journal des savants*), 1 vol. in-4, cart.

327. Matériaux pour servir à l'histoire des sciences mathématiques chez les Grecs et chez les Orientaux, par M. Sédillot. *Paris*, 1849, 2 vol. in-8, br. — Prolégomènes des tables astronomiques d'Ouloug-Beg, avec notes par Sédillot. *Paris*, 1847, in-8. — Observations des marées, faites à la mâture et au bassin dans le port de Brest (1807-1835); publiées par le bureau des longitudes. *Paris*, Impr. R., 1843, in-4, fig., br.

328. Epochæ celebriores astronomis, historicis, chronologis Chataiorum, syro-græcorum, arabum, persarum, etc., usitatæ : ex traditione Ulug-Beigi, recensuit J. Gravius. *Londini*, 1650, in-4. — Traité d'arithmétique à l'usage des Indiens, par Perreaux. *Pondichéry*, 1838, in-4.

329. Annuaire du bureau des longitudes pour les années 1833 à 1842, 1844 à 1851. *Paris*, 1832-50, 18 vol. in-18, br.

PHYSIQUE ET CHIMIE.

330. Leçons de physique expérimentale, par M.

l'abbé Nollet. *Paris*, 1754, 6 vol. in-12, fig., v.

331. Nouveaux essais de physique, par M. Le Ratz de Lanthenée. *Paris*, 1751, in-12, veau éc.

332. Précis élémentaire de physique expérimentale, par J. B. Biot. Deuxième édition. *Paris*, 1821, 2 vol. in-8, dem. v. ant.

333. Expériences et observations sur l'électricité, faites à Philadelphie en Amérique par Benj. Franklin. Trad. de l'anglois. *Paris*, 1756, 2 vol. in-12, fig., v. f. fil.

334. Lettre à M. le baron A. de Humboldt sur l'invention de la boussole, par M. J. Klaproth. *Paris*, 1834, gr. in-8, dem. mar. r.

335. Éléments de chimie minérale, précédés d'un abrégé de l'histoire de la science, par F. Hoefer. *Paris*, 1841, in-8, br.

236. Dictionnaire de chimie générale et médicale, par P. Pelletan fils. *Paris*, 1824, 2 vol. in-8, br.

337. Histoire de la chimie depuis les temps les plus reculés jusqu'à notre époque, par le Dr F. Hoefer. *Paris*, 1842-43, 2 vol. in-8, br.

HISTOIRE NATURELLE.

338. Dictionnaire classique d'histoire naturelle. *Paris*, 1822-30, 16 vol. in-8, fig. col., dem. v. f. — Illustration des planches (tome XVII). *Paris*, 1831, in-8, br.

339. Dictionnaire universel d'histoire naturelle, par M. Ch. d'Orbigny. *Paris*, 1840-49, 13 vol. in-8, fig., col. br.

340. Œuvres d'histoire naturelle et de philosophie de Ch. Bonnet. *Neufchâtel*, 1779-83, 8 tom. en 10 vol. in-4, fig., v. f. fil.

341. Œuvres d'histoire naturelle de Goethe, comprenant divers mémoires d'anatomie comparée, de botanique et de géologie, traduits et annotés

par Ch.-Fr. Martins. *Paris*, 1837, 1 vol. gr. in-8, v. f. fil et atlas.

342. Tableaux de la nature. Édition nouvelle avec changements et additions importantes, et accompagnée de cartes; par A. de Humboldt; trad. par Ch. Galusky. Tome I, in-12, br.

343. Histoire et tableau de l'univers, par M. J. F. Danielo. *Paris,* 1838-41, 4 vol. in-8, br.

344. Élémens d'histoire naturelle, par A. L. Millin. *Paris,* an III, in-8, cart.

345. Cours élémentaire d'histoire naturelle. Minéralogie, par M. F. S. Beudant. *Paris, S. D.*, in-12, fig., dem. chag. n.

GÉOLOGIE.

346. Explication de Playfair sur la théorie de la terre par Hutton, et examen comparatif des systèmes géologiques fondés sur le feu et sur l'eau, par M. Murray; en réponse à l'explication de Playfair, trad. de l'anglais par C. A. Basset. *Paris*, 1815, in-8, fig., demi-rel.

347. Lyell. Nouveaux éléments de géologie, trad. de l'anglais par mad. T. Meulien avec le concours et sous les auspices de M. Arago. *Paris*, 1839, in-12, cart.

348. Fragmens de géologie et de climatologie asiatiques, par A. de Humboldt. *Paris*, 1831, 2 vol. in-8, carte, dem. cuir de R.

349. Histoire des eaux de Nimes et de l'aqueduc du Gard, par M. le Dr J. Teissier-Rolland. *Nimes*, 1851. Tome III, 2e part., 1 vol. in-8, br.

BOTANIQUE.

350. Dictionnaire raisonné des termes de botanique et des familles naturelles, par H. Lecoq et J. Juillet. *Paris*, 1831, in-8, dem. mar. r. fil.

351. Introduction à l'étude de la botanique, par J. C. Philibert. *Paris*, 1808, 3 vol. in-8, fig. col. dem. v. — Exercices de botanique à l'usage des commençans, par J. C. Philibert. *Paris*, 1801, 2 vol. in-8, fig. col, cart.

352. Introduction à l'étude de la botanique, ou traité élémentaire de cette science, par M. Alph. de Candolle. *Paris*, 1835, 2 vol. in-8, br.

353. Théorie élémentaire de la botanique, ou exposition des principes de la classification naturelle et de l'art de décrire et d'étudier les végétaux; par M. A.-P. de Candolle. Deuxième édit. *Paris*, 1819, in-8, demi-rel.

354. Historia generalis plantarum in libros XVIII per certas classes artificiose digesta; auctore Dalecampio. *Lugduni*, 1587, 2 vol., in-fol. dem. m. r.

355. Dell' historia dei simplici aromati. Et altre cose che vengono portate dall' Indie orientali pertinenti all' uso della medicina. Di D. Garzia da L'horto. Hora tradotti dalle loro lingue nella nostra italiana da M. Annibale Briganti. *Venetia*, 1605, in-12, demi-rel.

256. Élémens de physiologie végétale et de botanique, par C.-F. Brisseau-Mirbel. *Paris*, 1815, 2 vol. et atlas in-8, v. rac., fil, tr. dor.

357. Nouveaux éléments de botanique et de physiologie végétale (Sixième édit.), par A. Richard. *Paris*, 1838, in-8, cart.

358. Organographie végétale, ou description raisonnée des organes des plantes, par M. A. P. de Candolle. *Paris*, 1827, 2 vol. in-8, fig., v. f. fil.

359. Elements of botany, structural, physiological, systematical, and medical; being a fourth edition of the outline of the first principles of botany. By J. Lindley. *London*, 1841, 1 vol. in-8, fig. sur bois, cart.

360. Nouveau système de physiologie végétale et de botanique, par F. V. Raspail. *Paris*, 1837, 2 vol. in-8, br. et atlas gr. in-8, cart.

361. Traité élémentaire de physiologie végétale, par L. J. Lebouidre-Delalande. *Paris*, 1845, in-8, br.

362. Leçons de botanique, comprenant principalement la morphologie végétale, la terminologie, la botanique comparée, l'examen de la valeur des caractères dans les diverses familles naturelles, etc., par Aug. de Saint-Hilaire. *Paris*, 1840, in-8, cart.

363. Tableau du règne végétal selon la méthode de Jussieu, par E. P. Ventenat. *Paris*, an VII, 4 vol. in-8, fig., demi-rel.

364. Botanographie élémentaire, ou principes de botanique, d'anatomie et de physiologie végétale, par T. Lestiboudois. *Lille*, 1826, in-8, dem. v. f.

365. Leçons de Flore. Cours complet de botanique; explication de tous les systèmes, introduction à l'étude des plantes, par J. L. M. Poiret; suivi d'une iconographie végétale, par P. J. F. Turpin. *Paris*, 1819-20, 2 vol. in-8, fig. col., dem. v. f.

366. Annales des sciences naturelles. Botanique, par MM. Ad. Brongniart et Guillemin. 2ᵉ sér., tom. XV à XXIV, *Paris*. 1841-45, 10 vol. gr. in-8, fig., br.

367. Cours élémentaire d'histoire naturelle. Botanique, par M. A. de Jussieu. *Paris*, *S. D.*, 2 part. en 1 vol. in-12, fig., dem. mar. vert.

368. Histoire naturelle des végétaux phanérogames, par M. E. Spach. *Paris*, 1846-48, 14 vol. in-8, br., et atlas gr. in-8, cart. (Suites à Buffon.)

369. Opuscules phytologiques, par M. Henri Cassini. *Paris*, 1826-34, 3 vol. in-8, fig., br.

370. Histoire des conferves d'eau douce, contenant leurs différents modes de reproduction et la description de leurs principales espèces; suivie de

l'histoire des trémelles et des ulves d'eau douce. par J. P. Vaucher. *Genève*, 1803, in-4, br.

371. Mémoires sur les rutacées, ou considérations sur ce groupe de plantes ; par A. de Jussieu. *Paris*, 1825, in-4, fig., br.

372. La botanique de J.-J. Rousseau, ornée de 65 planches d'après les peintures de P. J. Redouté. *Paris*, 1805, 1 vol. gr. in-fol., fig. col., dem. cuir de R., fil.

373. Histoire philosophique, littéraire, économique des plantes de l'Europe, par M. J. L. Poiret. *Paris*, 1825-29, 7 vol. et atlas, in-8, dem. v. f.

374. Histoire physiologique des plantes d'Europe, ou exposition des phénomènes qu'elles présentent dans les diverses périodes de leur développement, par J. P. Vaucher. *Paris*, 1841, 4 vol. in-8, br.

375. Flore française, ou description succincte de toutes les plantes qui croissent naturellement en France, par le C. Lamarck. *Paris*, an III, 3 vol. in-8, fig., dem. v. f.

376. Manuel complet de botanique, 2ᵉ partie. Flore française, ou description synoptique de toutes les plantes phanérogames et cryptogames qui croissent naturellement sur le sol français...., par M. J. A. Boisduval. *Paris*, 1828, 3 vol. in-12, v. f. fil.

377. Flora Parisiensis, ou descriptions et figures des plantes qui croissent aux environs de Paris ; par M. Bulliard. *Paris*, 1776-83, 6 vol. in-8, fig. col., dem. v. f.

378. Nouvelle Flore des environs de Paris, par F. V. Mérat. Quatrième édition. Tome II, contenant la phanérogamie. *Paris*, 1836, in-18, dem. mar. r. fil.

379. G. E. Rumphii Herbarium Amboinense. (Belgice et lat.) Nunc primum in lucem editum, et in lat. sermonem versum. Cura et studio J. Burman-

ni. *Amstelædami*, 1750-55, 7 tom. en 8 vol. in-fol., fig., v. marb. fil.

380. Tableau de l'école de botanique du Muséum d'histoire naturelle, par M. Desfontaines. *Paris*, 1804, in-8, br.

381. Recueil des plantes des Indes et de l'Europe, par M. S. Merian, 1 vol. in-fol., vél.

382. Flora indica; or description of Indian plants, by the late W. Roxburgh. *Serampore*, 3 vol. in-8, cart.

383. A. G. Roth, Novæ plantarum species præsertim Indiæ Orientalis. Ex collectione Doct. B. Heynii. *Halberstadii*, 1821, in-8, dem. v. f.

384. Flora de Filipinas. Segun el sistema sexual de Linneo. Por el P. Fr. Manuel Blanco. *Manila*, 1837, in-4, parch.

385. Flora Cochinchinensis; sistens plantas in regno Cochinchina nascentes. Studio J. Loureiro. *Ulyssipone*, 1790, 2 tom. en 1 vol. in-4, dem. v. f.

386. A catalogue of the indigenous and exotic plants growing in Ceylon. Also an outline of the Linnæan sexual system of botany; in the english and cinghalese languages. By A. Moon. *Colombo*, 1824, gr. in-4, cart.

387. Thesaurus Zeylanicus, exhibens plantas in insula Zeylana nascentes; cura et studio J. Burmanni. *Amstelædami*, 1737, in-4 parch.

388. Fragments d'histoire naturelle. — Taxonomie. Coup d'œil sur l'histoire et les principes des classifications botaniques, par A. de Jussieu *Paris*, 1848, 69 pag. — Notice sur le babiroussa, par M. Roulin. *Paris*, 1842, 15 pag. — Esquisse d'une revue générale de l'organisation et des fonctions des animaux, par M. Duvernoy. *Paris*, 1840, 17 pag. — Leçons sur l'histoire naturelle des corps organisés, par M. Duvernoy. *Paris*, 1839,

1er fasc., 106 pag.; 2e, 54 p. — Notice sur les travaux scientifiques de M. Duvernoy, 35 pag. — Lettre à M. Ampère sur une classe particulière de mouvements musculaires, par E. Chevreul, 11 p. — Observations sur les heures de réveil et du chant de quelques oiseaux diurnes en mai et juin 1846, par M. Dureau de la Malle, 6 pag. — Mémoire sur le cyamus ceti, par M. Roussel de Vauzème, 26 pag., fig. — Note sur l'odontobius ceti, par le même, 9 pag. — Sur le cetochilus australis, par le même, 6 pag. — Lettres sur la race noire et la race blanche, par G. d'Eichthal et Ismayl Urbain. *Paris*, 1839, 67 pag. — Annales de la société sericicole; 1er numéro, année 1837, 175 p. — Notice sur la compagnie agricole et industrielle d'Arcachon, par M. Hennequin. *Paris*, 1838, 75 p. et carte, —Sur la véritable nature des nerfs pneumo-gastriques, par Longet. *Paris*, 1849, 36 p. — Résumé succinct des expériences de M. A. de Caligny sur une branche nouvelle de l'hydraulique, 32 pag., fig. — Réponse pour servir de réfutation aux opinions et à la critique de M. Duméril sur mon mémoire concernant les ophidiens; suivie d'une chasse dans les bouches du Gange, par Lamare-Piquot. *Paris*, 1835, 64 pag. — 1 vol. gr. in-8 cart. à la Bradel.

389. Études sur la condition de la classe agricole et l'état de l'agriculture en Normandie au moyen âge; par Léopold Delisle. *Évreux*, 1851, in-8, br.

ZOOLOGIE.

390. Élémens de zoologie, ou leçons sur l'anatomie, la physiologie, la classification et les mœurs des animaux, par H. Milne Edwards. *Paris*, 1834, in-8, fig., dem. v. f.

391. Essais philosophiques sur les mœurs de divers animaux étrangers, avec des observations relatives aux principes et usages de plusieurs peuples;

ou extraits des voyages de M. le chev. d'Obsonville en Asie. *Paris*, 1783, in-8, bas.

392. Mémoire sur le tapir, par M. Roulin. — Recherches sur quelques changemens observés dans les animaux domestiques transportés de l'ancien dans le nouveau continent; par le même.—Nidification des épinoches et des épinochettes, par M. Coste. — Idiomologie des animaux, par Pierquin de Gembloux et autres, 6 br. in-4.

393. Histoire naturelle des insectes. Hémiptères, par MM. Amyot et Audinet-Serville. *Paris*, 1843, in-8, br. (Suites à Buffon.)

394. An account of the fishes found in the river Ganges and its branches. By Fr. Hamilton. *Edinburgh*, 1822, in-4 et atlas br. en cart.

ANTHROPOLOGIE ET MÉDECINE.

395. Researches into the physical history of Mankind, by J. C. Pritchard. *London*, 1837-47, 5 vol. in-8, fig. et carte, cart.

396. The races of Man : and their geographical distribution. By Ch. Pickering. New edition to which is prefixed an analytical synopsis of the natural history of man. By J. Ch. Hall. *London*, 1851, pet. in-8, cart.

397. Doctrines des rapports du physique et du moral, pour servir de fondement à la physiologie dite intellectuelle et à la métaphysique; par F. Bérard. *Paris*, 1823, in-8, dem. v. ant.

398. Le catéchisme de la médecine physiologique, ou dialogues entre un savant et un jeune médecin, élève du professeur Broussais. *Paris*, 1824, in-8, br.— Encyclopédie progressive. Irritation, considérée sous le rapport physiologique et pathologique, par Broussais. *Paris*, 1826, in-8, br., 64 p.

399. De l'irritation et de la folie, ouvrage dans lequel les rapports du physique et du moral sont

établis sur les bases de la médecine physiologique, par F. J. V. Broussais. *Paris*, 1828, in-8, br.

400. Analecta medica ex libris mss. primum edidit Fr. R. Dietz. Fasc. 1. *Lipsiæ*, 1833, in-8, dem. mar. r. fil. — A vocabulary of the names of the various parts of the human body and of medical terms in english, arabic, persian, hindee and sanscrit, by P. Breton. *Calcutta*, 1825, in-4, d. cuir de R.

BEAUX-ARTS.

401. Considérations morales sur la destination des ouvrages de l'art, par M. Quatremère de Quincy. *Paris*, 1825, dem. rel. v.

402. Essai sur la nature, le but et les moyens de l'imitation dans les beaux-arts, par M. Quatremère de Quincy. *Paris*, 1823, in-8, dem. rel.

403. Dictionnaire historique d'architecture, comprenant dans son plan les notions historiques, descriptives, etc., par M. Quatremère de Quincy. *Paris*, 1832, 2 vol. in-4, cart.

404. Monographie de l'église Notre-Dame de Noyon, par M. L. Vitet. *Paris*, Impr. R., 1845, in-4, cart.

405. Iconographie chrétienne. Histoire de Dieu, par M. Didron. *Paris*, 1843, in-4, br.

406. Essai sur l'origine de l'écriture, sur son introduction dans la Grèce et son usage jusqu'au tems d'Homère, par M. le marquis de Fortia d'Urban. *Paris*, 1832, in-8, dem. v. f.

407. Aperçu de l'origine des diverses écritures de l'Ancien monde, par M. Klaproth. *Paris*, 1832, gr. in-8, fig., dem. v. f.

408. Recueil des principaux alphabets des langues de l'Orient et de l'Europe. *Paris*, Impr. R., 1849-50, in-fol., cart.

409. De l'origine et de la formation des différents systèmes d'écritures orientales et occidentales, par M. G. Pauthier. *Paris*, 1838, in-4, cart. (Extr. de l'Encyclop. nouv.)

410. L'alphabet raisonné, ou explication de la figure des lettres, par M. l'abbé Moussaud. *Paris*, 1803, 2 vol. in-8, fig., br.

411. De l'influence de l'écriture sur le langage. Mémoire qui, en 1828, a partagé le prix fondé par M. le comte de Volney; par A. A. E. Schleiermacher. *Darmstadt*, 1835, in-8, dem. v. f.

412. Essai sur la calligraphie des manuscrits du moyen âge et sur les ornements des premiers livres d'heures imprimés, par E. H. Langlois. *Rouen*, 1841, gr. in-8, fig., dem. m. r.

413. Éléments de paléographie, par M. Natalis de Wailly. *Paris*, Impr. R., 1838, 2 vol. gr. in-4, fig., dem. mar. r.

414. Sténographie exacte, ou l'art d'écrire fidèlement aussi vite que parle un orateur, par M. Conen de Prépéan. Troisième édit. *Paris*, 1817, in-8, br.

415. Pasigraphie, ou premiers éléments du nouvel art-science d'écrire et d'imprimer en une langue de manière à être lu et entendu dans toute autre langue sans traduction; inventé et rédigé par J. de Maimieux. *Paris*, 1797, in-4, br.

416. Nouvelles recherches sur l'origine de l'imprimerie, par L. de Laborde. *Paris*, 1840, gr. in-4, fig., cart. — Essai sur la typographie, par M. A. F. Didot. *Paris*, 1851, in-8, br. (Extrait du tome XXVI de l'Encyclop. mod.)

417. Essai historique sur la typographie orientale et grecque de l'imprimerie royale, par M. de Guignes. *Paris*, 1787, in-4, dem. v. f.

418. A scheme for representing the Déva Nagari,

and Persian alphabets in Roman characters. Extracted from the Calcutta christian observer for april, 1834, gr. in-8, cart., 8 pag.

419. Spécimen typographique de l'imprimerie roy. *Paris*, Impr. R., 1842; in-fol., cart. — Spécimen typographique de l'imprimerie royale. *Paris*, Impr. roy., 1845, 1 vol. in-fol., cart.

420. Notice sur les types étrangers du spécimen de l'imprimerie royale. *Paris*, Impr. R., 1847, in-4, cart.

421. Catalogue des caractères chinois de l'imprimerie royale gravés en Chine. 1838. *Paris*, Impr. R., 1841, in-fol., dem. v. f.

422.* Indice de' caratteri, con l' inventori, et nomi di essi, esistenti nella stamperia Vaticana et Camerale. In *Roma*, 1628, pet. in-4, parch.

423. Épreuve des Caractères de la fonderie de N. Gando. *Paris*, 1745, in-4, v. f. tr. dor. — Épreuves des Caractères de la fonderie de Cl. Mozet, fondeur et graveur de caractères d'imprimerie. A *Nantes*, 1754, in-8, br. — Epreuves des Caractères de la fonderie de la veuve Hérissant. *Paris*, 1772, in-8, br. — Epreuves des Caractères qui se fondent dans la nouvelle fonderie de Caractères de Isaac et Jean Enschede. A *Haarlem*, 2e édit., 1748, in-8, br.

424. Épreuves d'une première imprimerie Javanaise, dont les Caractères ont été confectionnés d'après le projet et sous la direction de P. Van Vlissingen, à la fonderie de J. Enschede et fils, à Harlem. *Harlem*, 1824, in-4, dem. mar. r.

425. Proben aus der Schriftgiesserei, Stereotypengisserei und Buchdruckerei von Freedrich Nies in Leipzig. *Erstes Heft*, 1835. in-4 obl., cart.

426. Spécimen des caractères de musique gravés, fondus, composés et stéréotypés par les procédés de E. Duverger; précédé d'une Notice sur la Typo-

graphie musicale, par M. Fétis. *Paris*, 1834, in-4, cart. — Manuel musical à l'usage des colléges, des institutions, des écoles et des Cours de chant; par B. Wilhem. *Paris*, 1843-44, 2 v. in-8, br.

427. Histoire de la gravure en manière noire; par L. de Laborde. *Paris*, 1839, gr. in-8, fig. br.

428. Essai sur l'histoire générale de l'art militaire, de son origine, de ses progrès et de ses révolutions, depuis la première formation des Sociétés européennes jusqu'à nos jours; par le colonel Carrion-Nisas. *Paris*, 1824, 2 vol. in-8, fig., dem. mar. r.

LINGUISTIQUE.

GRAMMAIRE GÉNÉRALE.

429. Essai sur la première formation des langues, et sur la différence du génie des langues originales et des langues composées, trad. d'Adam Smith, par J. Manget. *Genève*, 1809, in-12, dem. rel.

430. Notions élémentaires de linguistique, ou histoire abrégée de la parole et de l'écriture, par M. Ch. Nodier. Article de M. d'Eckstein, extrait du Journal de l'Institut historique, gr. in-8, cart. 20 pag.

431. La découverte de la science des langues, par Morgan Cavanagh. Trad. de l'anglais par Morgan Cavanagh et Ch. Joubert. *Paris*, 1844, 2 vol. in-8, br.

432. Saggi sulla filosofia delle lingue e del gusto di M. Cesarotti. *Milano*, 1820, in-8, br.

433. Le Monde primitif analysé et comparé avec le monde moderne, par A. Court de Gebelin. *Paris*, 1773-82. 9 vol. in-4, veau ant.

434. Dactylologie et langage primitif restitués d'après les monuments, par J. Barrois. *Paris*, 1850, in-4, br.

435. Les éléments primitifs des langues, découverts par la comparaison des Racines de l'hébreu avec celles du grec, du latin et du français. *Besançon*, 1837, in-8, dem. v. f.

436. Thresor de l'histoire des langues de cest univers Contenant les origines, beautés, perfections, décadences, mutations, changements, conversions, et ruines des langues, par M. Cl. Duret. *Cologne*, 1613, in-4, v. m.

437. Histoire littéraire, philologique et bibliographique des patois, par Pierquin de Gembloux. *Paris*, 1841, in-8, demi v. f.

438. Abrégé d'un cours complet de lexicologie, par P. R. F. Butet. *Paris*, 1801, in-8, dem. rel.

439. L'art d'apprendre les langues, ramené à ses principes naturels, par M. Weiss. *Paris*, 1808, in-8, br.

440. Grammaire générale et raisonnée de Port-Royal, par Arnault et Lancelot, précédée d'un essai sur l'origine et les progrès de la langue française, par M. Petitot. *Paris*, 1803, in-8, bas.

441. Traité de la formation méchanique des langues et des principes physiques de l'Etymologie, par Ch. de Brosses. *Paris*, an IX, 2 vol. in-12, dem. rel.

442. Le Polyglotte catholique, ou exercices de linguistique en 12 langues, publié par M. l'abbé Migne. *Paris*, 1850, in-4, br.

443. Prodromus or an inquiry into the first principles of reasoning, including an analysis of the human mind, by sir Graves Chamney Haughton. *London*, 1839, in-8, cart.

444. Grammaire générale et philosophique, précédée d'un coup d'œil sur la nature et le méca-

nisme des langues, par M. le comte E. de Montlivault. *Paris*, 1828, in-8, br.

445. Principes de grammaire générale, mis à la portée des enfants, et propres à servir d'introduction à l'étude de toutes les langues, par A. J. Silvestre de Sacy. Sixième édit. *Paris*, 1832, in-12, dem. v. f.

446. Grammaire générale ou exposition raisonnée des éléments nécessaires du langage, pour servir de fondement à l'étude de toutes les langues. *Paris*, 1819, in-8, bas.

447. Grammaire générale et raisonnée, contenant, etc. *Paris*, 1664. — Nouvelle méthode pour apprendre facilement et en peu de temps la langue italienne. *Paris*, 1664. — Nouvelle méthode pour apprendre facilement et en peu de temps la langue espagnole. 2e édit. *Paris*, 1665, 1 vol. in-12, v. br.

448. Grammaire générale et raisonnée, contenant les fondements de l'art de parler, expliqués d'une manière claire et naturelle; suivie de la logique ou l'art de penser. *Paris*, 1830, in-8, dem. v. f.

449. Précis de grammaire générale servant de base à l'analyse de chaque langue particulière, et d'introduction à ma grammaire Allemande, par M. Simon. *Paris*, 1819. — Essai d'orthographe soumis à des règles simples, propres à être enseignées dans les écoles primaires. *Paris*, 1820, 1 vol. in-8, dem. v. f.

450. Hermès, ou recherches philosophiques sur la grammaire universelle, trad. de l'anglais de J. Harris, par Fr. Thurot. *Paris*, an IV, in-8, bas.

451. Hermès; or a philosophical inquiry concerning universal grammar, by J. Harris. *London*, 1816, gr. in-8, cart.

452. De institutione grammaticæ prima pars, librum

primum et secundum complectens. Ad usum seminarii episcopalis Barcinonensis. *Barcinone,* S. D., pet. in-8, parch.

453. Encyclopédie méthodique. Grammaire et Littérature; par MM. Du Marsais, Marmontel et Beauzée. *Paris,* 1789; 3 vol. in-4, dem. v. ant.

454. Beitrage zur Etymologie und vergleichenden Grammatik der Hauptsprachen der indogermanischen Stammes zur Lantlehre. Sprachwissenschaftliche untersuchungen, von Dr A. Hoefer. *Berlin,* 1839, in-8, dem. v. f.

455. Etymologicon Magnum seu Magnum grammaticæ penu in quo et originum et analogiæ doctrina ex veterum sententia copiosissime proponitur historiæ item et antiquitatis monumenta passim attinguntur, Opera Fr. Sylburgii. *Lipsiæ,* 1816-20, 3 vol. in-4, dem. rel.

456. Etymologicon Magnum, perpetuis notis illustratum, tribusque indicibus aductum opera et cum notis Sylburgii. *Heidelberg,* 1594, in-fol., parch.

457. Etymologicon universale: or, universal Etymological dictionary. On a new plan, by W. Whiter. *Cambridge,* 1811-25, 2 tom. en 3 vol. in-4, dem. v. ant.

458. Principes d'étymologie naturelle basés sur les origines des langues semitico-sanscrites, par H.-J. Parrat. *Paris;* 1851, in-4, br., 63 pag.

459. Dictionnaire Etymologique, historique et anecdotique des proverbes et des locutions proverbiales de la langue française; par P. M. Quitard. *Paris,* 1842, 1 vol. in-8, rel. v. f.

460. Dictionnaire étymologique et comparatif des langues teuto-gothiques avec des racines slaves, romanes et asiatiques, qui prouvent l'origine commune de toutes ces langues; par H. Mei-

dinger, trad. de l'allemand. *Francfort*, 1833, in-8, cart.

461. Essai d'Étymologie philosophique, ou recherches sur l'origine et les variations des mots qui expriment les actes intellectuels et moraux; par l'abbé Chavée. *Bruxelles*, 1844, in-8, br.

462. Principes de l'étude comparative des langues, par le baron de Merian, suivis d'observations sur les racines des langues Sémitiques; par M. Klaproth. *Paris*, 1828, in-8, cart.

463. Principes et applications diverses de la Mnémotechnie, ou l'art d'aider la mémoire, par A. Paris, 7e édit. *Paris*, 1834, 2 vol. in-8, br.

464. Trésor des origines et dictionnaire grammatical raisonné de la langue française; par Ch. Pougens. Spécimen. *Paris*, Imp.R., 1819, in-4, p.vél., cart.

465. Catalogo de las lenguas de las Naciones conocidas, y numeracion, division, y clases de estas segun la diversidad de sus idiomas y dialectos, su autor el abate Don A. Hervas. *Madrid*, 1800-5, 6 vol. in-4, dem. mar., r. fil.

466. Researches into the origin and affinity of the principal languages of Asia and Europa, by Vans Kennedy. *London*, 1828, in-4, dem. mar.

467. Observations sur la ressemblance frappante que l'on découvre entre la langue des Russes et celle des Romains. *Milan*, 1817, in-4, cart.

468. G. J. Vossii Aristarchus sive de arte Grammatica libri VII; ediderunt C. Foertsch et Aug. Eckstein. *Halis Saxonum*, 1833-34, 2 vol. in-4, br.

469. Julii Pollucis onomasticon, decem libris constans. *Francofurti*, 1608, in-4, vel.

470. A Specimen of the conformity of the European languages, particulary the english, with the oriental languages, especially the persian; by Weston. *London*, 1803, in-8, dem. v. f.

471. Three linguistic dissertations read at the meeting of the british association in Oxford. By Ch. Bunsen, Dr Ch. Meyer and Dr Max-Müller. *London*, 1848, in-8, br.

472. Tableaux synoptiques des mots similaires qui se trouvent dans les langues persane, sanskrite, grecque, latine, etc., par H. A. le Pileur. *Paris* et *Amsterdam*, S. D., in-8, cart.

473. Zur Philosophie der grammatik von D. Conrad Michelsen. Erster Band. *Berlin*, 1843, in-8, br.

474. Essai sur l'éducation et spécialement celle du sourd-muet, par M. D. Ordinaire. *Paris*, 1836, in-8, br.

475. Essai sur les Sourds-Muets et sur le langage naturel, ou introduction à une classification naturelle des idées avec leurs signes propres, par A. Bébian. *Paris*, 1817, in-8, br.

476. Essai sur le langage, par A. Charma. *Caen*, 1831, in-8, dem. v. f.

477. Idiomologie des animaux ou recherches historiques, anatomiques, physiologiques, philologiques et glossologiques sur le langage des bêtes; par Pierquin de Gembloux. *Paris*, 1844, in-8, fig. br. — Le chien primitif, aperçus nouveaux sur l'origine et le culte des animaux, du langage, du pouvoir représentatif de la musique; par le même. *Nantes*, 1846, in-8, fig., br.

478. De l'enseignement des langues anciennes considéré comme la base de l'instruction littéraire, par Ch. Lenormant. *Paris*, 1845, in-8. — Observations grammaticales sur quelques passages de l'essai sur le pâli de MM. E. Burnouf et Lassen; par E. Burnouf. *Paris*, 1827, in-8. — Essai sur la langue Pehlvie, par M. le Dr Muller. *Paris*, 1839, in-8. — On the identification of the signs of the Persian cuneiform alphabet, by E. E. Salisbury. *New Haven*, 1849, in-8. — Des langues Océa-

niennes, par M. Ed. Dulaurier. *Paris*, 1850. — De la négation dans les langues Romanes du midi et du nord de la France, par A. Schweighœuser. *Paris*, 1852, in-8. — Traité complet de la lexicographie des verbes français, par L. Castella. *Paris*, 1838, in-8.

479. Beiträge zur allgemeinen Vergleichenden Sprachkunde von G. C. F. Lisch. Erstes Heft, die Präpositionem. *Berlin*, 1826, in-8, cart., IV-76 p. — Die Sprachphilosophie der Alten, dargestellt au dem Streite über analogie und anomalie der Sprache von Dr Laurenz Lersch. *Bonn*, 1838, in-8, dem. v. f.

480. Mémoire sur le système grammatical des langues de quelques nations indiennes de l'Amérique du Nord; ouvrage qui a remporté le prix fondé par M. le comte de Volney, par M. P. Et. du Ponceau. *Paris*, 1838, in-8, dem. v. f.

481. Ueber Verwandtschaft des persischen, germanischen und Griechisch-Lateinischen sprachstammes, von Dr B. Dorn. *Hamburg*, 1827, in-8, dem. mar. r.

482. La clef des langues ou observations sur l'origine et formation des principales langues qu'on parle et qu'on écrit en Europe, par Ch. Denina. *Berlin*, 1804. 3 vol. in-8, dem. v. f.

483. Ueber die Buchstabenschrift.... De l'Écriture par les lettres et de sa connexion avec la formation des langues, par G. de Humboldt. *Berlin*, 1826, in-4, dem. v. f. (Extr. de l'Acad. de Berlin.)

484. Introductio ad lectionem linguarum orientalium. *Londini*, 1635, in-12, mar. r. fil. — Du verbe substantif et de son emploi comme auxiliaire dans les conjugaisons sanscrite, grecque et latine à la voix active. par J. B. F. Obry, in-8, cart. (Extr. des mémoires de l'Académie du département de la Somme.)

485. Vergleichen grammatik des sanskrit, zend, griechischen, lateinischen, litthauischen, gothischen und deutschen, von F. Bopp. *Berlin*, 1833-49, 5 part. en 2 vol. in-4, br.

486. Dictionarium trilingue, hoc est dictionum slavonicarum, græcarum et latinarum thesaurus ex variis antiquis ac recentioribus libris collectus et juxta Slavonicum alphabetum in ordinem dispositus. (Auth. Th. Polycarpo.) *Mosquæ*, 1704, in-4, v. br.

487. Dictionnaire des abréviations latines et françaises, usitées dans les inscriptions lapidaires et métalliques, les manuscrits et les chartes du Moyen âge, par L. A. Chassant. *Évreux*, 1846, in-12, fig. br.

488. Grammatische Studien von F. Lübcker. Erstes Heft. *Ludwigslust*, 1837, in-8, br.

489. A Catalogue of dictionaries, vocabularies, grammars, and alphabets, by W. Marsden. *London*, 1796, in-4, dem. mar. r.

490. Orientalisch und Occidentalischer Sprachmeister, welcher nicht allein hundert alphabeta nebst ihrer Ausprache, von Schultze. *Leipzig*, 1748, in-12, cart.

491. Alphabeta Varia (16) typis S. Cong. de propagandâ fide impressa. *Romæ*, prop., 1636, 2 vol. petit in-8, mar. r.

492. Alphabeta indica, id est granthamicum, seu samscrdamico - Malabaricum, indostanum sive Vanarense, Nagaricum vulgare et talinganicum. *Romæ*, 1791, in-12 br., 24 pag.

493. Alphabets de tous les peuples. *Paris*, 1819-20, 1re et 2e liv., in-4, br.

494. A Comparative grammar of the sanscrit, zend, greek, latin, lithuanian, gothic, german, and sclavonic languages, by F. Bopp. translated from the german principally by Eastwick. Conducted

through the press by H. H. Wilson. *London*, 1845-50, 3 vol. in-8, cart. — Observations sur la partie de la grammaire comparative de M. F. Bopp, qui se rapporte à la langue zende, par M. E. Burnouf. *Paris*, 1833, in-4 cart., extrait du Journal des Savants. — Article de Rosen sur Bopp's comparative granmar.

LANGUES ASIATIQUES.

495. Asia Polyglotta, von J. Klaproth. *Paris*, 1823, in-4, dem. mar. or., et atlas, in-fol. cr.

496. Réflexions sur l'étude des langues Asiatiques adressées à sir J. Mackintosh, suivies d'une lettre à M. H. H. Wilson. *Bonn*, 1832, gr. in-8, dem. cuir de R.

HÉBREU.

497. Grammaire hébraïque en tableaux, par P. G. Audran. *Paris*, 1805, in-4 obl., dem. v.

498. Nouvelle méthode pour apprendre la langue hébraïque, par M. Franck. *Paris*, 1834, in-8, dem. v. f.

499. Ausführliches Lehrbuch des hebraïschen Sprache des alten bundes, von H. Ewald. *Leipzig*, 1844, in-8, dem. mar. v.

500. W. Gesenius, hebraisches elementarbuch. Erster Theil : hebraische grammatik, herausgegeben von E. Rodiger. *Leipzig*, 1845, in-8, br.

501. Grammaire hébraïque raisonnée et comparée, par M. Sarchi. *Paris*, 1828, in-8, dem. rel.

502. Principes de grammaire hébraïque et chaldaïque accompagnés d'une chrestomathie hébraïque et chaldaïque, avec une trad. française et une analyse grammaticale, par J. B. Glaire. 3ᵉ édition. *Paris*, 1843, in-8, br.

503. Grammatic des hebraeischen Sprache des A... T... Grammaire de la langue hébraïque de l'Ancien Testament, nouvellement rédigée en cours

complet, par H. Aug. Ewald... *Leipzig*, 1835, in-8, d. mar. citr. fil. — Isagoge in grammaticam et lexicographiam linguae hebraicae. Contra G. Gesenium et H. Ewaldum auctore F. Delitzschio. *Grimmae*, 1838, in-8, pap. vel. cart.

504. Novus Thesaurus philologico-criticus, sive Lexicon in LXX et reliquos interpretes græcos ac scriptores apocryphos Veteris Testamenti. Post Bielium et alios viros doctos congessit et edidit Joh. Fr. Schleusner. *Lipsiæ*, 1821, 5 vol. in-8, d. v. f.

505. Lexicon hebraicum, et chaldaico-biblicum ordine alphabetico ad usum collegii Urbani de propaganda fide. Auctore Joh. Bouget. *Romæ*, 1787, 3 vol. in-fol., br.

506. Lexicon manuale hebraicum et chaldaicum in veteris testamenti libros. Post editionem germanicam tertiam latine elaboravit multisque modis retractavit et auxit Guil. Gesenius. *Lipsiae*, 1833, in-8, dem. mar. r. f.

507. Dictionnaire idio-étymologique hébreu, et Dictionnaire grec-hébreu, par l'abbé A. Latouche. *Paris*, 1836, in-8, br. — Clef de l'Etymologie, par le même. *Paris*, 1836, br.

×508. Hebräisches Wurzelwörterbuch nebst drei Anhängen über die Bildung der quadrilatern, Erklärung des fremdwörter im hebräischen, und über das Verhältniss des Ægyptischen Sprachstammes zum semitischen, vor D[r] Er. Meier. *Manheim*, 1845, in-8. br. (Dictionn. des Racines hébraïques.)

509. Chrestomathie ou Morceaux choisis de la Bible, par l'abbé A. Latouche. *Paris*, S. D., in-8, br.

510. Geschichte des Volkes Israel bis Christus, von H. Ewald. *Gothingen*, 1843-5, 2 vol. in-8, br.

511. Philologisch-Kritischer nnd historisches commentar ueber den Jesaia, von W. Gesenius. *Leipzig*, 1821, 3 vol. in-8, dem. v. f.

512. Der prophet Jesaia Neuübersetzt, von W. Gesenius. *Leipzig*, 1829, in-8, dem. v. f.

513. J. Meyeri Tractatus de temporibus et festis diebus hebræorum. Amstelædami, 1724, in-4. -- De jejunio, opus ex hebræa in latinam linguam versum notisque illustratum, à J. Meyero. *Amstelædami*, 1724, in-4. rel. en 1 vol., dem. v. f.

514. An examination of the ancient Orthography of the Jews, and of the original state of the text of the hebrew Bible, by Ch. W. Wall. *London*, 1835-40, 2 vol. grand in-8, le 1er veau, bl. fil. tr. dor., le 2e cart.

515. Allgemeine bibliothek der biblischen litteratur, von J. Gottfred Eichhorn. *Leipzig*, 1787-99, 9 vol. petit in-8, br.

516. Repertorium für biblische und morgenlandische litteratur. *Leipzig*, 1777-86, 18 vol. in-8, br.

517. Leçons sur la poésie sacrée des hébreux, par M. Lowth, trad. pour la première fois du latin en français. *Lyon*, 1812, 2 vol. in-8, bas.

518. Lexicon heptaglotton, hebraicum, chaldaicum, Syriacum, Samaritanum, œthiopicum, arabicum conjonctim et persicum separatim, etc. Cui accessit brevis grammaticæ delineatio, aut. Ed. Castello. *Londini*, 1669, 2 vol. gr. in-fol., veau br.

519. Philosophie des langues, et introduction par l'hébreu à la connaissance élémentaire des racines et des formes de toutes les langues, par A. Latouche. *Rennes*, 1845, in-8, br.

LANGUES CHALDAIQUE, SYRIAQUE, ETC.

520. Formenlehre der Chaldäischen grammatik... Traité de la langue araméenne : part. 1. grammaire chaldaïque; par J. Furst. *Leipzig*, 1835, in-8, br.

521. J. Buxtorfii P. Lexicon Chaldaicum, Talmudicum et Rabbinicum, A. J. Buxtorfio filio. *Basileæ*, 1640, in-fol.

522. Alphabetum Syro-Chaldaeum una cum oratione dominicali, Salutatione angelica et Symbolo fidei. *Romæ*, 1797, in-12, br.

523. C. B. Michaelis grammatica Syriaca. *Romæ*, 1829, in-8, dem. v. f.

524. Scripturae linguaeque Phoeniciae monumenta quotquot supersunt edita et inedita, ad autographorum optimorumque exemplorum fidem edidit additisque de Scriptura et lingua phoenicum commentariis illustravit G. Gesenius. *Lipsiæ*, 1837, 3 part. en 2 vol. in-4, br.

ARABE.

525. Grammaire Arabe en tableaux, à l'usage des étudiants qui cultivent la langue hébraïque, par G. Audran. *Paris*, 1818, in-4, cart.

526. Grammaire de la langue Arabe vulgaire et littérale, ouvrage posthume de Savary, augmenté de quelques contes Arabes, par L. Langlès. *Paris*, Impr. imp., 1813, in-4, dem. v.

527. Éléments de langue Algérienne, ou principes de l'Arabe vulgaire usité dans les diverses contrées de l'Algérie, par A. P. Pihan. *Paris*, Impr. N., 1851, in-8, br.

528. Alfiyya ou la quintessence de la grammaire Arabe, ouvrage de Djemal-Eddin Mohammed, connu sous le nom d'Ebn-Malec; publiée en original, avec un commentaire, par le baron Silvestre de Sacy. *Paris*, 1833, in-8, br.

529. Ibn Khallikan's Biographical dictionary translated from the arabic, by Bn Mac Guckin de Slane. Vol. II, *Paris*, 1843, in-4, br.

530. Tarafae Moallaca cum Zuzenii Scholiis. Textum ad fidem Parisiensium diligenter emendatum latine vertit, vitam poetae accurate exposuit, se-

lectas Reiskii Annotationes suis subjunxit J. Vullers. *Bonnae ad Rhenum*, 1829, 2 part. in-4.

531. Traité des instruments astronomiques des Arabes, composé au XIIIe siècle par Aboul Hhassan Ali de Maroc, traduit de l'Arabe par J. J. Sédillot, et publié par L. A. Sédillot. *Paris*, Impr. R., 1834, 2 vol. in-4, fig, br.

532. Essai sur l'histoire des Arabes avant l'Islamisme, pendant l'époque de Mahomet, jusqu'à la réduction de toutes les tribus sous la loi Musulmane, par A. P. Caussin de Perceval. *Paris*, 1847-48, 3 vol, in-8, br.

533. Scriptorum Arabum de Rebus Indicis loci et opuscula inedita recensuit et illustravit J. Gildemeister. Fasc. 1. *Bonnae*, 1838, in-8, br.

534. Notice sur les trois poëtes Arabes Akhtal, Farazdak et Djérir, par M. A. Caussin de Perceval. *Paris*, Impr. R., 1834, in-8, br. (Extr. du Journal Asiatique.)

535. Mémoire historique sur la vie d'Abd-Allah Ben-Zobaïr, par M. Quatremère. *Paris*. 1832, in 8, br. (Extrait du nouv. journal Asiatique.) — Mémoire sur les Nabatéens, par M. Quatremère. *Paris*, 1835, in-8, br. (Extrait du Journal Asiatique.) — Mémoire sur le Kitab-Alagani ou recueil de chansons, par M. Quatremère. *Paris*, Impr. R., 1837, in-8, br. (Extr. du Journal Asiatique.)

536. Kitab teqouym al-Bouldan, ou géographie d'Aboul-Fédâ. Édition autographiée d'après un Manuscrit arabe de la Bibliothèque du Roi, par H. Jouy, revue et corrigée par M. Reinaud, première livraison. *Paris*, 1829, in-4, cart.

537. Géographie d'Aboulféda traduite de l'Arabe en français et accompagnée de notes et d'éclaircissements, par M. Reinaud. *Paris*, 1848, tom. 1. et 1re part. du tome 2, 2 vol. in-4, br.

538. Monuments arabes, persans et turcs, du cabinet de M. le duc de Blacas et d'autres Cabinets; considérés et décrits d'après leurs rapports avec les croyances, les mœurs et l'histoire des Nations musulmanes, par M. Reinaud. *Paris*, Impr. R., 1828, 2 vol. in-8, fig., dem. v. f.

539. Fragments arabes et persans inédits relatifs à l'Inde, antérieurement au XIe siècle de l'ère chrétienne, recueillis par M. Reinaud. *Paris*, Impr. R., 1845, in-8, br. (Extr. du Journal Asiatique.)

540. Invasions des Sarrazins en France et de France en Savoie, en Piémont et dans la Suisse, par Reinaud. *Paris*, 1836, in-8, dem. v. f.

541. Extraits des historiens Arabes, relatifs aux guerres des Croisades, ouvrage formant, d'après les écrivains musulmans, un récit suivi des guerres saintes; par M. Reinaud. *Paris*, Impr. R., 1829, in-8, dem. v. f.

542. El-Mas'udi's historical encyclopædia, entitled « Meadows of gold and mines of gems » translated from the Arabic by A. Sprenger, vol. 1. *London*, 1841, in-8, cart.

543. The book of the thousand Nights and one night, from the Arabic of the Ægyptian Ms. as edited, by W. Macnaghten done into english by H. Torrens. *Calcutta and London*, 1838, in-8, c.

544. Remarks on the arabian nights entertainments; in which the origin of Sindbad's voyages, and other oriental fictions, is particularly considered, by Richard Hole. *London*, 1797, in-8, dem. rel.

PERSAN.

545. De Persidis Lingua et genio. Commentationes philosophico-persicæ, auctore O. Frank. *Norimbergae*, 1809, in-8, dem. v. f.

546. Grammatica linguæ persicæ; accedunt dialogi,

historiæ, sententiæ, et narrationes persicæ, opera et studio Fr. de Dombay. *Vindobonae*, 1804, in-4, cart.

547. Institutiones ad fundamenta linguæ persicæ, cum chrestomathia maximam partem ex auctoribus ineditis collecta et glossario locupleti edidit Fr. Wilken. *Lipsiæ*, 1805, in-8, dem. v. f.

548. J. A. Vullers institutiones linguæ persicæ, cum sanscrita et zendica lingua comparatæ. *Gissæ*, 1840, in-8, dem. v. f.

549. Grammatik der persischen Sprache. Ein Lehrbuch für academische Vorlesungen herausgegeben, von P. A. Fedor Possart. *Leipzig*, 1831, in-8, dem. v. f.

550. A Grammar of the Persian language, by sir W. Jones. The ninth edition, with considerable additions and improvements, by the rev. S. Lee. *London*, 1828, in-4, dem. mar. citr. fil.

551. Grammaire persane de sir W. Jones. 2ᵉ édit. française, revue, corrigée et augmentée par M. Garcin de Tassy. *Paris*, Impr. R., 1845, in-12, br.

552. Elementa persica, edidit G. Rosen. *Berolini*, 1843; petit in-8, br.

553. The Persian reader: or, select extracts from various persian writers. *Calcutta*, 1824-25, 3 vol. in-8, dem. mar. r.

554. Gazophylacium linguæ Persarum, triplici linguarum clavi italicæ, latinæ, gallicæ, nec non specialibus præceptis ejusdem linguæ reseratum, auctore P. Angelo à S. Joseph. *Amstelodami*, 1684, in-fol., v. br.

555. A dictionary, persian, arabic and english, With a dissertation on the languages, literature, and manners of eastern nations, by J. Richardson, revised and improved by Ch. Wilkins, a New edition considerably enlarged, by Fr. Johnson. *London*, 1829, 1 vol. — A dictionary, English,

persian, and arabic by J. Richardson, a New edition, With numerous additions and improvements, by Ch. Wilkins, vol. II. *London*, 1810, 2 vol. in-4, dem. mar. r.

556. Chrestomathia persica; edidit et glossario explanavit Fr. Spiegel. *Lipsiæ*, 1846, in-8, br.

557. Mirchondi historia Seldschukidarum persice edidit Dr J. A. Vullers. *Gissæ*, 1837, in-8, br. — Mirchond's Geschiche der Seldschuken ubersetzt von Dr J. A. Vullers. *Giessen*, 1837, in-8, br.

558. History of the early kings of Persia, from Kaiomars, the first of the peshdadian dynasty, to the conquest of Iran, by Alexander the great. Translated from the original persian of Mirkhond, with notes and illustrations, by David Shea. *London*, 1832, in-8, dem. cuir de R. fil.

559. Notice sur le Schah-Namé de Ferdoussi, et traduction de plusieurs pièces relatives à ce poëme. Ouvrage posthume de M. de Walenbourg, précédé de la biographie de ce savant, par A. de Bianchi. A *Vienne*, 1810, in-8, cart. — The Shah Nameh of the persian poet Ferdousi, translated and abridged in prose and verse, with notes and illustrations, by J. Atkinson. *London*, 1832, in-8, dem. v. f.

560. Le Livre des Rois, par Firdousi, publié, traduit et commenté par J. Mohl. *Paris*, 1838-46, 3 vol. in-fol. Imprimerie Royale, encadr. r. cart.

561. Chrestomathia Schahnamiana. In usum scholarum edidit annotationibus et glossario locupleti instruxit J. A. Vullers. *Bonnæ*, 1733, in-8, br.

562. Das Heldenbuch von Iran aus dem Schah Nameh des Firdussi, von J. Gorres. *Berlin*, 1826, 2 vol. in-8, fig. dem. v. f.

563. Monumenti Persepolitani e Ferdusio poeta persarum heroico illustratio, auctore G. E. Hagemann. *Gottingæ*, 1801, in-4, cart.

564. Contes, fables et sentences, tirés de différents auteurs Arabes et Persans, avec une Analyse du poëme de Ferdoussy sur les rois de Perse, par le traducteur des Instituts de Tamerlan (L. Langlès). *Paris*, 1788, in-12, dem. v.

565. Histoire des Mongols de la Perse écrite en persan par Raschid-Eldin, publiée et traduite en français par M. Quatremère. *Paris*, Impr. R., 1836, 1 vol. in-fol., encadr. r. cart.

566. Ferishta's history of Dekkan, from the first Mahummedan Conquests : with a continuation from other native writers, of the events in that part of India to the reduction of its last monarchs by the emperor Aulumgeer Aurungzebe; also, the reigns of his successors in the empire of Hindostan to the present day : and the history of Bengal, from the accession of Aliverdee khan to the year 1780, by J. Scott. *Shrewsbury*, 1794, 2 vol. in-4, dem. cuir de R.

567. The political and statistical history of Gujarat, translated from the persian of Ali Mohammed khan, by J. Bird. *London*, 1835, gr. in-8, cart.

568. Sketches of Persia, from the journals of a traveller in the East. A new edition. *London*, 1828, 2 vol. in-12, dem. v. f.

569. Tarich, hoc est series Regum Persiæ, ab Ardschir-Babekan, usq : ad Iazdigerdem à chaliphis expulsum, per annos ferè 400, etc., authore W. Schikardo. *Tubingæ*, 1628, in-4, v. f.

570. Descriptio persici imperii ex Strabonis tum ex aliorum auctorum cum illo comparatorum fide composita, auctore J. Szabo. *Heidelbergae*, 1810, in-8, cart.

571. An historical and descriptive account of Persia, from the earliest ages to the present time, by J. Fraser. *Edinburgh*, 1834, in-12, carte et fig. cart.

572. The history of Persia, from the most early period to the present time : by col. sir J. Malcolm. *London*, 1815, 2 vol. gr. in-4, pap. vel., fig. et carte. dem. cuir de R.

573. B. Brissonii de Regio Persarum principatu libri III, post Cl. Sylburgii editionem, adjectisque indicibus necessariis cura et opera J. H. Lederlini. *Argentorati*, 1710, pet. in-8, v. br.

574. A Short historical narrative of the rise and rapid advancement of the Mahrattah State, to the present strength and consequence it has acquired in the east. Written originally in persian; and translated into english. *London*, 1782. — Sketches of the mythology and customs of the Hindoos by G. Forster. *London*, 1785. — The marches of the British Armies in the peninsula of India during the Campaigns of 1790 and 1791 by major Rennell. *London*, 1792, 1 vol. in-8, v. gr. fil.

575. Histoire des révolutions de Perse, depuis le commencement de ce siècle jusqu'à la fin du règne de l'usurpateur Aszraff, par le P. Ducerceau. *Paris*, 1742, 2 vol. in-12, v. f.

576. Notices sur l'état actuel de la Perse, en persan, en arménien et en français, par MM. Langlès et Chahan de Cirbied. *Paris*, I. R. 1818, in-18, dem. v. f.

577. Essai sur les troubles actuels de Perse et de Georgie, par M. de Peyssonnel. *Paris*, 1754, in-12, dem. v. f.

578. Relaciones, donde se tratan las cosas notables de Persia, la genealogia de sus reyes; guerras de Persicos, Turcos, y Tartaros : y las que vido en el viage que hizo a España, y su conversion y las de otros dos cavalleros persianos; por D. Juan de Persia. *Valladolid*, 1604, in-4, parch.

579. Chronique d'Abou-Djafar Mohammed Tabari, traduite sur la version persane d'Abou-Ali Mohammed Belami, d'après les manuscrits de la Bibliothèque du roi, par L. Dubeux; Ire livrais. *Paris*, 1836, in-4, br. — Avec un article de M. Silvestre de Sacy, sur cet ouvrage. (Extrait du Journal des Savants, mai 1837.)

580. The history of Nadir Shah, formerly called Thamas Kuli Khan, the present emperor of Persia, by J. Fraser. *London*, 1742, in-8, carte et fig. veau.

581. Ayeen Akbery; or the institutes of the Emperor Akber, translated from the original persian, by F. Gladwin. *London*, 1800, 2 vol. in-4, dem. v. f.

582. The Mulfuzat Timury, or autobiographical memoirs of the Moghul Emperor Timur, written in the jagtay turky language, turned into persian by Abu Talib Hussyny, and translated into english by Major Ch. Stewart. *London*, 1830, in-4, carte, dem. mar. r.

583. Contents of the George Nameh, composed in verses in the persian language, by the late Moolla Fyrooz Bin Gaoos, and to be printed by his nephew and successor Moolla Rustom Bin Kuikobad. *Bombay*, 1836, in-8, br.

584. Ephemerides Persarum per totum annum, juxta epochas celebriores orientis, Alexandream, Christi, Diocletiani, Hegiræ, latine versæ, cum comment, à M. F. Beckio, *Augustæ Vind.* 1696. in-fol., v. br.

585. Medjnoun et Leila, poëme traduit du persan de Djamy; par A. L, Chézy. *Paris*, 1807, in-16, gr. pap., v. f. fil.

586. Le Trône enchanté, conte indien traduit du persan, par Lescallier. *New-York*, 1 vol. gr. in-8, dem. v. ant.

587. Symbolæ ad interpretationem S. codicis ex

lingua persica, auctore P. A. Bohlen. *Lipsiæ*, 1822, in-4, dem. v. f.

588. Ssufismus sive theosophia Persarum pantheistica quam e mss. bibliothecæ Regiæ Berolinensis persis, arabicis, turcicis eruit atque illustravit Fr. Aug. D. Tholuck. *Berolini*, 1821, pet. in-8, dem. v. f.

589. The Desatir or sacred writings of the ancient persian prophets in the original tongue : together with the ancient persian version and commentary of the fifth Sasan ; carefully published by Mulla Firuz Bin Kaus, who has subjoined a copious Glossary, to which is added an english translation of the Desâtir and Commentary. *Bombay*, 1818, 2 vol. gr. in-8, dem. cuir de R.

ZEND. — LIVRES DE ZOROASTRE.

590. Zoroastre, Essai sur la philosophie religieuse de la Perse, par Ménant. *Paris*, 1844, in-8, br.

591. Djemschid, feridum Gustasp, Zoroaster. Eine kritische historische untersuchung uber die beiden ersten capitel des vendidad, von A. Holtn. *Hanover*, 1829, in-12, cart.

592. Zend-Avesta, ouvrage de Zoroastre, contenant les idées théologiques, physiques et morales de ce législateur, les cérémonies du culte religieux qu'il a établi, et plusieurs traits importants relatifs à l'ancienne histoire des Perses : traduit en français sur l'original Zend, par M. Anquetil Duperron. *Paris*, 1771, 2 tom. en 3 vol. in-4, fig., v. marb.

593. Zend-Avesta. — Zoroasters lebendiges Work, worin die lehren und meinungen von Gott, Welk, Natur und Menschen : imgleichen die Cärimonien des heiligen Dienstes der Parsen u. f. f. aufbehalten sin, nach dem Franzosischen des hern Anquetil Duperron, von J. F. Klenker. *Riga*, 1777-86, 3 vol. in-4, fig., dem. v. f.

594. Extrait d'un commentaire et d'une traduction nouvelle du Vendidad Sadé, l'un des livres de Zoroastre; par M. E. Burnouf. *Paris*, Impr. R. 1829, in-8, cart. — Vendidad Sadé, l'un des livres de Zoroastre, lithographié d'après le manuscrit Zend de la Bibliothèque royale, et publié par M. E. Burnouf. *Paris*, 1829-43, in-fol., dem. mar. r. — Rapport sur les travaux philologiques de M. Burnouf relatifs à la langue Zende, par Obry. *Amiens*, 1835, in-8.

595. Vendidad, Zend-Avestæ pars xx, adhuc superstes e codd. Mss. Parisinis primum edidit, varietatem lectionis adjecit J. Olshausen. *Hamburgi*, 1829, in-4, br. — Vendidadi capita quinque priora. Emendavit C. Lassen. *Bonnæ*, 1852, in-8, br. — Der Neunzehnte fargard des Vendidad, von Fr. Spiegel, in-4, br.

596. Vendidad Sade, die heiligen Schriften Zoroaster's Yaçna, Vispered und Vendidad, herausgegeben, von Dr H. Brockhaus, *Leipzig*, 1850, gr. in-8, br.

597. The yaçna of the Parsis in the zend language, but gujarati character, with a gujarati translation, paraphrase and commentary according to the traditional interpretation of the zoroastrians, by Aspandiarji. *Bombay*, 1843, 2 vol. gr. in-8.

598. Fragmens relatifs à la religion de Zoroastre, extraits des manuscrits persans de la Bibliothèque du Roi, par J. Mohl. *Paris*, 1829, in-8, cart. (VII-34 pag.) — Fragmente uber die religion des Zoroaster. Aus dem persischen uebersetzt, von Dr J. A. Vullers. *Bonn*, 1831, in-8, cart.

599. R. Rask über das alter und die echtheit der Zend-Sprache und des Zend-Avesta und herstellung des Zend-Alphabets; nebst einer ubersicht des gesammten Sprachstammes; übersetzt von F. H. von der Hagen. *Berlin*, 1826, in-12, fig. cart. —

Zoroastri Oracula, græce, cum græcis Phletonis Scholiis. *Parisiis*, 1538, in-4, vel. (7 feuillets.)

600. Bundehesh, liber pehlvicus, ed. Westergaard. *Hauniæ*, 1851, in-4, br.

ARMÉNIEN.

601. Essai sur la langue Arménienne, par M. Belaud. *Paris*, 1812, in-8, dem. v. ant. — Specimen armenum edidit J.-J. Marcel, *Lut. Parisiorum*, 1829, in-8, cart.— A Grammar Armenian and english by father P. Aucher. *Venice*, 1819, in-8, dem. rel.

602. Die Grundlage des Armenischen im arischen Sprachstamme. Nachgewiesen von D[r] Fr. Windischmann, in-4, dem v. f. — Choix de fables de Vartan, en arménien et en français, par M. de Saint-Martin. *Paris*, 1825, in-8, br.

603. Moise de Khoréne, histoire d'Arménie, texte Arménien et traduction française avec notes explicatives et précis historiques sur l'Arménie, par P. E. Le Vaillant de Florival. *Paris*, S. D., 2 vol. in-8, dem. v. f.

604. Mélanges sur l'Arménie. — Réfutation d'une critique de la grammaire arménienne de Cirbied. *Paris*, 1823. — Mémoire sur la vie et les ouvrages de David, philosophe arménien du ve siècle, par J. F. Neumann. *Paris*, 1829. — Détails historiques de la première expédition des chrétiens dans la Palestine, par Mathieu d'Edesse, trad. en français par F. Martin et accompagnés de notes par Chahan de Cirbied. *Paris*, 1811. — Relation d'un voyage fait en Europe et dans l'océan Atlantique à la fin du xve siècle, par Martyr, évêque d'Arzendjan, trad. de l'arménien et accompagnée du texte original par M. J. Saint-Martin. *Paris*, 1827. — La Rose et le Rossignol, allégorie orientale, trad. de l'arménien par P. E. Le Vaillant de Florival. *Paris*, 1833, in-8.

TIBÉTAIN.

605. Alphabetum Tibetanum missionum apostolicarum commodo editum studio et labore Fr. Aug. Ant. Georgii. *Romæ*, 1762, 1 vol. in-4, dem. rel., v. ant.

606. Alphabetum tangutanum, sive Tibetanum. *Romæ*, 1773, in-12, v. ant.

607. Alphabetum tangutanum, sive Tibetanum. *Romæ*, 1783, in-12, cart.

608. Grammar of the tibetan language, by A. Csoma de Korös. *Calcutta*, 1834, in-4, dem. v. f.

609. Grammatik der Tibetischen sprache, von J. J. Schmidt. *Saint-Pétersbourg*, 1839, in-4, dem. cuir de R.

610. A dictionary tibetan and english, by A. Csoma de Körös. *Calcutta*, 1834, in-4, dem. v. f.

611. Tibetisch-deutsches Wörterbuch..., von J. J. Schmidt. *St-Pétersbourg*, 1841, in-4, dem. cuir de R. (*Envoi de l'auteur.*)

612. Spécimen du Gya-tcher-Rol-Pa (Lalita Vistara). Partie du chapitre VII, contenant la naissance de Çakya-Mouni. Texte tibétain, traduit en français et accompagné de notes, par Ph. Ed. Foucaux. *Paris*, 1841, gr. in-8, pap. vél., dem. v. f. fil. — Rgya Tcher Rolpa, ou développement des jeux contenant l'histoire du Bouddha Çakya-Mouni trad. sur la version tibetaine du Bkah hgyour, et revu sur l'original sanscrit (Lalitavistâra), par Ph.-Ed. Foucaux. *Paris*, Impr. R., 1847, 2 vol. in-4, br.

613. Der Weise und der Thor, aus dem Tibetischen uebersetzt und mit dem original text herausgegeben, von J. J. Schmidt. *St-Pétersburgh*, 1843, 2 tom. en 1 vol. in-4, dem. mar. r. (*Envoi de l'auteur.*)

614. Der index des Kaedjur herausgegeben von der Kaiserlichen Akademie der Wissenschaften und denowertet V. I. J. Schmidt. *St-Pétersbourg*, 1845, in-4, br. (En sanscrit.)

615. Eine tibetische lebensbeschreibung Çâkjamuni's, des begründers des buddhathums, im auszuge deutsch mitgetheilt, von Anton Schiefner. *St-Pétersburg*, 1849, in-4, br. (Extr. des Mém. de l'ac. de Saint-Pétersbourg.)

616. De veteribus Indis dissertatio in qua cavillationes auctoris Alphabeti Tibetani castigantur, autore P. Paulino a S. Bartolomæo. *Romæ*, 1795, in-4, v.

LANGUE SANSKRITE.

617. De la langue et de la littérature sanscrite. Discours d'ouverture prononcé au collége de France, par M. E. Burnouf, in-8, cart. 15 pag. (Extr. de la revue des Deux-Mondes.)

618. De utilitate, quæ ex accurata linguæ sanscritæ cognitione in linguæ graecæ latinæque etymologiam redundet, brevis dissertatio, scripsit E. Ph. L. Calemberg. *Hamburgi*, 1832, in-4, br.

619. Versuch einer literatur der Sanskrit-sprache. Essai d'une bibliographie de la langue Sanskrite, par F. Adelung. *St-Pétersbourg*, 1830, in-8, cart. — Bibliotheca sanscrita. Literatur der sanskrit-sprache, von Fr. Adelung. *St-Pétersbourg*, 1837, in-8, br.

620. An historical sketch of sanscrit literature, with copious bibliographical notices of sanscrit works and translations, from the german of Adelung with numerous additions and corrections. *Oxford*, 1832, in-8, dem. v. ant.

621. De antiquitate et affinitate linguæ Zendicæ, samscrdamicæ, et germanicæ dissertatio, auctore P. Paulino a S. Bartholomæo, 1798, in-4, bas.

622. Ueber den druck sanskritischer werke mit lateinischen buchstaben, ein vorschlag von Dr H. Brockhaus. *Leipzig*, 1841, in-8, dem. v. ant.

623. Die falsche sanscritphilologie an dem beispiel des Herrn Dr Hoefer in Berlin Aufzgeigt, von J. Gildemeister. *Bonn*, 1840, pet. in-8, dem. v. ant.

624. Commentatio de origine linguæ Zendicæ è sanscrita repetenda, auctore P. A. Bohlen. *Regimontii*, 1831, in-4, cart.

625. Commentatio de adfinitate priscæ indorum linguæ, quam sanscritam dicunt, cum persarum, græcorum, romanorum atque germanorum sermone. *Vindobonæ*, in-4, cart.

626. Etymologische forschungen ... Recherches étymologiques sur les langues indo-germaniques, par Aug. Fr. Pott. *Lemgo*, 1833-36, 2 vol. in-8, dem. mar. r. — Etymologische forschungen auf dem gebiete der Indo-Germanischen Sprachen, mit besonderem bezug auf die lautumwandlung, etc., von Dr A. Fr. Pott. *Lemgo*, 1833-36, 2 vol. in-8, le 1er cart. et le 2e, mar. v. fil. tr. dor. — A. Fr. Pott. Indogermanischer Sprachstamm, in-4, dem. v. f. (Extr. de l'Encyclopédie de Ersch et Gruber.)

627. Handbuch der Sanskritsprache zum gebrauch für vorlesungen und zum sebsstudium, von Th. Benfey. *Leipzig*, 1852, gr. in-8, br.

628. Ueber einige Sanskrit-Werke in der Bibliothek des Asiatischen departmente, von Otto Boehtlingk. *St-Pétersburg*, 1845, in-5, br., 8 pag. (Extr. de l'Acad. de St-Pétersbourg.)

629. Alphabetum Grandonico-Malabaricum sive Sanscrudonicum. *Romæ*, 1772, in-12, dem. v. ant.

630. The Mugdhabodha: a sanscrit grammar, by Vopadeva, published for the use of the sanscrit college. *Calcutta*, 1826, in-8, dem. cuir de R. fil.

tr. dor. — Vopadeva's Mugdhabodha herausgegeben und erklärt von Otto Böhtlingk. *St.-Petersburg*, in-8, d. v. f.

631. The Sungskrit Grammar called Moogdhuboodha, by Vopadeva, in-12, v. rac. fil.

632. The Laghu Kaumudi : a sanscrit grammar, by Vadaraja published for the use of the sanscrit college, under the authority of the committee of Public instruction. *Calcutta*, 1827, in-8, dem. cuir de R. fil. tr. dor.

633. Panini Soutra vritti, 2 vol. in-8, dem. mar. citr. fil.—Panini acht Bücher grammatischer Regeln, herausgegeben und erlaütert von Böhtlingk. *Bonn.*, 1839, 2 vol. in-8, d. cuir de R. fil.

634. Grammatica Samscrdamica cui accedit dissertatio historico-critica in linguam Samscrdamicam vulgo Samscret dictam, auctore Fr. Paulino a S. Bartholomæo. *Romæ*, 1790, in-4, dem. v. ant.

635. Vyacarana seu locupletissima Samscrdamicæ linguæ institutio in usum fidei præconum in India Orientali, et virorum litteratorum in Europa adornata a P. Paulino a S. Bartholomæo. *Romæ*, 1804, in-4, dem. v. ant.

636. A. grammar of the Sanscrit language, by H. T. Colebrooke. Vol. 1. *Calcutta*, 1805, in-fol. dem. m. vert.

637. A grammar of the sungskrit language, composed from the works of the most esteemed grammarians, by W. Carey. *Serampore*, 1806, in-4, cuir de R. fil.

638. Essay on the principles of Sanskrit grammar, by H. P. Forster. *Calcutta*, 1810, in-4, v. (Quelques piqûres, quelques feuillets raccommodés.)

639. Article de Bopp, sur la grammaire de Forster, extrait du Heidelberger Iahrbucher der litteratur, n° 30, 1818, in-12, cart., 18 pag.

640. A grammar of the Sanskrita language, by Ch. Wilkins. *London*, 1808, in-4, dem. v. ant.

641. A grammar of the Sanscrit language, on a new plan, by W. Yates. *Calcutta*, 1820, in-8, dem. cuir de R. fil.

642. Grammatica sanskrita nunc primum in germania edidit O. Frank. *Wirceburgi*, 1823, in-4, dem. mar. citron, fil. tr. marb.

643. Grammatica critica linguæ sanscritæ auctore Fr. Bopp. Altera emendata editio. *Berolini*, 1832, in-4, dem. cuir de R. fil.

644. Kritische grammatik der Sanskrita-Sprache, von Fr. Bopp. *Berlin*, 1834, in-8, mar. v. fil. tr. dor.

645. Kritische grammatik der Sanskrita-Sprache, von Fr. Bopp. 2e edit. *Berlin*, 1845, in-8, dem. mar. r.

646. Ausfuhrliches lehrgebäude der Sanskrita-Sprache, von Fr. Bopp. *Berlin*, 1827, in-4, dem. mar. r. fil.

647. An introduction to the grammar of the sanskrit language for the use of early students, by H. H. Wilson. *London*, 1841, in-8, cart.

648. An introduction to the grammar of the Sanskrit language, for the use of early students, by H. H. Wilson. 2e edit. *London*, 1847, in-8, cart. Envoi de l'auteur.

649. Grammaire sanscrite-française, par M. Desgranges. *Paris*, I. R., 1845-47, 2 vol. in-4, br.

650. A elementary grammar of the Sanscrit language, partly in the roman character, arranged according to a new theory, in reference especially to the classical languages with short extracts in easy prose, by Monier Williams. *London*, 1846, gr. in-8, cart.

651. Sanskrit og oldnorsk, en sprogsammenliguende Afhandling, af C. A. Holmboe. *Christiania*, 1846, in-4, br. (Envoi de l'auteur.)

652. Ausführliche Sanskrit Grammatik für den offentlichen und selbstunterrich; von A. Boller. *Wien*, 1847, in-8, dem. v. f.

653. Vollständige grammatik der Sanskritsprache, zum gebrauch für Vorlesungen und zum selbststudium, von T. Benfey. *Leipzig*, 1852, in-8, br.

654. Fr. Bopp uber das conjugations system der Sanskritsprache in bergleichung mit jenem der griechischen, lateinischen, persischen und germanischen Sprache, herausgegeben und mit borerinnerungen begleitet, von Dr K. J. Windischmann. *Frankfurt am Main*, 1816, in-12, dem. mar. r. fil.

655. Vom infinitiv besonders im Sanskrit, eine etymologisch syntactische Abhandlung als probe einer Sanskritsyntax, von Dr Alb. Hoefer. *Berlin*, 1840, in-8, dem. v. ant.

656. Das Sanskrite-Verbum im Vergleich mit dem Griechischen und lateinischen aus dem Gesichtspunkte der classischen philologie dargestellt, von Fr. Græfe. *St-Pétersbourg*, 1836, in-4, dem. v. f. (Extr. des Mém. de l'Acad. de St-Pétersb.)

657. De Conjugatione in-mi linguæ Sanscritæ ratione habita. Dissertatio philologica, auctore A. Kuhn. *Berlin*, 1837, in-8, dem. v. f.

658. A short inquiry into the nature of language, with a wiew to ascertain the original meanings of sanskrit prepositions; elucidated by comparisons with the greek and latin, by sir Graves C. Haughton. *London*, 1834, in-4, cart.

659. The prosody of the telugu and Sanscrit languages explained, by Ch. P. Brown. *Madras*, 1827, in-4, bas.

660. Théorie du Sloka, ou mètre héroïque Sanskrit, par A. L. Chézy. *Paris*, 1827, in-8, pap. vél. dem. v. f. (VIII. 22 pag.)

661. The radicals of the Sanskrita language. *London*, 1815. — The Hitopadesa in the Sanskrita language. *London*, 1810, rel. en 1 vol. in-4, bas.

662. Corporis radicum Sanscritarum prolusio, scripsit Fr. Rosen. *Berolini*, 1826, in-8, dem. mar. r. tr. dor.

663. Radices linguæ Sanscritæ ad decreta grammaticorum definivit atque copia exemplorum exquisitiorum illustravit, N. L. Westergaard. *Bonnæ ad Rhenum*, 1841, in-4, dem. mar. bl.

664. Amarasinha. Sectio prima. De cælo ex tribus ineditis codicibus indicis manuscriptis, curante P. Paulino a S. Bartholomæo. *Romæ*, 1798, in-4, dem. v. f.

665. Cosha, or dictionary of the Sanscrit language, by Amera Sinha; With an English interpretation, and annotations, by H. T. Colebrooke. *Serampoor*, 1803, in-fol., dem. mar. r. fil. tr. dor.

666. Amarakocha, ou Vocabulaire d'Amarasinha publié en Sanskrit avec une traduction française des notes et un index, par A. Loiseleur Deslongchamps. *Paris*, I. R., 1839-45, 2 part. en 1 vol., dem. mar. r.

667. A Dictionary, sanscrit and english, by H. H. Wilson. *Calcutta*, 1829, in-4, dem. cuir de R.

668. A Dictionary in Sanscrit and english, by H. H. Wilson. 2e édit. *Calcutta*, 1832, in-4, dem. cuir de R. tr. dor.

669. A Dictionary english and Sanskrit, by Monier Williams. *London*, 1851, in-4, cart.

670. Glossarium Sanscritum a F. Bopp. *Berolini*, 1830, in-4, dem. cuir de R.

671. Glossarium Sanscriptum in quo omnes radices et vocabula usitatissima explicantur et cum vocabulis græcis, latinis, germanicis, lithuanicis, slavicis, celticis comparantur a Fr. Bopp. *Berolini*, 1847, in-4, dem. mar. r.

672. A Sunscrit vocabulary containing the nouns, adjectives, verbs, and indeclinable particles, by W. Yates. *Calcutta*, 1820, in-8, dem. v. f.

673. A Dictionary, bengali and Sanskrit, explained in english, and adapted for students of either language, to which is added an index, serving as a reversed dictionary, by sir Graves C. Haughton, *London*, 1833, in-4, dem. mar. r.

674. Radhakanta Deva, Çabdakalpadruma, ou l'Arbre des Morts, Dictionnaire Sanscrit. 1819-30, 6 vol. in-4, les trois premiers dem. c. de R. fil. tr. dor., les autres br.

675. Hemak'andra's abhidhasakintamant ein systematich angeordnetes Synonymisches lexicon, von Otto Bœhtlingk und Charles Rieu. *St-Pétersbourg*, 1847, in-8, dem. v. f. (*En sanscrit.*)

VÉDAS.

676. On the Vedas or Sacred Writings of the Hindus, by H. T. Colebrooke, in-4, fig. dem. v. f. (Extr. du tome 8 des Recherches Asiatiques.)

677. Zur litteratur und Geschichte des Wida. Drei abhanlungen, von R. Roth. *Stuttgart*, 1846. — Vajasaneya-Sanhitæ Specimen cum Commentario primus edidit A. Weber. *Breslau* et *Berolini*, 1846-47, 2 part. 1 vol. in-8, dem. mar. r.

678. Fr. H. H. Windischmanni Sancara sive de theologumenis Vedanticorum. *Bonnæ*, 1833, in-8, dem. cuir de R.

679. The exposition of the Vedanta philosophy, by H. T. Colebrooke being a refutation of certain published remarks of col. Vans Kennedy, by sir Graves C. Haughton. *London*, 1835, in-4, cart., 26 pag. (From the Asiatic journal 1835.)

680. Vedanta Sara : Elements of theology according to the Vedas, by Sadananda Purivrajakacharyya :

With a Commentary by Ramakrishna Tirtha. *Calcutta*, 1729, in-8, dem. mar. r. fil. tr. dor.

681. Oupnek'hat (id est, secretum tegendum): Opus ipsa in India rarissimum, continens antiquam et arcanam, seu Theologicam et philosophicam doctrinam, è quatuor sacris Indorum libris, Rak beid, Djedjr beid, Sam beid, Athrban beid, excerptam, ad verbum a persico idiomate, Samskreticis vocabulis intermixto, in latinum conversum; dissertationibus et annotationibus difficiliora explanantibus illustratum; studio et opera Anquetil Duperron. *Argentorati*, 1801-2, 2 vol. in-4, dem. mar. r.

682. L'Ézour-Vedam ou ancien commentaire du Vedam, contenant l'exposition des Opinions religieuses et philosophiques des Indiens, trad. du Sanscretan. *Yverdun*, 1778, 2 t. en 1 vol. in-12, v. ant.

683. Études sur les hymnes du Rig-Veda avec un choix d'hymnes traduites pour la première fois en français, par F. Nève. *Paris*, 1842, in-8, m. vert, fil, tr. dor.

684. Rig-Vedæ specimen, edidit Rosen. *Londini*, 1833, in-4, cart. 27 pag.

685. Rigveda-Sanhita, liber primus, Sanskritè et latinè, edidit Fr. Rosen. *London*, 1838, in-4, dem. mar. r.

686. Rig-Veda-Sanhita. A collection of ancient hindu hymns, constituting the first ashtaka, or book, of the Rig-Veda; the oldest authority for the religious and social institutions of the Hindus. Translated from the original Sanskrit, by H. H. Wilson. *London*, 1850, in-8, cart.

687. Rig-Veda-Sanhita, the Sacred hymns of the brahmans; together with the commentary of Sayanacharya, edited by Dr. Max Müller. Vol. 1. Published under the patronage of the honorable the East-India-Company. *London*, in-4, cart.

688. Rig-Véda, ou livre des hymnes, traduit du Sanscrit par M. Langlois. *Paris*, 1848-51, 4 vol. in-8, br.

689. Sanhita of the Sama-Veda from mss. prepared for the press by the Rev. J, Stevenson, and printed under the supervision of H. H. Wilson. *London*, 1843, gr. in-8, cart.

690. Translation of the Sanhita of the Sama-Veda by the rev. J. Stevenson. *London*, 1842, in-8, dem. cuir de R. fil.

691. Die hymnen des Sâma-Veda, herausgegeben, übersetzt und mit glossar verschen, von Th. Benfey. *Leipzig*, 1848, pet. in-4, cart.

692. The White Yajurveda edited by Al. Weber. Part. 1, N°s 1, 2, 3, 4, 5. Part. 2, N° 1. *Berlin* et *Londres*, 1849-51, 4 vol. in-4, br.

693. Kathaka-Oupanichat, extrait du Yadjour-Véda, traduit du Sanscrit en français, par L. Poley. *Paris*, 1837. — Moundaka-Oupanichat, extrait de l'Utharva-Véda, in-4, dem. ch.

694. Vrihadaranyakam, Kathakam, Ica, Kena, Mundakam oder fünf upanishads aus dem Yagur-Sama-und Atharva-Veda herausgegeben, von L. Poley. *Bonn*, 1844, in-8, dem. v. f.

695. Essai sur le mythe des Ribhavas, premier vestige de l'apothéose dans le Véda, avec le texte Sanscrit, par F. Nève. *Paris*, 1847, in-8, br.

LOIS DE MANOU.

696. The Damathat, or the Laws of Menoo, translated from the burmese, by Richardson. *Maulmaln*, 1847, in-8, dem. rel.

697. Lois de Manou, comprenant les institutions religieuses et civiles des Indiens; publiées en sanscrit, avec des Notes contenant un choix de variantes et de Scholies, par A. Loiseleur Deslongchamps. — Les mêmes, trad. du sanscrit et accom-

pagnées de Notes explicatives, par A. Loiseleur Deslongchamps. *Paris*, 1830-33, 2 vol. in-8, dem. mar. r.

698. Manava-Dherma-Sastra; or the institutes of Menu, edited by Graves Chamney Haughton. *London*, 1825, 2 vol. in 4, dem. mar. r. fil. tr. dor.

699. Menu Sanhita; the institutes of Menu, with the Commentary of Kulluka Bhatta. *Calcutta*, 1830, 2 vol. in-8, dem. Cuir de R. tr. dor. fil.

700. The Laws of Menu in the Original Sanscrita, with bengalee and english translations. *Calcutta*, 1832. 4 part. in-4, br.

PURANAS.

701. The Vishnu purana, a System of hindu mythology and tradition, translated from the original Sanscrit, and illustrated by notes derived chiefly from other puranas, by H. H. Wilson. *London*, 1840, in-4, cart.

702. Le Bhâgavata Purâna ou histoire poétique de Krichna, traduit et publié par Eug. Burnouf. *Paris*, 1840-47, 3 vol. in-folio. Imprimerie Royale. Encadr. v. cart.

703. Le Bhagavata Purana ou histoire poétique de Krichna, traduit et publié par M. E. Burnouf. *Paris*, I. R., 1840-48, 3 vol. in-4, le Ier cart., les deux autres br. (Texte Sanscrit et traduction française.)

704. Devimahatmyam. Markandeyi purani Sectio edidit latinam intrepretationem annotationesque adjecit L. Poley. *Berolini*, 1831, in-4, cart.

705. The prem Sagar; or the ocean of love, being a history of Krishna, according to the tenth Chapter of the Bhagavat of Vyasadev, by Lallu Lal, a new

edition, with a Vocabulary, by E. B. Eastwick. *Hertford*, 1851, 2 vol. in-4, cart.

706. The Supta-Sati, or Chandi-Pat; being a portion of the Marcundeya purana; translated from the Sanscrit into english, with explanatory Notes, by Cabali Vankata Ramasswami, pundit. *Calcutta*, 1823, in-8, fig. rel.

707. De nonnullis Padma-Purani Capitibus, edidit versionem latinam et annotationibus illustravit Woltheim. *Berolini*, 1831, in-4, dem. mar. r.

708. Brahma-Vaivarta-Purani Specimen; textum e codice manuscripto Bibliothecæ regiæ Berolinensis edidit et interpretationem latinam addidit A. F. Stenzler. *Berolini*, 1829, in-8, dem. v. f.

ÉPOPÉES INDIENNES, ETC.

709. The Mahabharata, an epic poem written by the celebrated veda Vyasa Rishi. *Calcutta*, 1834-39, 4 vol. in-4, les 3 premiers en dem. mar. r. le 4ᵉ br.

710. Selections from the Mahabharata edited by F. Johnson. *London*, 1842, gr. in-8, cart.

711. Fragments du Mahabharata traduits en français sur le texte Sanscrit de Calcutta; par Th. Pavie. *Paris*, 1844, gr. in-8, br.

712. Sâvitri, épisode du Mahabharata, grande épopée indienne, traduit du Sanskrit, par M. G. Pauthier. *Paris*, 1841. in-8, dem. mar. bl.

713. Nalus, Carmen Sanscritum e Mahabharato; edidit, latine vertit, et annotationibus illustravit, F. Bopp. *Londini*, 1819, pet. in-4, dem. v. ant. Envoi de l'auteur.

714. Nalus Mahabharati episodium. Textus Sanscritus cum interpretatione latina et annotationibus criticis curante F. Bopp. Altera emendata editio. *Berolini*, 1832, in-4, dem. cuir de R. fil.

715. Nalus, Mahabharati episodium, curante Francisco Bopp, Secundæ emendatæ editionis fasciculus primus, quo continentur textus sanscritus et versio latina tredecim priorum librorum. *Berolini*, 1830, in-4, 106 pages in-4, dem. v. vert.

716. Diluvium, cum tribus aliis Mahabharati præstantissimis episodiis, primus edidit Fr. Bopp. *Berlin*, 1829, in-4, dem. v. f.

717. Die Sündflut nebst drei anderen der wichtigsten Episoden des Maha-Bharata. Aus der Ursprache übersetzt von Fr. Bopp. *Berlin*, 1829, in-12, dem. mar. r. — Ardschuna's Reise.... Voyage d'Ardschuna au ciel d'Indra, avec d'autres épisodes du Mahabharata, publié et traduit par Bopp. *Berlin*, 1824, in-4, dem. rel.

718. Indravidschaja. Eine Episode des Mahabharata, herausgegeben von A. Holtzmann. *Karlsruhe*, 1841, in-8, dem. v. ant.

719. Βαλαβαρατὰ, ἢ συντόμη τῆς Μαχαραβαρατας, παρᾶ Δημητρίου Γαλανοῦ, Ἀθηναίου, δαπανῃ Ιωαννοῦ Δουμὰ, ἐπιμελεία Γ. Κ. Τυπαλδου, Ἐν Ἀθῆναις, 1847. — Balabarata, Abrégé de Mahabharata, traduit par Démétrius Galanos, publié par Georges Typaldos. *Athènes*, 1847, 1 vol. br. en 3 livraisons.

720. Bhagavad-Gita, id est ΘΕΣΠΕΣΙΟΝ ΜΕΛΟΣ, Sive Almi Krishnæ et Arjunæ Colloquium de rebus divinis, Bharateæ episodium. Textum recensuit, adnotationes criticas et interpretationem latinam adjecit A. G. a Schlegel. In Academia Borussica Rhenana typis regiis, 1823, gr. in-8, dem. v. ant. fil.

721. Bhagavad-Gita id est ΘΕΣΠΕΣΙΟΝ ΜΕΛΟΣ Sive almi Crishnæ et Arjunæ Colloquium de rebus divinis textum recensuit, adnotationes criticas et interpretationem latinam adjecit A. G. a Schlegel. Editio Altera auctior et emendatior cura Ch. Lasseni. *Bonnæ*, 1846, 1 vol. in-8, dem. mar. r.

722. Ueber die unter dem Namen Bhagavad-Gita bekannte Episode des Mahabharata. Sur l'épisode du Mahabharata, connu sous le nom de Bhagavad-Gita, par G. de Humboldt. *Berlin*, 1826, in-4, cart. (Extr. des Mém. de l'Acad. de Berlin.)

723. Γιτὰ, ἢ θεσπέσιον μέλος, μεταφρασθεῖσα ἐκ τοῦ βραχμανικοῦ παρᾶ Δημητρίου Γαλανοῦ, Ἀθηναίου, δαπάνῃ καὶ μελέτῃ Γεωργίου Κ. Τυπάλδου. Ἐν Ἀθήναις, 1848. — — Bhagavat Gita, traduit en grec, par Démétrius Galanos, publié par Georges Typaldos. *Athènes*, 1848, 1 vol. br.

724. The Bhaguat-Geeta or dialogues of Kreeshna and Arjoon in eighteen lectures; With Notes, translated by Ch. Wilkins. *London*, 1785, gr. in-4, v. fil.

725. Le Bhaguat-Geeta, ou dialogues de Kreeshna et d'Arjoon; contenant un Précis de la religion et de la morale des Indiens. Traduit du sanscrit, en anglais, par M. C. Wilkins, et de l'anglais en français, par M. Parraud. *Londres*, 1787, in-8, v. gr. fil.

726. Harivansa ou histoire de la famille de Hari, ouvrage formant un appendice du Mahabharata, et traduit sur l'original sanscrit, par M. A. Langlois. *Paris*, I. R., 1834-35, 2 vol. in-4, dem. v. f.

✝727. The Ramayuna of Walmuki, in the Original sungskrit. With a prose translation, by W. Carey and J. Marshman. *Serampore*, 1806-10, 3 tom. en 4 vol. in-4, dem. v.

✝728. Ramayana, id est carmen epicum de Ramæ rebus gestis poetæ antiquissimi Valmicis opus, textum codd. mss. Collatis recensuit interpretationem latinam et annotationes criticas adjecit, A. G. a Schlegel. Vol. 1, p. 1 et 2, vol. 2, p. 1. *Bonnæ ad Rhenum*, 1829-38, in-8, la 1re partie dem. cuir de R., les 2 autres cart.

729. Ramayana poema indiano di Valmici; testo Sanscrito secondo i codici Manoscritti della scuola gaudana, per G. Gorresio. *Parigi*, della Stamperia Reale, 1843-51, 7 vol. gr. in-8, cart.

730. Yajnadattabada, ou la mort d'Yadjnadatta, épisode extrait du Ramayana, par A. L. Chézy. *Paris*, 1826, in-4, dem. cuir de R. fil.

731. The Maha vira charita, or the history of Rama, a sanscrit play, by Bhatta Bhavabhuti. Edited by F. H. Trithen. *London*, 1848, gr. in-8, cart.

732. Uttara Rama cheritra, or continuation of the history of Rama, a drama, in seven acts, by Bhavabhuti. With a commentary, explanatory of the prakrit passages. Published under the authority of the committee of public instruction. *Calcutta*, 1831, in-8, dem. cuir de R. fil.

733. Bhatti Kavya; a poem on the actions of Rama. With the commentaries of Jayamangala and Bharatamallika. *Calcutta*, 1828, 2 vol. in-8, dem. mar. r.

734. La reconnaissance de Sacountala, drame sanscrit et pracrit de Calidasa, publié pour la première fois, en original, sur un manuscrit unique de la Bibliothèque du Roi, accompagné d'une traduction française, par A. L. Chézy. *Paris*, 1830, 1 vol. in-4, dem. cuir de R. fil.

735. Sakuntala oder Erkennungsring. Ein indisches Drama, von Kalidasa aus dem Sanskrit und Prakrit übersetzt von B. Hirzel. *Zurich*, 1833, in-8, dem. v. f.

736. Kalidasa's Ring-Çakuntala, herausgegeben, übersetzt und mit Anmerkungen versehen von Dr. O. Boehtlingk. *Bonn*, 1842, in-4, dem. mar. r.

737. Urvasia fabula Calidasi. Textum sanscritum edidit, interpretationem latinam et notas illustrantes adjecit, R. Lenz. *Berolini*, 1833, in-4. car.

738. Apparatus criticus ad urvasiam, fabulam Calidasi, quem tanquam suæ ejus libri editionis appendicem Londinii conscripsit R. Lenz. *Berolini*, typis exaratus academicis, 1834, in-4, cart.

739. Ritusanhara id est tempestatum cyclus, carmen Sanskritum, Kalidaso adscriptum, edidit, latina intrepretatione, germanica versione metrica atque annotationibus criticis instruxit, P. A. Bohlen. *Lipsiæ*, 1840, in-8, dem. cuir de R.

740. Vikramorvasi; or vikrama and urvasi : a drama by Kalidasa. With a commentary, explanatory of the prakrit passages. Published under the authority of the committee of public instruction. *Calcutta*, 1830, in-8, dem. cuir de R. fil.

741. Kumara sambhava kalidasæ carmen sanskrite et latine edidit, A. F. Stenzler. *Berlin*, 1838, in-4, dem. mar. r.

742. The Raghu Vansa, or race of Raghu, a historical poem, by Kalidasa. With a prose interpratation of the text, by Pundite of the sanskrit college of Calcutta. *Calcutta*, 1832, dem. mar. gr.

743. Raghuvansa, Kalidasæ carmen sanskritè et latinè, edidit Stenler. *London*, 1832, in-4, d. cuir de R.

744. Ραγγου-Βανσα, ἡ γενεαλογία τοῦ Ραγγοῦ μεταφρασθεῖσα ἐκ τοῦ βραχμανικοῦ παρὰ Δημητρίου Γαλανοῦ, δαπανῃ καὶ μελέτῃ Γ. Κ. Τυπαλδοῦ. Ἐν Ἀθήναις, 1850. — Raghouvansa, traduit en grec par Démétrius Galanos, publié par G. Typaldos. *Athènes*, 1850, 1 vol. br.

745. The Megha Duta; or cloud messenger : a poem in the sanscrit language, by Calidasa translated into english verse, by H. H. Wilson. *Calcutta*, 1813, in-fol., dem. mar. r.

746. The heetopades of Veeshnoo-Sarma, in a series of connected fables, interpersed with moral, prudential and political maxims; translated from

an Ancient manuscrit in the Sanskreer language, by Ch. Wilkins. *Bath*, 1787, gr. in-8, dem. v. ant.

747. Hitopadesa or salutary instruction, in the original Sanscrit, by H. T. Colebrooke. *Serampore*, 1804, in-4, dem. v.

748. The hitopadesa in the sanskrit language. *London*, 1810, in-4, dem. rel.

749. Hitopadesas id est institutio salutaris, textum Codd. mss collatis recensuerunt interpretationem latinam et annotationes criticas adiecerunt A. G. a Schlegel et Ch. Lassen. *Bonnæ ad Rhenum*, 1829-31, 2 part. en 1 vol. in-4, dem. mar. r.

750. Hitopadæsi particula; edidit et glossarium sanskrito-latinum adjecit G. H. Berstein. *Vratislaviæ*, 1823, in-4, fig. dem. v. ant.

751. Hitopadesha : a collection of fables and tales in sanscrit by Vishnusarma. With the bengali and the english translations revised. Edited by Lakshami Narayan Nyalankar. *Calcutta*, 1830, in-8, dem. mar. r.

752. Hitopadesa. Eine alte indische Fabelsammlung, aus dem Sanskrit zum ersten Mal in das Deutsche übersetzt von M. Müller. *Leipzig*, 1844, in-12, br.

753. Hitopadesa. The sanskrit text, with a grammatical analysis, alphabetically arranged By Fr. Johnson. *London*, 1847, in-4, cart.

754. Hitopadesa, or salutary counsels of Vishnu Sarman, in a series of connected fables interpersed with moral, prudential, and political maxims, translated literally by F. Johnson. *London*, 1848, in-4, cart.

755. Hitopadesa. The sanskrit text of the first book, or Mitra-Labha; with a grammatical analysis, alphabetically arranged. Prepared for the use of

the East-India college, by Fr. Johnson. *London*, 1 40, in-4, cart.

756. The Raja Tarangini; a history of Cashmir. *Calcutta*, 1835, in-4, dem. cuir de R. fil.

757. Radjatarangini. Histoire des rois de Kachmir, traduite et commentée par M. A. Troyer. *Paris*, Impr. R., 1840, 3 vol. gr. in-8, pap. vél., dem. cuir de R. Le tome troisième est broché. — Râdjatarangini, Histoire des rois de Kachmir, trad. et comm. par M. A. Troyer. Compte rendu dans le journal de Gottingue, nos 70 à 77 de 1841, in-12, dem. v. ant.

758. Ghata Karparam, oder das zerbrochene Gefäss. Ein sanskritisches Gedicht, herausgegeben von G. M. Dursch. *Berlin*, 1828, 55 pag., in-4, cart.

759. Bibliotheca indica; a collection of oriental works. Edited by Dr E. Röer. — Rig Veda, by Röer, vol. 1, fasc. 1, 2, 3, 4. — The Brihad aranyaka Upanishad. By Röer, vol. 1, fasc. 5 à 12. Vol. 2, fasc. 1, 10, 11. Vol. 2, part. 3, fasc. 1. — The Chandogya Upanishad, by Röer, vol. 2, fasc. 2, 3. Vol. 3, fasc. 2, 4, 5, 6. — The Elements of Polity, vol. 4, fasc. 1. — The Taittiriya Upanishad, vol. 7, fasc. 1, 2, 3. — The isa, kena, katha, prasma, munda, mandukya, aitareya upanishad, vol. 8, fasc. 1, 2, 3, 4, 5, 6. — Division of the categories of the Nijaya Philosophy, vol. 9, fasc. 1, 2. — The works on Arabic bibliography, edited by Sprenger. Fasc. 1. *Calcutta*, 1849, in-8, br.

760. Sahitya Derpana, a treatise on rhetorical composition, by Viswanath Kaviraja. Published under the authority of the general committee of public instruction. *Calcutta*, 1828, gr. in-8, dem. mar. r.

761. Kavya prakasa; a treatise on poetry and rhetoric, by Mammata Acharya. Published under the authority of the general committee of public ins-

truction. *Calcutta*, 1829, in-8, dem. mar. r., tr. dor.

762. The Susruta, or system of medicine, taught by Dhanwantari, and composed by his disciple Susruta. Edited by Sri Madhusudana Gupta. *Calcutta*, 1836, 2 vol. in-8, dem. mar. r.

763. The Bhasha parichheda, and siddhanta muktavali. An elementary treatise of the terms of logic, with its commentary. By Viswanatha Panchanana Bhatta. *Calcutta*, 1827, in-8, dem. mar. v.

764. Nyaya Sutra Vritti, the logical aphorisms of gotama with a commentary by Wiswanath Bhatta charge published under the authority of the general committee of public instruction. *Calcutta*, 1828, in-8, dem. cuir de R. fil, tr. dor.

765. A System of logic; written in sanscrit by the venerable sage Boodh, and explained in a sunscrit commentary by the very learned Viswonath Turkaluncar. Translated into Bengalee by Kashee Nath Turkopunchaunn. *Calcutta*, 1821, in-8, dem. rel.

766. The Sankhya Karika, or Memorial verses on the Sankhya philosophy, by Iswara Krishna; translated from the sanscrit by H. T. Colebrooke, also the Bhashya or commentary of Gaurapada; translated, an illustrated by an original comment, by H. Wilson. *Oxford*, 1837, in-4, dem. cuir de r. fil. — Premier mémoire sur le Sankhya, par M. Barthélemy Saint-Hilaire. *Paris*, 1852, in-4, br. (Extr. du tome VIII des Mémoires de l'Académie des sciences morales et politiques.)

767. Dayabhaga or law of inheritance, bi Simutavahana with a commentary by Krishna Terkalankara S. L. 1829, in-8, dem. cuir de R. fil. Published under the authority of the general committee of public instruction.

768. The Dattaka-Mimansa and Dattaka-Chandrika,

two original treatises on the Hindu law of adoption, translated from the sanscrit by J. C. C. Sutherland. *Calcutta*, 1821, in-fol., dem. v. r.

769. The tales of Vikramarka, by Praveepatee gooroomoortee. Second edition. *Madras*, 1828, in-8, dem. v.

770. Katha Sarit Sagara. — Die Mährchensammlung des Sri Somodeva bhatta aus Kaschmir. Erstes bis fünftes Buch. Sanskrit und deutsch, herausgegeben von Dr. H. Brockhaus. *Leipzig*, 1839, in-8, dem. v. f. — Die Mährchensammlung der Somadeva Bhatta aus Kaschmir, übersetzt von Dr. H. Brockhaus. T. 1. *Leipzig*, 1843, in-12, cart.

771. The Dasa kumara charita, or adventures of ten princes. A series of tales, in the original sanscrit by Sri Dandi. Edited by H. H. Wilson. *London*, 1846, gr. in-8, cart.

772. Select Specimens of the theatre of the Hindus, translated from the original sanscrit. By H. H. Wilson. *Calcutta*, 1827, 3 tom. en 1 vol. in-8, dem. mar. fil.

773. Select Specimens of the theatre of the Hindus, translated from the original sanscrit, by H. H. Wilson. *London*, 1835, 2e édit., 2 vol. in-8, mar. r. fil.

774. Chefs-d'œuvre du theâtre indien, traduit de l'original sanscrit en anglais, par M. H. H. Wilson, et de l'anglais en français par M. A. Langlois. *Paris*, 1828, 2 vol. in-8, cart.

775. Malavika et Agnimitra drama indicum Kalidasæ adscriptum. Textum primus edidit, in latinum convertit, varietatem scripturæ et annotationes adjecit O. F. Tullberg. *Bonnæ* ad *Rhenum*, 1840, gr. in-8, br.

776. Maha Nataka a dramatic history of king Rama, by Hanumat; translated into english from the original sanskrita; by Maharaja Kaliskrishna Ba-

badur. *Calcutta*, 1840, in-8, dem. mar. r. (Envoi de l'auteur.)

777. Vikramorvasi : a drama, by Kalidasa. Edited, for use of the studente of the East-India college. By Monier Williams. *Hertford*, 1849, in-8, br.

778. Vikramorvasi, an indian drama; translated into english prose from the sanskrit of Kalidasa. By Ed. Byles Cowel. *Hertford* and *London*, 1851, in-4, cart.

779. Vikramorvacî, das ist Urwasi, der Preis der Tapferkeit, ein Drama Kalidasa's in fünf Akten. Herausgegeben, übersetzt und erläutert von F. Bollensen. *St.-Petersburg*, 1846, in-8, dem. v. f. (Envoi de l'auteur.)

780. Malati and Madhava : a drama, in ten acts. By Bhavabhuti. With a commentary, explanatory of the prakrit passages. Published under the authority of the committee of public instruction. *Calcutta*, 1830, in-8, dem. cuir de R. fil.

781. Malatimad havæ fabulæ Bhavabhutis actus primus. Ex recensione Ch. Lasseni. *Bonnæ*, 1832, in-8, br., 42 pag.

782. Mrichhakati : Curriculum figlinum sudrakæ regis fabula sanskrite edidit A. Fr. Stenzler. *Bonnæ*, 1847, in-4, dem. mar. r.

783. The Mudra Rakshasa, or the signet of the minister, a drama, in seven acts. By Visakha Datta. With a commentary, explanatory of the Prakrit passages. Published under the authority of the committee of public instruction. *Calcutta*, 1831, in-8, dem. cuir de R. fil.

784. Retnavaly : a drama in four acts. By Sri Hersha Deva. With a commentary, explanatory of the Prakrit passages. Published under the authority of the committee of public instruction. *Calcutta*, 1832, in-8, dem. cuir de R. fil.

785. The Sisupala Badha, or death of Sisupalá; also entitled the Magha Cavya, or epick poem of Magha, with a commentary by Malli Natha. Edited by Vidya Cara Misra, and Syama Lala. *Calcutta*, 1815, gr. in-8, dem. mar. r.

786. Magha's Tod des Ciçupala. — Ein sanskritisches Kunstepos, übersetzt und erläutert von Dr. C. Schütz. *Bielefeld*, 1843, in-8, br.

787. Gita govinda juyadevæ poetæ indici drama lyricum textum ad fidem librornm manuscriptorum recognovit, scholia selecta, annotationem criticam, interpretationem latinam adjecit Ch. Lassen. *Bonnæ* ad *Rhenum*, 1836, in-4, dem. mar. r.

788. Nalodaya sanscritum carmen Calidaso adscriptum, una cum pradschnacari Methelinensis scholiis, edidit latina interpretatione atque annotationibus criticis instruxit F. Benary. *Berolini*, 1830, in-4, dem. mar. r.

789. The Nalodaya or history of king Nala : a sanscrit poem by Kalidasa, accompanied with a metrical translation, an essay on alliteration, an account of other similar works and a grammatical analysis. By W. Yates. *Calcutta*, 1844, in-8, cart.

790. Nalas und Damajanti, eine indische Dichtung, aus dem Sanskrit übersetzt von Fr. Bopp. *Berlin*, 1838, in-12, cart.

791. Prabod'h Chandro'daya, or the moon of intellect; an allegorical drama. And Atma Bod'h, or the knowledge of spirit, translated from the sanscrit and pracrit. By J. Taylor. *London*, 1812, in-8, v. gr. fil.

792. Prabodha Chandrodaya, Krishna Misri Comoedia sanscrite et latine edidit H. Brockhaus. *Lipsiæ*, 1835, gr. in-8, dem. mar. r.

793. Prabodha-Chandrodaya oder die Geburt des Begriffs, von Karl Rosenfranz. *Königsberg*, 1842, in-8, dem. v. viol.

794. Prabodha Tschandrodaja, übersetz tvon Dr. B. Hirzel. *Zurich*, 1846, in-8, br.

795. Bhâravi's Kiratar Juniyam. Gesang I et II. Aus dem Sanskrit übersetzt von Dr. C. Schütz. *Bielefeld*, 1845, in-4, br.

796. Yajnavalkya's Gesetzbuch, sanskrit und deutsch, herausgegeben von Dr. Ad. Fr. Stenzler. *Berlin*, 1849, in-8, dem. mar. r.

797. The Naishadha-Charita : or adventures of Nala Raja of Naishadha; a sanscrit poem, by Sri Harsha of Cashmir. Part. I. With the perpetual commentary of Prema chandra pandita. *Calcutta*, 1836, in-8, br.

798. Fünf Gesänge des Bhatti-Kâvya, aus dem Sanskrit übersetzt von Dr. C. Schütz. *Bielefeld*; 1837, in-4, br.

799. Analyse du Mégha-Doûtah, poème sanskrit de Kâlidâsa, par A. L. Chézy. *Paris*, 1817, in-8, dem. mar. r., 22 pag.

800. The Mégha Duta, or cloud messenger; a poem in the sanscrit language by Calidasa. Translated into english verse, with notes and illustrations. By H. H. Wilson. *Calcutta*, 1814, in-8, dem. v. f.

801. The Megha duta or Cloud Messenger; a poem in the sanskrit language, by Kalidasa, translated into English verse, by H. H. Wilson. Second edit. *London*, 1843, in-4, cart.

802. Meghadûta oder der Wolkenbote, eine Altindische Elegie, dem Kalidâsa nachgedichtet und mit Anmerkungen begleitet, von Dr. M. Müller. *Königsberg*, 1847, in-12, br.

803. Bhartriharis sententiæ et Carmen quod Chauri nomine circumfertur eroticum, ad codicum mstt. fidem edidit latine vertit et commentariis instruxit, P. a Bohlen. *Berolini*, 1833, in-4, dem. mar.

804. The Vidvum-moda-Taranginee; or fountain

of pleasure to the learned, translated into English, by Maha-Raja Kalee-Krishna Bahadur, of Shoba-Bazar. *Serampore*, 1832, in-8, dem. v. f.

805. Vidvun-moda-Taranginee; or fountain of pleasure to the learned, translated into english, by Rajah Kalu-Krishna Bahadur. Second edit. *Calcutta*, 1834, in-8, dem. mar. r.

806. Christa-Sangita, or the sacred history of our lord Jesus-Christ in Sanscrit verse. Book 1.-the infancy. *Calcutta*, 1831, in-8, dem. mar. r.

807. Sanskrit-Chrestomathie, herausgegeben von Otto Böhtlingk. *St.-Petersburg*, 1845, in-8, v. f. fil.

808. Anthologia Sanscritica glossario instructa. In usum scholarum edidit Ch. Lassen. *Bonnæ ad Rhenum*, 1838, in-8, dem. cuir de R. fil. (Envoi de l'auteur.)

809. Kavya-Sangraba. A sanscrit anthology, being a collection of the best smaller poems in the Sanscrit language, by Dr J. Hæberlin. *Calcutta*, 1847, in-8, cart.

810. Anthologie érotique d'Amarou. Texte sanskrit, traduction, notes et gloses, par A. L. Apudy. (Chézy.) *Paris*, 1831, gr. in-8, dem mar. r. fil.

811. Monumens littéraires de l'Inde, ou Mélanges de littérature sanscrite, par A. Langlois. *Paris*, 1827, in-8, dem. v. f. — Miscellaneous essays by H. T. Colebrooke. *London*, 1837, 2 vol. in-8, dem. cuir de R.

812. Catalogus librorum Sanskritanorum, quos bibliothecæ universitatis Havniensis, vel dedit, vel paravit N. Wallich, scripsit E. Nyerup. *Hafniæ*, 1821, in-12, cart.

813. Catalogue of the sanskrit manuscripts collected during his residence in India, by the late sir Robert Chambers, with a brief memoir, by Lay Chambers. *London*, 1838, in-fol., cart.

814. Catalogue des Manuscrits Sanskrits de la Bibliothèque impériale, par MM. A. Hamilton et L. Langlès. *Paris*, 1807, in-8, dem. v. ant. — Indische Bibliothek..... Bibliothèque indienne revue par Guill. de Schlegel. *Bonn.*, 1820-1830, 2 vol. in-8, d. mar.

BOUDDHISME.

815. Introduction à l'histoire du Buddhisme indien, par E. Burnouf. *Paris*, Imp. R., 1844, in-4, cart.

816. The history and doctrine of Budhism, populary illustrated; with notices of the Kappooism, or demon worship, and of the bali or planetary incantations, of Ceylon, by E. Upham, *London*, 1829, in-fol., fig. cart.

817. De buddhaismi origine et aetate definiendis tentamen, conscripsit P. à Bohlen. *Regimonti Prussor*, S. D., in-8, cart, 40 pag.

818. The miniature of buddhism, in a description of the objects represented in the buddhist Temple imported from India, and opened for public inspection. *London*, 1833, in-8, cart. 20 pag.

819. Kovalevsky, Cosmologie bouddhique. *Kasan*, 1837, in-8, dem. v. f. (En Russe.)

820. Das Buddha Pantheon, von Nippon, buts zo dsu i (Fû siang t'û Wei) aus dem japanischen Originale übersetzt und mit erläuternden anmerkungen versehen von Dr. J. Hoffmann. *Leyden*, 1851, in-fol., fig. cart.

821. Kammavakya. Liber de officiis sacerdotum buddhicorum. Palice et latine primus edidit atque adnotationes adjecit Fr. Spiegel. *Bonnæ* ad *Rhenum*, 1841, in br., xv-39 pag.

822. La Vie contemplative, ascétique et monastique chez les Indous et chez les peuples Boud-

dhistes, par J. J. Bochinger. *Strasbourg*, 1831, in-8, dem. cuir de R.

823. Ueber den Buddhaismus in Hochasien und in China, von W. Schott. *Berlin*, 1846, in-4, br. (Extr. des Mém. de l'acad. de Berlin.)

824. Historical researches on the Origin and principles of the Bauddha and Jaina religions, by J. Bird. *Bombay*, 1847, in-fol., fig. br.

825. The Wujra Soochi or refutation of the arguments upon which the Brahmanical institution of caste is founded, by the learned boodhist Ashwa ghoshu. Also the Tunku, by Soobajee Bupoo being a reply to the Wujra soochi, 1839, in-8, dem. cuir de R. fil.

826. Observations sur quelques points de la doctrine Samanéenne, et en particulier sur les noms de la triade suprême chez les différents peuples Bouddhistes, par M. Abel-Remusat. *Paris*, 1831, cart. (Extr. du Nouv. journal Asiatique.)

827. Memoir on the Cave-Temples and monasteries, and other ancient buddhist, brahmanical, and jaina remains of Western India, by J. Wilson, in-8, cart. fig. (Extr. du journal Asiatic de Bombay.)

828. Foĕ Kouĕ Ki ou relation des royaumes bouddhiques : Voyage dans la Tartarie, dans l'Afghanistan et dans l'Inde, exécuté à la fin du IVe siècle, par Chy Fă Hian, traduit du Chinois et commenté par A. Rémusat, ouvrage posthume revu, complété et augmenté d'Eclaircissements nouveaux par MM. Klaproth et Landresse. *Paris*, Imp. R., 1836, in-4, dem. mar. r. n. rog.

829. Notes on the religious, moral, and political state of India before the mahommedan invasion, chiefly founded on the travels of the chinese buddhist priest Fa hian in India A.D. 399, and on the commentaries of Messrs. Remusat, Klaproth, Burnouf, and Landresse, by Lieut. Col. W. H.

Sykes. *London*, 1841, in-8, cart. (Envoi de l'auteur.)

830. Ueber die verwandtschaft der gnostisch theosophischen Lehren, mit... sur l'affinité de la doctrine théosophique des Gnostiques avec les systèmes religieux de l'Orient, principalement avec le bouddhisme, par Js. Jac. Schmidt. *Leipzig*, 1828, in-4, cart. (25 pages.)

LIVRES DE CEYLAN.

831. The Mahavansi, the Rajaratnacari, and the Raja-Vali, forming the sacred and historical books of Ceylon; also a collection of tracts illustrative of the doctrines and literature of buddhism; translated from the Singhalese, edited by E. Upham. *London*, 1833, 3 vol. in-8, dem. cuir de R.

832. Turnour the Mahawanso. *Ceylon*, 1836, in-8. br.

833. The Mahavanso in roman characters, with the translation subjoined; and an introductory essay on pali buddhistical literature, by the Hon. G. Turnour. *Ceylon*, 1837, in-4, dem. mar. r.

834. Yakkun Nattannawa : a Cingalese poem, descriptive of the Ceylon system of Demonology; to which is appended the practices of a Capua or devil priest, as described, by a budhist; and Kolan Nattannawa : a Cingalese poem, descriptive of the characters assumed, by natives of Ceylon in a Masquerade. Translated by J. Callaway, illustrated with plates from Cingalese designs. *London*, 1829, in-8, dem. v. f.

835. De Ceylone insula, per viginti fere sæcula communi terrarum mariumque australium emporio, auctore A. H. L. Heeren. *Gottingæ*, 1831, in-4.

836. An Account of the interior of Ceylon, and of

its inhabitants. With travels in that island, by J. Davy. *London*, 1821, in-4, fig. dem. mar. r.

837. An historical Relation of the island of Ceylon, in the East Indies, by R. Knox. *London*, 1817, in-4, dem. cuir de R.

838. An Account of the island of Ceylon, containing its history, geography, natural history, with the manners and customs of its various inhabitants. Second edit., by capt. R. Percival. *London*, 1805, in-4, dem. v. f.

839. Histoire de l'isle de Ceylan, écrite par J. Ribeyro, et présentée au roy de Portugal en 1685, traduite du portugais en français. *Paris*, 1781, in-12, fig. v. br.

840. Eleven years in Ceylon comprising sketches of the field sports and natural history of that Colony, and an account of its history and antiquities, by Forbes. *London*, 1840, 2 vol. in-8, fig. cart.

841. A Description of Ceylon, containing an account of the Country, inhabitants, and natural productions, by the Rev. J. Cordiner. *London*, 1807, 2 vol. in-4, fig. dem. v. f.

842. S. Fr. G. Wahls Erdbeschreibung von Ostindien nemlich Hindostan und Dekan nebst den Inseln Lakdiven, Maldiven und Ceylon. *Hamburg*, 1805, 2 vol. in-12, dem. v. f. (De la géogr. de Busching.)

843. Voyage à l'île de Ceylan, fait dans les années 1797 à 1800, par R. Percival, traduit de l'anglais par P. F. Henry. *Paris*, 1803, 2 vol. in-8, v. rac. fil.

844. Voyages dans la péninsule occidentale de l'Inde et dans l'île de Ceylan, par M. J. Haafner, traduit du hollandais par M. J. *Paris*, 1811, 2 vol. in-8, fig. dem. rel.

845. An Epitome of the history of Ceylon, compiled from Native annals; and the first twenty chapters

of the Mahawanso; translated by the Hon. G. Turnour. *Ceylon*, 1836, in-8, dem. mar. r, fil.

846. A Grammar of the Cingalese language, by J. Chater. *Colombo*, 1815, in-8, dem. v. f. — An introduction to reading in singhalese and english, by Chater. Part. 1. *Colombo*, 1821, in-12, bas.

847. Grammatica of Singaleesche Taal-Kunst zynde een korte methode om de voornaamste fondamenten, van de Singaleeche spraak te leeren, door J. Ruëll. *T'Amsterdam*, 1708, in-4, dem. mar. r.

848. A Dictionary of the english and singhalese, and singhalese and english languages, by Benj. Clough. *Colombo*, 1821-30, 2 vol. in-8, dem. cuir de R. fil.

849. Relation du voyage de l'isle de Ceylan, dans les Indes Orientales, par R. Knox, trad. de l'anglais. *Amsterdam*, 1693, 2 vol. in-12, fig. v. br.

PALI.

850. Essai sur le Pali ou langue sacrée de la presqu'île au delà du Gange, avec six planches lithographiées, et la Notice des manuscrits pali de la Bibliothèque du Roi, par Eug. Burnouf et Ch. Lassen. *Paris*, 1826, gr. in-8, pap. vélin, dem. mar. r.

851. Essai sur le Pali ou langue sacrée de la presqu'île au delà du Gange, avec six pl. lithographiées et la Notice des manuscrits palis de la Bibliothèque du Roi, par E. Burnouf et Ch. Lassen. *Paris*, 1826, in-8, dem. v. ant. Ex. interfolié de papier blanc avec des notes de M. Burnouf.

852. A compendious Pali grammar, with a copious vocabulary in the same language. By the R. B. Clough. *Colombo*, printed at the Wesleyan Mission press, 1824, in-8, cuir de R. — Un autre ex. en mar. r. fil. tr. dor.

853. Anecdota Palica. Nach den Handschriften der

Königl. Bibliothek in Copenhagen im Grund texte herausgegeben ; übersetzt und erklârt von Dr Fr. Spiegel. 1 enthaldend Rasavahini, eine buddhistische Legendensammlung. C. 1-4 Uragasutta, aus dem Suttanipâta, nebst Auszugen aus den Scholien von Buddhagosa. *Leipzig*, 1845, in-8, br.

HINDOUSTAN.

LANGUES HINDIE, HINDOUSTANIE, ETC.

854. Le Moniteur indien, par J. F. Dupeuty-Trahon. *Paris*, 1838, in-8, dem. v. f.

855. Allgemeine Geschichte der Morgenlandischen sprachen und litteratur. Von S. F. G. Wahl. *Leipzig*, 1784, in-8, dem. v. f.

856. Supplement to the Glossary of Indian terms ; A. J. by H. M. Elliot. *Agra*, 1845, in-8 cart. en toile avec 3 cartes.

857. L'Inde en rapport avec l'Europe, par Anq. Duperron. *Paris*, 1798, 2 vol. in-8, dem. rel.

858. Sur les Rapports entre l'Inde et l'Europe, par M. le baron d'Eckstein, in-8, cart., 22 pag. (Extr. du Journal de l'Institut historique.)

859. Parallèle des langues de l'Europe et de l'Inde, avec un essai de transcription générale, par F. G. Eichhoff. *Paris*, 1836, in-4, dem. v. f.

860. The stranger's infallible East-Indian Guide, or Hindoostanee multum in parvo, as a grammatical compendium of the grand popular, and military language of all India. By J. Borthwick Gilchrist. Third edition. *London*, 1820, in-8, dem. v. f.

861. Indische studien. Zeitschrift für die Kunde des indischen Alterthums. Im vereine mit mehreren gelehrten herausgegeben von Dr A. Weber. T. 1er. *Berlin*, 1850, in-8, dem. v. f.

862. Indische studien. Von Dr Albr. Weber. *Berlin*, 1851, cahiers 1-2.

863. Specimens of Hindoo literature : consisting of translations, from the tamoul language of some hindoo works of morality and imagination, with explanatory notes; by N. E. Kindersley. *London*, 1794, in-8, dem. v. f.

864. A View of the history, literature, and mythology of the Hindoos; including a minute description of their manners and customs, and translations from their principal works. By W. Ward. *London*, 1822, 3 vol. in-8, dem. v. f.

865. The Mythology of the Hindus, with notices of various mountain and island tribes, inhabiting the two peninsulas of India and the neighbouring islands, with an appendix, comprising the minor avatars, and the mythological and religious terms, etc., of the Hindus. By Ch. Coleman. *London*, 1832, in-4, fig., dem. v. f.

866. The hindu Pantheon, by E. Moor. *London*, 1810, in-4, fig., v. jasp.

867. Genealogies of the Hindus, extracted from their sacred Writings; with an introduction and alphabetical index, by Fr. Hamilton. *Edinburgh*, 1819, in-8, cart.

868. Genealogical Tables of the deities, princes, heroes, and remarkable personages of the Hindus, extracted from the sacred writings of that people, with an introduction and index, by Fr. Hamilton. *Edinburgh*, 1819, in-fol., dem. mar. r.

869. Researches into the nature and affinity of ancient and hindu mythology. By lieut. col. Vans Kennedy. *London*, 1831, in-4, dem. mar. r.

870. Hindu law; principally with reference to such portions of it as concern the administration of justice, in the King's Courts of India, by sir T. Strange. *London*, 1830, 2 vol. gr. in-8, dem. cuir de R.

871. The Daya-Crama-Sangraha, an original treatise

on the Hindoo law of inheritance. Translated by P. M. Wynch. *Calcutta*, 1818, in-fol., dem. mar. citr. fil.

872. Daya Crama Sangraha, augmenté de notes et de passages du Mitacshara, et suivi de quelques observations sur l'adoption et sur le pouvoir testamentaire chez les Hindoux, par G. Orianne. *Pondichéry*, 1843, in-8, bas.

873. Introductory lessons in Orïya. For the use of schools. Second edition. *Calcutta*, 1832, in-12, dem. mar. r.

874. A Code of gentoo laws, or, ordinations of the pundits. From a persian translation, made from the original written in sanscrit language. *London*, 1781, in-8, dem. v. f.

875. Code des lois des Gentoux, ou réglemens des Brames, traduit de l'anglois, d'après les versions faites de l'original écrit en langue samskrite. *Paris*, 1778, in-4, dem. v. ant.

876. On the hindu Systems of astronomy, and their connection with history in ancient and modern times. By J. Bentley. *S. L. N. D.*, in-4, cart.

877. Selections from the popular poetry of the Hindoos. Arranged and translated; with a preface on the literature of the Hindoos, by T. Duer Broughton. *London*, 1814, in-12, dem. mar. r. fil.

878. Essais sur la philosophie des Hindous, par M. H. T. Colebrooke, traduits de l'anglais et augmentés de textes sanskrits et de notes nombreuses par G. Pauthier. *Paris*, 1833, in-8, cart.

879. Ancient and modern Alphabets of the popular hindu languages of the southern peninsular of India. By capt. H. Harkness. *London*, 1837, in-4, dem. v. f. Lithographié.

880. Alphabetum brammhanicum seu indostanum universitatis Kasi. *Romæ*, 1771, in-12, dem. v. ant.

881. A Hindee spelling-book, by Mrs. Rowe, of Digah. Third edition, enlarged. *Calcutta*, 1833, in-12, dem. mar. r.

882. Rudiments de la langue hindouie, par M. Garcin de Tassy. *Paris*, 1847, in-8, br.

883. Chrestomathie hindie et hindouie, à l'usage des élèves de l'école spéciale des langues vivantes près la Bibliothèque nationale, par M. Garcin de Tassy. *Paris*, 1849, in-8, br.

884. Histoire de la littérature hindoui et hindoustani, par M. Garcin de Tassy. *Paris*, 1839-1847, 2 vol. in-8, br.

885. Reverendi Benjamini Schulzii Grammatica hindostanica. Edidit D. Jo. Henr. Callenberg. *Halæ Saxonum*, 1745, in-4, cart.

886. Gramatica indostana a mais vulgar que se practica no Imperio do gram Mogol. Offerecida aos muitos reverendos padres missionarios do ditto imperio. Em *Roma*, 1778, in-8, dem. v. ant.

887. A New Self-instructing grammar of the hindustani tongue, the most useful and general language of British India, in the oriental and Roman character. By S. Arnot. *London*, 1831, gr. in-8, cart.

888. A Dictionary hindustani and english, with a copious index, fitting the work to serve, also as a dictionary english and Hindustani. By J. Shakespear. Third edition. *London*, 1834, in-4, dem. mar. r.

889. Muntakhabat-i-Hindi, or selections in Hindustani, with verbal translations or particular vocabularies, and a grammatical analysis of some parts, for the use of students of that language. By J. Shakespear. Vol. 1er, 3e édit. *London*, 1834. Vol. 2, 2e édit. *London*, 1825. En 1 vol. in-4, cart.

890. Hindee and Hindoostanee Selections : to which are prefixed the rudiments of hindoostanee and Bruj Bhakha grammar; also Prem Sagur with vocabulary. Originally compiled for the use of the interpreter to native corps of the Bengal army. 2e édit. *Calcutta*, 1830, 2 vol. in-4, br. en cart.

891. Chrestomathie hindoustani (Urdû et Dakhnî), à l'usage des élèves de l'École royale et spéciale des langues orientales vivantes, par M. Garcin de Tassy. *Paris*, 1847, in-8, br.

892. Les Aventures de Kamrup, par Tahcin-Uddin, publiées en hindoustani par M. Garcin de Tassy. *Paris*, Impr. R., 1835, in-8, br. — Les Aventures de Kamrup, par Tahcin-Uddin, traduites de l'hindoustani par M. Garcin de Tassy. *Paris*, Impr. R., 1834, gr. in-8, cart.

893. Les Œuvres de Wali, publiées en hindoustani par M. Garcin de Tassy. *Paris*, 1834, in-4, pap. vél., br.

894. Comparison of the Hindu and Theban Hercules, illustrated by an ancient hindu intaglio. By lieut.-col. J. Tod. *London*, 1831, in-4, cart. (23 pag.) From the Transactions of the Royal Asiatic Society of Great-Britain and Ireland. Vol. III.

895. A Collection of proverbs, and proverbial phrases, in the persian and hindoostanee languages. Compiled and translated, chiefly, by the late Th. Roebuck. *Calcutta*, 1824, in-8, dem. v. f.

896. Le Pantcha-Tantra, ou les Cinq Ruses, fables du brahme Vichnou-Sarma; Aventures de Paramarta, et autres contes, le tout traduit pour la première fois sur les originaux indiens; par M. l'abbé Dubois. *Paris*, 1826, in-8, dem. mar. r.

897. Memoirs of Zehir-Ed-Din-Muhammed-Baber, emperor of Hindoustan, written by himself, in the Jaghatai turki, and translated, partly by the

late J. Leyden, partly by W. Erskine. *London*, 1826, in-4, cart., dem. cuir de R. fil.

898. Tarikh-i-Asham. Récit de l'expédition de Mir-Djumlah au pays d'Assam, traduit sur la version hindoustani de Mir-Huçaini par Th. Pavie. *Paris*, 1845, in-8, br.

899. The Buttris Singhasun, or the tales of the thirty-two images, being a series of amusing anecdotes of the celebrated hindoo prince Sree Vicrumaditiu, translated (for the first time) into english from the original bengali by Cheedam Chunder Das. *Calcutta*, 1817, in-8, dem. v. f.

900. A Grammar of the pure and mixed east Indian dialects, with dialogues affixed, spoken in all the eastern countries, methodically arranged at Calcutta, according to the Brahmanian System, on the shamscrit language. By Herasim Lebedeff. *London*, 1801, in-4, dem. v. f.

901. A Grammar of the bengal language, by Nathaniel Brassey Halhed. Printed at Hoogly in Bengal, 1778, in-4, v. rac. (Signature de Duperron sur le titre.)

902. A Grammar of the bengalee language, the second edition, with additions. By W. Carey. *Serampore*, 1805, in-8, dem. rel.

903. Rudiments of bengali grammar, by Graves Chamney Haughton. *London*, 1821, in-4, cart.

904. A Dictionary of the bengalee language, in which the words are traced to their origin, and their various meanings given; by Carey. *Serampore*, 1825, 2 tomes en 3 vol. in-4, dem. cuir de R.

905. A Dictionary of Mohammedan law, Bengal revenue terms, shanscrit, hindoo, and other words, used in the East indies. By S. Rousseau. *London*, 1802, in-12, mar. r. fil.

906. Bengali selections, with translations and a vocabulary. By Graves Chamney Haughton. *London*, 1822, in-4, dem. mar. r.

907. Fables in the bengalee language, for the use of schools. First part; fifth edition. *Calcutta*, 1823, in-12, dem. mar. r. fil.

908. A Grammar of the Punjabee language, by W. Carey. *Serampore*, 1812, in-8, dem. mar. r. fil.

909. Grammar of the Malabar language, by R. Drummond. *Bombay*, 1799, in-fol., cart.

910. A Malabar en english Dictionary, wherein the words and phrases of the Tamulian language, commonly called by europeans the malabar language, are explained in english. By the english missionaries of Madras. Printed at Wepery near Madras, in the year 1779, in-4, v.

911. A Malabar and english Dictionary, composed by the Rev. Messrs: Fabricius and Breithaupt, english missionaries at Madras. The second edition revised et corrected by the Rev. Mr. Poezold, Mr. W. Simpson, and the malabar catechists. Printed at Vepery in the year 1809, in-4, v.

912. A Grammar of the Mahratta language. To which are added dialogues on familiar subjects. By W. Carey. *Serampore*, 1805, in-8, dem. v. fil.

913. A Grammar of the Mahratta language, for the use of the East India college at Hayleybury. By J. R. Ballantyne. *Edinburgh*, 1839, in-4 (lithographie), cart. (52 pag.)

914. A Dictionary murathee and english, compiled for the government of Bombay, by capt. J. T. Molesworth, assisted by lieut. Thomas and Georges Candy. *Bombay*, 1831, in-4, dem. rel. mar. r.

915. Letters written in a Mahratta camp during the year 1809, descriptive of the character, manners, domestic habits, and religious ceremonies, of

the Mahrattas; by T. Duer Broughton. *London*, 1813, in-4, fig. col., dem. v. r.

916. Alphabetum burmanum seu bomanum regni Avæ finitimarumque regionum. *Romæ*, 1776, in-12, dem. v. ant.

917. A Grammar of the burman language, to which is added a list of the simple Roots from which the language is derived; by F. Carey. *Serampore*, 1814, in-8, v. gr. fil.

918. An english and burman Vocabulary, preceded by a concise grammar, in which the burman definitions and words are accompanied with a pronunciation in the english character; designed to extend the colloquial use of the burman language; by G. H. Hough. *Serampore*, 1825, in-8 obl. dem. v.

919. A Dictionary of the burman language, with explanations in english, compiled from the manuscripts of A. Judson. *Calcutta*, 1826, in-8, dem. mar. r.

920. The rath; or, Burmese Imperial state carriage, and throne, studded with 20,000 precious stones. *London*, 1826, in-8, fig., cart.

921. Alberti Hoefer de Prakrita dialecto libri duo. *Berolini*, 1836, in-8, dem. v. f.

922. Ueber die Sprache und Weisheit der Indier. Ein beitrag zur begrundung der Alterthumskunde von F. Schlegel. *Heidelberg*, 1808, in-12, dem. v. f.

923. De l'affinité des langues celtiques avec le sanscrit, par A. Pictet. *Paris*, 1837, gr. in-8, dem. v. f.

924. Essai sur la langue pehlvie, par M. le Dr Müller. *Paris*, 1839, in-8, br., 63 p. (Extr. du Journ. As.)

925. The Kalpa Sútra, and Nava Tatva: two works illustrative of the jain religion and philosophy,

translated from the Mágadhi, with an appendix, containing remarks on the language of the original, by the Rev. J. Stevenson. *London*, 1848, in-8, cart.

926. A Grammar of the Teloogoo language, commonly termed the gentoo, peculiar to the Hindoos inhabiting the North eastern provinces of the indian Peninsula. By A. D. Campbell. *Madras*, 1820, in-4, dem. v.

927. A Dictionary of the Teloogoo language, commonly termed the gentoo, peculiar to the Hindoos of the North eastern provinces of the Indian Peninsula, by A. D. Campbell. *Madras*; printed at the college press. 1821, in-4, v.

928. Teloogoo selections, with translations and grammatical analyses; to which is added a glossary of revenue terms used in the Northern Circars. By J. C. Morris. *Madras*, 1823, in-fol. v.

929. Specimen sapientiæ Indorum veterum, id est liber ethico-politicus pervetustus; nunc primum græce prodit, cum versione latina, opera S. G. Starkii. *Berolini*, 1697, in-12, v. éc. — Sommario di Sentenze morali del filosofo indiano Sanakea, dal dialetto sanscrito ossia bracmanico indiano nella lingua greca e italiana, tradotto dal cap. N. Chiefala. *In Roma*, 1825, in-4, cart. 51 pag.

TAMOUL, MONGOL, MALAI, ETC.

930. Notice sur les langues et l'écriture des Indiens, et sur celles des Tamouls en particulier. *Paris*, 1806, in-8, dem. rel. fig. 26 pag. (Extrait du Voyage aux Indes et à la Chine.)

931. Grammatica Damulica, quæ per varia paradigmata, regulas et necessarium vocabulorum apparatum, viam brevissinam monstrat, qua

lingua Damulica seu Malabarica, quæ inter Indos orientales in usu est, et huc usque in Europa incognita fuit, facile disci possit, à B. Ziégenbalg. *Halæ Saxonum*, 1716, in-4, cart.

932. Grammatica latino-tamulica, ubi de vulgari tamulicæ linguæ idiomate tractatur. Auctore Beschio. *Trangambariæ*, 1728, in-12, dem. mar. r. fil.

933. Grammatica latino-tamulica, auctore P. C. J. Beschio. *Apud Madraspatnam*, 1813, in-4, bas.

934. Rudiments of tamul grammar : Combining with the rules of Kodun tamul, or the ordinary dialect, an introduction to Shen tamul, or the elegant dialect. By R. Anderson. *London*, 1821, in-4, dem. mar. r. fil.

935. A Grammar of the high dialect of the Tamil language, termed Shen-Tamil; to which is added, an introduction to Tamil poetry, by the rev. father C. J. Beschi. Translated from the original latin, by B. Guy Babington. *Madras*, 1822, in-4, v.

936. A Grammar of the Tamil language, With an appendix, by C. T. E. Rhenius. *Madras*, 1836, in-8, cart.

937. Grammatica latino-tamulica, in qua de vulgari tamulicæ linguæ idiomate fusius tractatur, auctore P. C. J. Beschio. Nova editio. *Pudicherii*, 1843, in-8, bas.

938. Dictionnaire français-tamoul et tamoul-français, par A. Blin. *Paris*, 1831, in-8, obl. dem. v. f.

939. A Dictionary of the tamil and english languages, by the late Rev. J. P. Rottler. *Madras*, 1834-39, 3 vol. in-4 (le 2e rel. les 2 autres br.)

940. Dictionarium latino-gallico-tamulicum. — Dictionnaire latin-français-tamoul, auctoribus duobus missionariis apostolicis congregationis

Missionum ad exteros. *Pudicherii*, 1846, 7 part. in-8, b. (Ouvrage complet, 1430 pag.)

941. Work on Tamil arithmetic by the late Bandla Ramasami Nayak. Printed at the Vépery press for the Society. S. L., 1825, in-8, dem. mar. r. fil.

942. The Adventures of the Gooroo Paramartan: a tale in the Tamul language; accompanied, by a translation and vocabulary, together with an Analysis of the first Story, by B. Babington. *London*, 1822, in-4, dem. mar. r. fil.

943. Fabula de ethnicorum magistro Paramarta curu dicto, a P. J. C. Beschio tamulica lingua scripta, et ab ipso auctore in latinum versa. *Pudicherii*, in-12, br.

944. The Ladder to learning. A select collection of fables consisting of words of one, two and three syllables; With original morals. Revised and corrected, by Mrs Trimmer; and reprinted together with a Tamil version by Camiyappa Mudeli and Candasami Mudeli, for the use of the Madras School-Book Society. *Madras*, 1827, in-8, dem. mar. r. fil.

945. The arabian nights entertainment, carefully revised, and occasionally corrected from the Arabic: to which is added a selection of new tales; by J. Scott. Accompanied by an elegant translation in Tamil, by P. Gnanapragasa Moodeliar. Vol. 1. *Madras*, 1825, in-4, v.

946. Persian Stories, illustrative of indian manners and customs, translated into Tamil, by C. Jesudasen Pillay. *Madras*, 1840, in-12, br.

947. Oriental historical manuscripts, in the Tamil language: translated with annotations, by W. Taylor. *Madras*, 1835, 2 vol. in-4, dem. v. f.

948. A Grammar of the Carnataca language, by J. Mac Kerrell. *Madras*, 1820, in-4, v.

949. Kovalewski Mongolskaya Chrestomatia. *Kasan*, 1836-37, 2 vol. in-8, dem. mar. r. fil. — Dictionnaire mongol-russe-français, par Kowalewski. *Kasan*, 1844-49, 3 vol. in-4, d. v. f.

950. Grammatik der Mongolischen Sprache verfasst von J. J. Schmidt. *St-Pétersbourg*, 1831, in-4, dem. cuir de R. fil.

951. Les Exploits du héros parfaitement accompli Bogda Gesser Khan, tradition héroïque mongole, publiée aux frais de l'Académie impériale de Saint-Pétersbourg, d'après l'exemplaire imprimé de Pékin sous la direction de M. Schmidt. *Saint-Pétersbourg*, 1836, in-4, br.

952. A Dictionary of the Bhotana or boutan language. Printed from a manuscript copy made by Fr. Ch. Gotthelf Schroeter, edited by J. Marshman. To which is prefixed a grammar of the Bhotanta language. By Fr. Ch. G. Schrœter, edited by W. Carey. *Serampore*, 1826, in-4, dem. mar. r.

953. Grammaire de la langue malaie, par Marsden; traduit de l'anglais par C. P. J. Elout. *Harlem*, 1824, in-4, cart.

954. Maleische spraakkunst von G. H. Werndlij, herzien en uitgegeven op last van de Hooge regering van Nederlansch Indie door C. Van Angelbeek. *Batavia*, 1823, in-4, cart.

955. A Vocabulary of the english, bugis, and Malay languages. *Singapore*, 1833, in-8, dem. mar. r.

956. Dictionnaire malai, hollandais et français, par C. P. J. Elout; traduit du dictionnaire malai et anglais de M. W. Marsden. *Harlem*, 1825. — Dictionnaire hollandais et malai, suivi d'un dictionnaire français et malai, par C. P. J. Elout; d'après le dictionnaire anglais et malai de W. Marsden. *Harlem*, 1826, 2 vol. in-4, dem. v. ant.

957. Malay annals : translated from the Malay lan-

guage, by the late Dr J. Leyden. With an introduction, by sir Th. St. Raffles. *London*, 1821, in-8, dem. v. f.

958. Uber die Kawi-Sprache... Sur la Langue kawi ou javanaise, par G. de Humboldt. *Berlin*, 1836-39, 3 vol. in-4, dem. mar. r.

959. A Grammar of the Thai or Siamese language, by Capt. James Low. *Calcutta*, 1828, in-4, dem. v. f.

960. Grammatica linguæ Thai, auctore D. J. Bapt. Pallegoix. *Bangkok*, 1850, in-4, dem. rel.

CHINOIS.

961. Recherches sur l'origine et la formation de l'écriture chinoise. Premier Mémoire sur les signes figuratifs qui ont formé la base des caractères les plus anciens, par Rémusat. *Paris*, Imp. R., in-4, br. 59 pag.

962. Essai sur la langue et la littératnre chinoises, par J. P. Abel Rémusat. *Paris*, 1811, in-8, v. marb. fil. — Programme du Cours de langue et de littérature chinoises et de Tartare Mandchou, par M. Abel-Rémusat. *Paris*, 1815, in-8, cart. 32 pag.

963. Élémens de la grammaire chinoise, ou principes généraux du Kou-Wen ou style antique, et du Kouan-hoa, c'est-à-dire, de la langue commune, par M. Abel Rémusat. *Paris*, Imp. R., 1822, in-8, dem. v. f.

964. Die Chinesische Sprache in thren rechten als sprache; oder: die Chinesische Sprache ihrer allgemeinen bildung nach, von E. Rautenbach. *Darmstadt*, 1835, in-12, br. 64 pag.

965. Manuel pratique de la langue chinoise vulgaire, contenant un choix de dialogues familiers,

de différents morceaux de littérature, etc., par L. Rochet. *Paris*, 1846, 1 vol. gr. in-8, cart.

966. Lettre à M. Abel-Rémusat, sur la nature des formes grammaticales en général, et sur le génie de la langue chinoise en particulier, par M. G. de Humboldt. *Paris*, 1827, in-8, dem. v. f.

967. Dictionnaire encyclopédique de la langue chinoise, par J.-M. Callery. Tome 1, 1re part. *Paris*, 1845, gr. in-8, br.

968. A Dissertation on the nature and character of the Chinese system of writing, by P. S. Du Ponceau; to which is subjoined a vocabulary of the Cochinchinese language, by Morrone. *Philadelphia*, 1838, in-8, cart.

969. Y-King, antiquissimus Sinarum liber, quem ex latina interpretatione P. Regis aliorumque ex Soc. Jesu P P. edidit J. Mohl. Vol. 1. *Stuttgartiæ* et *Tubingæ*, 1834, in-8, dem. m. r.

970. Confucii Chi-King, sive liber Caminum, ex latina P. Lacharme interpretatione edidit J. Mohl. *Stuttgartiæ* et *Tubingæ*, 1830, in-8, dem. v. f.

971. Le Chou-King, un des livres sacrés des Chinois, qui renferme les fondements de leur ancienne histoire, les principes de leur gouvernement et de leur morale: ouvrage recueilli par Confucius, traduit par le P. Gaubil, revu et corrigé par M. de Guignes. *Paris*, 1770, in-4, v. fil. tr. dor.

972. Meng Tseu vel Mencium, inter sinenses philosophos, ingenio, doctrina, nominisque claritate Confucio proximum, edidit, illustravit Stanislaus Julien. *Lutetiæ Parisiorum*, 1824, 2 vol. in-8, cart.

973. Le Tcheou-Li, ou Rites des Tcheou, traduit pour la première fois du chinois par E. Biot. *Paris*, 1851, 2 tomes en 3 vol. in-8, v. f. fil.

974. Le Livre des récompenses et des peines, traduit du chinois par Abel-Rémusat. *Paris*, 1816, in-8, dem. v. ant.

975. Le Livre de la voie et de la vertu, composé dans le VIe siècle avant l'ère chrétienne, par le philosophe Lao-Tseu, traduit par Stanislas Julien. *Paris*, Imp. R., 1842, in-8, br.

976. Mémoire sur l'origine et la propagation de la doctrine du Tao, fondée par Lao-Tseu; traduit du chinois par M. G. Pauthier. *Paris*, 1831, in-8, cart.

977. San-Koué-Tchy ilan Kouroun-i pithé, Histoire des trois royaumes, roman historique, traduit sur les textes chinois et mandchou de la Bibliothèque Royale, par Théodore Pavie. *Paris*, 1845-51, 2 vol. in-8, br.

978. Choix de Contes et Nouvelles traduits du chinois par Th. Pavie. *Paris*, 1839, in-8, br.

979. Théâtre chinois, ou Choix de pièces de théâtre composées sous les empereurs mongols, traduit par M. Bazin aîné. *Paris*, 1838, in-8, br.

980. Le Pi-Pa-Ki, ou l'Histoire du Luth, drame chinois de Kao-tong-Kia, traduit par M. Bazin aîné. *Paris*, Imp. R., 1841, in-8, br.

981. Lettres au R. P. Parrenin, jésuite, missionnaire à Pékin, contenant diverses questions sur la Chine; par Dortous de Mairan. *Paris*, 1770, in-8, v. marb. — Brevis relatio eorum quæ spectant ad declarationem Sinarum Imperatoris Kam-Hi, de avorum cultu; opera PP. Soc. Jesu, 1700, in-4, cart. — Second et troisième Supplément aux Mémoires concernant les Chinois. *Paris*, 1786-88, 2 vol. in-8, dem. v.

982. Translations from the Chinese and Armenian, with notes and illustrations, by Ch.-Fr. Neumann. — The History of the chinese Pirates. — The Cate-

chism of the Shamans. — The Chronicle of Vahram. *London*, 1831, in-8, dem. v. f.

983. Observations sur l'histoire des Mongols orientaux, par Abel Rémusat. *Paris*, 1832. — Klaproth's bericht über hern V. Siebold's abhandlung über den ursprung der Japaner. — Sur la prétendue Brebis du Si-Fan, par Klaproth. — Observations sur les langues sémitiques, par le même. — Sur l'Histoire du Kachmir de M. Wilson, par le même. — Aperçu des entreprises des Mongols en Géorgie et en Arménie, par le même. *Paris*, 1833. — Notice sur l'Encyclopédie littéraire de Ma-Touan-Lin, par le même. *Paris*, 1832. — Notice et explication des inscriptions turques et arabes de Bolghari, par le même, in-8. — Rapport sur les ouvrages du P. Hyacinthe Bitchourinski, relatifs à l'histoire des Mongols, par le même, in-8, dem. v. f.

984. Notice d'une chronologie chinoise et japonaise, par Klaproth. *Paris*, 1833, in-8, cart. — Résumé de l'histoire de la Chine, par Senancourt. *Paris*, 1834, in-18, dem. v. f.

985. Mémoires sur les relations politiques des princes chrétiens, et principalement des rois de France avec les empereurs Mongols, par Abel Rémusat. *Paris*, Impr. R., 1824, in-4, cart. — Observations sur l'histoire des Mongols orientaux, de Sanang-Setsen, par Abel Rémusat. *Paris*, Impr. R., 1832, in-8.

986. Mémoires sur plusieurs questions relatives à la géographie de l'Asie centrale, par Abel Rémusat. *Paris*, Impr. R., 1825, in-4, dem. v. ant. — Mélanges posthumes d'histoire et de littérature orientales, par Abel Rémusat. *Paris*, Impr. R., 1843, 1 vol. in-8, v. f. fil.

987. Histoire de la ville de Khotan, tirée des annales de la Chine et traduite du chinois, par Abel Rémusat. *Paris*, 1820, in-8, dem. v. ant.

8.

988. Description du Royaume de Camboge, par un voyageur chinois qui a visité cette contrée à la fin du xiiie siècle ; traduite du Chinois par Abel Rémusat. *Paris*, 1819, in-8, dem. v. f.

989. J. Koffler historica Cochinchinæ descriptio, in epitomen redacta ab Anselmo ab Eckart ; edente Ch.-Th. de Murr. *Norimbergæ*, 1803, in-8, cart.

990. Recherches sur l'ancienne astronomie chinoise, publiées à l'occasion d'un Mémoire de M. Lud. Idler sur la chronologie des Chinois; par M. J. B. Biot. — Catalogue des étoiles filantes et des autres météores observés en Chine, par Ed. Biot. — Note supplémentaire à ce Mémoire, par le même. — Mémoire sur la constitution politique de la Chine au xiie siècle avant notre ère, par le même, 4 br. in-4.

991. Dictionnaire des noms anciens et modernes des villes et arrondissements de premier, deuxième et troisième ordre compris dans l'Empire chinois, par E. Biot. *Paris*, Impr. R., 1842, gr. in-8, br.

992. Essai sur l'histoire de l'instruction publique en Chine et de la corporation des lettrés, depuis les anciens temps jusqu'à nos jours, par E. Biot. *Paris*, 1845, in-8, cart.

993. De M. Ed. Biot : Mémoire sur la population de la Chine et ses variations, depuis l'an 2400 av. J.-C. jusqu'au xiiie siècle de notre ère. — Mémoire sur la condition des esclaves et des serviteurs gagés en Chine. — Mémoire sur le recensement des terres consignées dans l'histoire chinoise. — Mémoire sur la condition de la propriété territoriale en Chine depuis les temps anciens. — Mémoire sur le système monétaire des Chinois, in-8, d.-rel.

994. Mélanges de littérature chinoise. — De la Chine et des travaux de M. Abel Rémusat, par J. J. Ampère. — Esquisse d'une histoire de la philosophie chinoise, par G. Pauthier. — Le Ta Hio, ou la

Grande Étude, le premier des quatre Livres de la philosophie morale et politique de la Chine, par G. Pauthier. *Paris*, 1837. — Premier Livre du Tao-Te-King de Lao-Tseu. — Documents statistiques officiels sur l'empire de la Chine, traduits du chinois par M. G. Pauthier. *Paris*, 1841. — Documents officiels chinois sur les ambassades étrangères envoyées près de l'empereur de la Chine, trad. du chinois par G. Pauthier. *Paris*, 1843. — Vindiciæ Sinicæ. Dernière réponse à M. St. Julien, par M. Pauthier. — Lettre au rédacteur du Journal Asiatique, par Pauthier. *Paris*, 1831. — Discours adressé au maire de Neuilly-sur-Marne par M. G. Pauthier, en lui remettant l'épée du général Donzelot. — Légende de l'entrevue du docteur Iuthsingi avec l'Esprit du Foyer, trad. du chinois, par M. Jacquet. — Catalogue des comètes observées en Chine depuis l'an 1230 jusqu'à l'an 1640 de notre ère, par Ed. Biot. — Tableau des élémens vocaux de l'écriture chinoise, par Levasseur et Kurz. *Paris*, 1829. — Prospectus du Dictionnaire chinois-latin du P. Basile de Glemona, revu par M. Pauthier. — Spécimen d'un Vocabulaire français-chinois et chinois-français dans le dialecte vulgaire, par A. Smith, 1 vol. in-8, cart.

995. Vindiciæ philologicæ in linguam sinicam : Stanislaï Julien dissertatio de quibusdam litteris sinicis, quæ accusandi casum denotant. *Parisiis*, 1830, in-8, br. (Tiré à 100 ex.) — Ueber einige der neuesten Leistungen in der chinesischen Litteratur.... Sur quelques-uns des derniers pas faits dans la littérature chinoise : Lettre à M. le prof. Ewald, par le Dr H. Kurz. *Paris*, Impr. R., 1830, in-4, br.

996. Mélanges de critique sinologique : Remarques philologiques sur les voyages en Chine de M. de Guignes, par Montucci. *Berlin*, 1809. — Réponse

de Montucci à la lettre de M. de Guignes insérée dans les Annales des Voyages, in-8. — Sur quelques passages de la préface du roman chinois intitulé *Hao Khieou Tchouan*, traduit par Davis, par Klaproth. — Beleuchtung und Widerlegung der Forschungen über die Geschichte der Mittel-Asiatischen, Völker des Herrn J. J. Schmidt, von J. Klaproth. *Paris*, 1824, in-8. — Dernier mot sur le Dictionnaire chinois de Morrison, par J. Klaproth. *Paris*, 1830. — Mémoire sur l'origine et la propagation de la doctrine du Tao, par Pauthier, commenté par Klaproth. — Tchao-Mei-Hiang, ou les intrigues d'une soubrette, trad. du chinois par Antoine Bazin. *Paris*, 1835, in-8.

997. Examen méthodique des faits qui concernent le Thian-Tchu ou l'Inde, trad. du chinois par Pauthier. *Paris*, Impr. R., 1840, in-8, dem. v. f. — Examen critique de quelques pages de chinois relatives à l'Inde, traduites par M. Pauthier; accompagné de discussions grammaticales, par St. Julien. *Paris*, 1841, in-8, br. — Réponse à l'examen critique de M. St. Julien, par M. G. Pauthier. *Paris*, Impr. R., in-8, br.

998. Mélanges de littérature chinoise, in-8, cart.: Exercices pratiques d'analyse, de syntaxe et de lexicographie chinoise, par Stanislas Julien. *Paris*, 1842. — Spécimen des caractères chinois gravés sur acier par M. Marcellin-Legrand, sous la direction de M. Pauthier. — Thse Hioung-Hioung-Ti, c'est-à-dire, les Deux Frères de sexe différent, nouvelle traduite du chinois par Stan. Julien. — Le Ta-Hio, ou la Grande Étude, trad. du chinois par Pauthier. *Paris*, 1832. — De la Poésie orientale. Poésie chinoise, par le même, in-8. — Sinico-Ægyptiaca. Essai sur l'origine et la formation similaire des écritures figuratives chinoise et égyptienne, par G. Pauthier. *Paris*, 1842, gr. in-8, dem. v. ant.

999. Recherches sur les langues tartares, ou Mémoires sur différens points de la grammaire et de la littérature des Mandchous, des Mongols, des Ouigours et des Tibétains, par M. Abel Rémusat. Tome 1er. *Paris*, Impr. R., 1820, in-4, dem. v. ant.

1000. Grammaire tartare-mandchou, par Amiot, missionnaire à Pékin. *Paris*, 1787, in-4, dem. v. ant.

1001. Élémens de la grammaire japonaise, par le P. Rodriguez, traduits du portugais sur le manuscrit de la Bibliothèque du Roi, et soigneusement collationnés avec la grammaire publiée par le même auteur à Nagasaki, en 1604, par C. Landresse. *Paris*, 1825, in-8, dem. v. f. (Envoi du traducteur.)

1002. An english and japanese, and japanese and english vocabulary; compiled from native works, by W. H. Medhurst. *Batavia*, 1830, 1 vol. in-8, br. (Lithographié.)

1003. San Kokf ran to sets, ou Aperçu général des trois royaumes; traduit de l'original japonais-chinois par M. J. Klaproth. *Paris*, 1832, gr. in-8, fig. et atlas, in-4, cart.

1004. Aperçu de la langue des îles Marquises et de la langue Taïtienne; par J. Ch. Ed. Buschmann, accompagné d'un Vocabulaire inédit de la langue Taïtienne, par le baron G. de Humboldt. *Berlin*, 1844, in-8, dem. rel.

1005. Vocabulaire océanien-français et français-océanien des dialectes parlés aux îles Marquises, Sandwich, Gambier, etc., par l'abbé B. Mosblech. *Paris*, 1843, in-12, br.

ÉGYPTE.

1006. Recherches critiques et historiques sur la

littérature de l'Egypte, par E. Quatremère. *Paris*, Impr. I., 1808, in-8, dem. v. f.

1007. Ueber das Verhältniss der Aegyptischen Sprache zum semitischen Sprachstamm, von T. Benfey. *Leipzig*, 1844, in-8, br.

1008. Alphabetum Cophtum sive Ægyptiacum. In-12, 6 pag. — The Origin of the egyptian language, by Dr L. Loewe. In-8, br.

1009. Rudiments of an Egyptian dictionary in the ancient enchoral character, by Th. Young. *London*, 1831, in-8, dem. v. f.

1010. Lettre sur l'interprétation des Hiéroglyphes égyptiens, adressée à M. Prisse d'Avennes, par Michelange Lanci. *Paris*, 1837, in-8, br.

1011. Lettre à M. le professeur H. Rosellini, sur l'alphabet hiéroglyphique, par le Dr R. Lepsius. *Rome*, 1837, in-8 (deux planches), br. en cart.

1012. Hieroglyphica Horapollinis, edente Hoeschelio. *Augustæ Vindelicorum*, 1595, in-4, parch.

1013. Horapollinis Niloi Hieroglyphica, edidit C. Leemans. *Amstelodami*, 1835, in-8, dem. v. f.

1014. Catalogue des Signes hiéroglyphiques de l'Imprimerie Nationale, dressé par E. de Rougé. *Paris*, 1851, in-4, br.

1015. Scriptura Aegyptiorum demotica, ex papyris et inscriptionibus explanata, scripsit H. Brugsch. *Berolini*, 1848, in-4, br.

1016. Analyse grammaticale du texte démotique du décret de Rosette, par F. de Saulcy. Tom. I, 1re part. *Paris*, 1845, in-4, fig., br.

1017. Analyse grammaticale raisonnée de différents textes anciens égyptiens, par Fr. Salvolini. Vol. 1er *Paris*, 1836, in-4, et atlas br.

1018. Collection d'antiquités égyptiennes recueillies par le chev. de Palin, publiées par MM. Dorow et Klaproth, en 33 planches. *Paris*, 1833, in-fol. dem. mar. r.

1019. Notice des monuments exposés dans la galerie d'antiquités égyptiennes au Musée du Louvre, par E. de Rougé. 2e édit. *Paris*, 1852, in-8, br.

1020 Mémoire sur l'inscription du tombeau d'Ahmès, chef des Nautoniers, par E. de Rougé. *Paris*, 1851, in-4, fig., br.

1021. Campagne de Rhamsès le Grand (Sésostris), contre les Schéta et leurs alliés; manuscrit hiératique égyptien, appartenant à M. Sallier. Notice sur ce manuscrit, par Fr. Salvolini. *Paris*, 1835, in-8, br.

1022. Rhamses, an Egyptian tale, with historical notes of the era of the Pharaons. *London*, 1824, 3 vol. in-8. cart.

1023. Darstellung der Aegyptischen mythologie; von J. C. Prichard M. D. Uebersetzt und mit anmerkungen begleitet, von L. Haymann. Nebsteiner vorrede, von A. W. Von Schlegel. *Bonn*, 1837, in-8, br.

1024. Des Mystères d'Isis, par T. P. Boulage, ouvrage posthume. *Paris*, 1820, in 8, dem. v. vert.

1025. Forschungen in gebiete der hebraïsch-aegyptischen archäologie, mitgetheilt, von J. Levin Saalschütz 1. zur Geschichteder Buchtabenschrift. *Konigsberg*, 1838, in-8, br.

1026. Recherches critiques, historiques et géographiques, sur les fragments d'Héron d'Alexandrie, ou du système métrique égyptien considéré dans ses bases, dans ses rapports avec les mesures itinéraires des Grecs et des Romains, et dans les modifications qu'il a subies depuis le règne des Pharaons jusqu'à l'invasion des Arabes, ouvrage posthume de M. Letronne, revu par M. Vincent. *Paris*, Impr. N., 1852, in-4, br.

1027. Denkmäler aus Aegypten und Aethiopien,

nach den Zeichnungen, von R. Lepsius. *Berlin*, 1849, in-4 br. (36 pag.). — Sabaean Researches on the engraved hieroglyphics of Chaldea, Egypt and Canaan, by J. Landseer. *London*, 1823, in-4, fig., dem. v. f.

1028. Recherches sur l'année vague des Égyptiens, par M. Biot. In-4, fig., br. (Extr. des Mémoires de l'académie des Sciences.)

1029. Mémoires géographiques et historiques sur l'Égypte et sur quelques contrées voisines, par E. Quatremère. *Paris*, 1811, 2 vol. in-8, dem. v. ant.

1030. Examen critique de la succession des dynasties égyptiennes, par W. Brunet de Presle. Première part. *Paris*, 1850, 1 vol. in-8, fig., br.

1031. L'Égypte sous les Pharaons, ou Recherches sur la géographie, la religion, la langue, les écritures et l'histoire de l'Egypte avant l'invasion de Cambyse, par Champollion le jeune. *Paris*, 1814, 2 vol. gr. in-8, dem. v. vert.

1032. Annales des Lagides, ou Chronologie des rois grecs d'Egypte successeurs d'Alexandre le Grand, par M. Champollion-Figeac. *Paris*, 1819, 2 vol. in-8, fig., dem. v. vert.

1033. Examen critique des travaux de feu M. Champollion, sur les hiéroglyphes, par M. J. Klaproth. *Paris*, 1832, in-8, fig., dem. v. f. — Observations sur un opuscule de M. Champollion-Figeac, intitulé Annales des Lagides, supplément contenant la défense de la chronologie de cet ouvrage, par M. J. Saint-Martin. *Paris*, 1820, in-8, br. 40 pag.

1034. Chartes latines sur papyrus d'Egypte, appartenant à la Bibliothèque Royale, publiées par M. Champollion-Figeac. *Paris*, 1835-40, fasc. in-fol., br.

1035. Recherches pour servir à l'histoire de l'Égypte pendant la domination des Grecs et des Romains, tirées des inscriptions grecques et latines relatives à la chronologie, à l'état des arts, aux usages civils et religieux de ce pays, par Letronne. *Paris*, 1823, 1 vol. in-8, fig., dem. v. f.

1036. Histoire de l'Égypte, depuis la conquête des Arabes jusqu'à celle des Français, par J. J. Marcel. *Paris*, 1834, in-8, cart.

1037. Histoire de l'Égypte, depuis la conquête des Arabes jusqu'à l'expédition française, par M. J. J. Marcel. *Paris*, 1846, in-8, dem. rel. (De l'Univers pittoresque.)

1038. Recueil des Inscriptions grecques et latines de l'Egypte, étudiées dans leur rapport avec l'histoire politique, l'administration intérieure, les institutions civiles et religieuses de ce pays, depuis la conquête d'Alexandre jusqu'à celle des Arabes, par Letronne. *Paris*, Impr. R., 1842-48, 2 vol. in-4, et atlas in-fol. (pl. 1 à 171,), br.

1039. Mémoire sur le monument d'Osymandyas de Thèbes, par Letronne. *Paris*, 1831, in-4, fig. (75 pag.), dem. v. f.

1040. Matériaux pour l'histoire du christianisme en Egypte, en Nubie et en Abyssinie, contenus dans trois mémoires académiques sur des inscriptions grecques des ve et vi[e] siècles, par Letronne. *Paris*, Impr. R., 1832, in-4, fig., br.

1041. Sanchoniatonis Berytii quæ feruntur fragmenta, de cosmogonia et theologia Phœnicum, græce versa a Philone Biblio, servata ab Eusebio Cæsariensi, Præparationis evangelicæ libro 1, cap. VI et VII, græcè et lat.... illustravit J.-C. Orellius. *Lipsiæ*, 1826, in-8, dem. cuir de R., fil. — Lettre au marquis Olivieri, au sujet de quelques monuments phéniciens, par M. l'abbé Barthélemy. *Paris*, 1766, in-4, fig., cart.

1042. Alphabetum Aethiopicum, sive gheez et amharicum. *Romæ*, 1789, in-12, br.

1043 Études sur la langue Séchuana, par E. Casalis précédées d'une introduction sur l'origine et les progrès de la mission chez les Bassoutos. *Paris*, Impr. R., gr. in-8, br.

LANGUES EUROPÉENNES.

LANGUE GRECQUE.

1044. Græcæ linguæ Historia, sive oratio de ejusdem linguæ origine, progressu, etc...., a G. Burtono. *Londini*, 1657, petit in-8, cart.

1045. Lamb. Bos Ellipses græcæ, sive de vocibus quæ in sermone græco supprimuntur. *Halæ*, 1765, in-8, v. gr. fil. tr. dor.

1046. Matth. Devarii de Particulis græcæ linguæ liber particularis. *Amstelodami*, 1700, in-8, v. ant. fil. tr. dor.

1047. Græca Prosodia fuse ac compendio tradita, cum dialectis poeticis et scribentium græca carmina asylo tutissimo, editio quarta, aucta ac recognita, opera P. P. Labbe. *Paris*, 1663, in-8, vel. — Accentuum et Spirituum græcorum Regulæ latino-gallicæ, opera P. P. Labbe. *Parisiis*, 1788, in-12, v. br.

1048. Paralipomena grammaticæ græcæ, scripsit Chr.-Aug. Lobeck. *Lipsiæ*, 1837, 2 part. en 1 vol. in-8, dem. v. ant.

1049. De græcæ linguæ Dialectis, scripsit H. L. Ahrens. *Gottingæ*, 1839-43, 2 vol. in-8, br.

1050. Græcæ linguæ Dialecti recogniti, opera Maittaire, post J. F. Reitzium, qui præfationem et excerpta ex Apollonii Dyscoli grammatica addiderat; totum opus recensuit, emendavit, auxit, Fr. G. Sturzius. *Lipsiæ*, 1807, in-8, veau j.

1051. Godofredi Hermanni de emendanda ratione græcæ grammaticæ, pars prima, accedunt Herodiani aliorumque libelli, nunc primume diti. *Lipsiæ*, 1801, in-8, dem. v. ant.

1052. Fr. Vigeri de præcipuis græcæ dictionis Idiotismis liber, cum animadversionibus Henrici Hoogeveeni, J. C. Zeunii et G. Hermanni hic illic recognitis. Editio quarta. *Lipsiæ*, 1834, in-8, v. f.

1053. Animadversionum ad Jac. Velleri Grammaticam græcam specimen primum, auctore Joh. Frider. Fischero. *Lipsiæ*, 1798, in-8, fig., cart.

1054. Griechische Grammatik von P. Buttmann. *Berlin*, 1811, in-12, bas. — Griechische Schul-Grammatik, von P. Buttmann. *Berlin*, 1824, in-12, dem. v. ant.

1055. Ausfuhrliche griechische Sprachlehre, von P. Buttmann. *Berlin*, 1819-25, 2 t. en 1 vol. in-8, dem. v. f.

1056. Griechische Grammatik von Ph. Buttmann. *Berlin*, 1824, in-8, dem. v. ant.

1057. Griechische Grammatik vorzuglich des Homerischen dialectes, von F. Thiersch. *Leipzig*, 1826, in-8, dem. rel. v. f.

1058. Allgemeine lehre von Accent der griechischen Sprache, von D. C. Goettling. *Iena*, 1835, in-8, dem. mar. v. fil.

1059. Ausführliche Grammatik des griechischen Sprache wissenschaftlich und mit Rücksicht auf den Schulgebrauch ausgearbeitet von R. Kühner. *Hannover*, 1834-35, 2 vol. in-8, dem. v. f.

1060. Elementargrammatik der griechischen Sprache nebst enigerechten übungsaufgaben zum übersetzen ausdem griechischen ins deutsche und aus dem deutschen ins griechische, von D. R. Kühner. *Hannover*, 1837, in-8, br.

1061. Griechische Grammatik zum Schulgebrauch, von Aug. Matthiæ. *Leipzig*, 1808, in-8, bas.

1062. Griechische Grammatik zum Schulgebrauch

von A. Matthiæ. *Leipzig*, 1824, in-8, dem. v. f.

1063. Ausfuhrliche griechische Grammatik von Aug. Matthiæ. *Leipzig*, 1825, 2 vol. in-8, dem. v. f.

1064. Grammaire raisonnée de la langue grecque, par A. Matthiæ; trad. en français sur la deuxième édit., par F. Fr. Gail et E. P. M. Longueville. *Paris*, 1831-36, 3 vol. in-8, dem. v. f.

1065. Wissenschafliche Syntax der griechischen Sprache, von G. Bernhardy. *Berlin*, 1829, in-8, dem. v. f.

1066. Griechische Grammatik von Dr Ch.-Fr. Rost. *Gottingen*, 1836, in-8, dem. v. f.

1067. Griechische Grammatik.... Dictionnaire des racines grecques, par T. Benfey. *Berlin*, 1839-42, 2 vol. in-8, br.

1068. Doctrinæ temporum verbi græci et latini expositio historica, scripsit H. Schmidt. Part. 1, 2. *Halis Saxonum*, 1836, in-4, br. — An analysis of the formation of the radical tenses of the greek verb; by G. Dunbar. *Edinburgh*, 1813, in-8, cart.

1069. Système perfectionné de conjugaison des verbes grecs, présenté dans une suite de tableaux paradigmatiques, par D. F. Thiersch, trad. par F. M. C. Jourda. *Paris*, 1822, in-fol., br. en cart. — Examen du système perfectionné de conjugaison grecque par M. F. Thiersch, ou indication de quelques rapports du grec avec le sanskrit, par J. L. Burnouf; suivi des analyse et extrait du Dévimahatmya, fragment du Markandéya Pourana, trad. du sanskrit par E. Burnouf. *Paris*, 1824, in-8, cart.

1070. Traité de la formation et de la composition des mots de la langue grecque, par M. Ad. Regnier. *Paris*, 1848, in-8, br. — Grammaire grecque à l'usage du Collége royal français, par F. Weiland. *Berlin*, 1841, in-8, br.

1071. Grammaire élémentaire de la langue grecque, à l'usage des établissements d'instruction publique, par M. Theil. *Paris*, 1846, in-8, br.

1072. Théorie de la grammaire et de la langue grecque, par C. Minoïde-Mynas. *Paris*, 1827, in-8, br.

1073. Nouvelle méthode pour apprendre facilement la langue grecque (de Port-Royal), revue par MM. Burnouf et C. N. *Paris*, 1819, in-8, bas.

1074. Méthode pour étudier la langue grecque, par M. Burnouf. *Paris*, 1848, in-8. — Metodo per istudiare la lingua greca del sig. Burnouf, recato dal francese in italiano. *Torino*, 1828, in-8, br.

1075. Grammaire grecque, contenant les dialectes et la différence avec le grec vulgaire, par C. Minoïde-Minas. *Paris*, 1828, in-8, br.

1076. Quæstiones lexicales de radicibus græcis. Dissertatio inauguralis philologica, auctore M.-J. Savelsberg. *Berlin*, 1841, in-8, br. — Syntaxeos anomalæ græcorum pars de constructione quæ dicitur absoluta, deque anacoluthis, huc pertinentibus scripsit A. de Wannowsky. *Lipsiæ*, 1835, in-8, dem. v. f.

1077. Orthophonie grecque, ou Traité de l'accentuation et de la quantité syllabique, par C. Minoïde-Mynas. *Paris*, 1824, in-8, br. — Calliope, ou Traité sur la véritable prononciation de la langue grecque. *Paris*, 1825, in-8, br. — Traité de l'accentuation grecque, traduit de C. F. Merleker par J. Zeller; corrigé, modifié et augmenté par L. de Sinner. *Paris*, 1843, in-8, cart.

1078. Elementarwerk der griechischen Sprache, von Dr Gust. Pinzger. Erster Cursus. *Breslau*, 1834, in-8, br. — Lehre von den partikeln des griechischen Sprache, von J. A. Hartung. *Erlangen*, 1832-33, 2 vol. in-8, dem. v. f.

1079. Synonymes grecs recueillis dans les écrivains

des différents âges de la littérature grecque, et expliqués d'après les grammairiens, l'étymologie et l'usage; par M. A. Pillon. *Paris*, 1847, in-8, br.

1080. Manuel de la langue grecque, 1re partie : Ulysse, poëme héroïque de P. Giraudeau; 2e part.: Lexique grec-français et latin, par Fr. Lécluse. Deuxième édit. *Paris,* 1820, in-8, br.

1081. Cours de thèmes grecs adaptés à la méthode de M. Burnouf, par M. E.-P.-M. Longueville. *Paris*, 1825-39, 4 vol. in-8, br. et cart. — Cours complet et gradué de thèmes grecs, adaptés à la méthode de M. Burnouf, et suivis d'un lexique spécial français-grec. *Paris*, 1826-38, 3 part. in-8, br.

1082. Anthologia epigrammatum græcorum selecta, et ab omni obscœnitate vindicata, cum latina interpretatione. *Flexiæ*, 1624, in-8, mout. armes.

1083. Cornelii Schrevelii Lexicon manuale græco-latinum et latino-græcum, addidit Floridus Lécluse. *Parisiis*, 1820, in-8, bas.

1084. Thesaurus græcæ linguæ, ab Henrico Stephano constructus, post editionem anglicam novis additamentis auctum, ordineque alphabetico digestum, tertio ediderunt C. B. Hase, G. R. Lud. de Sinner et Th. Fix. *Parisiis*, 1831. Tom. I à IV, in-fol. gr. pap. dem. mar. r.

1085. Dictionnaire grec-français, composé sur le Thesaurus linguæ græcæ de H. Estienne, par J. Planche. *Paris*, 1838, in-8, dem. mar. r. f.

1086. Dictionnaire grec-français, composé sur un nouveau plan, où sont réunis et coordonnés les travaux de Henri Estienne, de Schneider, de Passow et des meilleurs lexicographes et grammairiens anciens et modernes, par C. Alexandre. 11e édit. *Paris*, 1848, gr. in-8, br. (*Envoi de l'auteur.*)

1087. Handwörterbuch der griechischen Sprache

von Fr. Passow. *Leipzig*, 1831, 2 vol. in-8, dem. mar. r. f.

1088. Lexicon græco-latinum manuale ex optimis libris concinnatum. *Lipsiæ* (Tauchnitz), 1832, in-18, chagr.

1089. Lexique français-grec, avec le mot latin, par Fl. Lécluse. *Paris*, 1823, in-8, dem. v. v.

1090. Dictionnaire français-grec, composé sur le plan des meilleurs dictionnaires français-latins, par MM. Planche, Alexandre et Defauconpret. *Paris*, 1824, in-8, dem. v. ant.

1091. Joannis Morisonii Duncanii novum lexicon græcum, ex Christiani Tobiæ Dammii lexico Homerico-Pindarico, vocibus secundum ordinem litterarum dispositis, retractatum emendavit et auxit Val. Ch. Fr. Rost. *Lipsiæ*, 1836, in-4, dem. rel. mar. r.

1092. Lexicologus, oder Beiträge zur griechischen Work-Erklärung, hauptsachlich für Homer und Hesiod von Ph. Buttmann. *Berlin*, 1825, 2 vol. in-12, dem. v. ant.

1093. Dictionarium editionum tum selectarum tum optimarum auctorum classicorum et græcorum et romanorum. *Vindobonæ*, 1828, 1 vol. in-12, cart.

1094. Λεξικὸν τῆς γαλλικῆς γλώσσης, παρὰ Γρηγοριου Τ. Ζαλικογλου Θεσσαλονίκεως. Ἐν Παρισίοις, 1809. — Dictionnaire français-grec, par Grégoire Zalicoglos. *Paris*, Eberhart, 1809, in-8.

1095. Dictionnaire grec moderne français, contenant les diverses acceptions des mots, leur étymologie ancienne ou moderne, et tous les temps irréguliers des verbes, par F. D. Dehèque. *Paris*, 1825, in-16, dem. v. f.

1096. Méthode pour étudier la langue grecque moderne, par J. David. *Paris*, 1821, in-8, br.

1097. Grammaire élémentaire du grec moderne, par M. Schinas. *Paris*, 1829, in-8, br.

1098. Grammaire française de M. Ch.-C. Le Tellier, traduite en grec moderne, par G. Théocharopoulos de Patras. Tome 1. *Paris*, 1827, in-8, br.

1099. Notice sur les Grecs modernes, sur leur langue, et sur quelques ouvrages écrits dans cet idiome, par Winckler, in-8, dem. rel. — La Lyre patriotique de la Grèce, de Kalvos, texte grec, et traduction française, par M. Stanislas Julien. *Paris*, 1824, in-18, v. f. fil. — Odes nouvelles de Kalvos de Zante (en grec et en français), suivies d'un choix de poésies de Chrestopoulo, trad. par l'auteur des Helléniennes. *Paris*, 1826, in-18, v. f. f.

1100. Βερναρδίνου Σαιμπιέρρου Διηγήματα, ἐκ του γαλλικοῦ μεταφρασθέντα ὑπὸ Ν. Σ. Πικκόλου. Ἔκδοσις δευτέρα. Ἐν Παρισίοις, ΑΩΜΑ. — Paul et Virginie, la Chaumière indienne, et autres opuscules de Bernardin de Saint-Pierre, traduits par M. Piccolos. *Paris*, Firmin Didot, 1841, in-18.

1101. Introduction à l'étude de la littérature grecque. Essai sur l'histoire de la critique chez les Grecs, suivi de la Poétique d'Aristote, par M. E. Egger. *Paris*, 1850, 1 vol. en 2 part. in-8, br.

1102. Histoire abrégée de la littérature grecque, depuis son origine jusqu'à la prise de Constantinople par les Turcs, par F. Schoell. *Paris*, 1813, 2 vol. in-8, bas.

1103. Histoire de la littérature grecque profane, depuis son origine jusqu'à la prise de Constantinople par les Turcs, par M. Schoell. Deuxième édit. *Paris*, 1823-25, 8 vol. in-8, v. f.

1104. Collection d'auteurs grecs publiés à Leipzig par Tauchnitz : Homerus, 5 vol., Æschylus, 1 vol.; Sophocles, 2 vol.; Euripides, 4 vol.; Anacreon, 1 vol.; Theocritus, Bion et Moschus, 1 vol.; Pindarus, 1 vol.; Plutarchi vitæ parallelæ, 9 vol.; Xenophon, 6 vol.; Demosthenes, 5 vol.; Platonis opera, 8 vol.; Diodori siculi Bibliothecæ historicæ quæ supersunt, 6 vol.; Cassii Dionis Cocceiani Historiæ Romanæ quæ supersunt, 4 vol.; Strabonis rerum geographicarum libri XVII, 3 vol.; Isocratis orationes et epistolæ, 2 vol. *Lipsiæ*, 1818-29. 53 vol. in-18, dont 35 en vél. bl. et 23 en dem. v. f.

1105. Poetarum græcorum sylloge, curante J. F. Boissonade. *Parisiis*, 1823-26, 24 vol. in-18, br.

1106. Hesiodi ascræi quæ extant. Cum notis ex probatissimis quibusdam authoribus, brevissimis, selectissimisque. Opera et studio C. Schrevelii. *Lugd. Batav.*, 1651, pet. in-8, vél.

1107. Hesiodi carmina græcè et latine. *Parisiis*, 1840, gr. in-8, br.

1108. Traduction d'Hésiode, précédée d'une dissertation sur la vie, les ouvrages et le siècle de ce poëte, et d'un Essai sur la Théogonie, par J. B. A. Mondot. *Montpellier*, 1835, in-8, br.

1109. Histoire d'Homère et d'Orphée; ouvrage lu deux fois à la classe d'histoire et de littérature ancienne de l'Institut de France, par M. de Sales. *Paris*, 1808, in-8, dem. rel.

1110. Homeri carmina et cycli epici reliquiæ græcè et latine. *Parisiis*, 1838, gr. in-8, br.

1111. L'Iliade d'Homère (texte grec), avec des notes françaises par un professeur de l'Université. *Lyon*, 1836, in-12, br.

1112. L'Iliade d'Homère, trad. du grec par Lebrun. Deuxième édition. *Paris*, 1809, 2 vol. in-12, bas.

1113. Homer's werke von J. H. Voss. *Stuttgart* und *Tubingen*, 1833, 2 vol. in-8, dem. v. f.

1114. Iliade di Omero, traduzione del cav. Vincenzo Monti. *Milano*, 1820, 2 vol. in-12, br.

1115. Eustathii, archiepisc. thessalonicensis, commentarii in Homeri Iliadem et Odysseam, gr. (Edidit N. Majoranus; cum indice Math. Devarii). *Romæ*, 1542-50, 4 tom. en 3 vol. in-fol. dem. mar. r.

1116. Demetrii Zeni. Paraphrasis Batrachomyomachiæ vulgari græcorum sermone scripta quam collatis superioribus editionibus recensuit, interpretatione latina instruxit et commentariis illustravit. Fr.-G.-A. Mullachius. *Berolini*, 1837, in-8, dem. v. f.

1117. La Batrachomyomachie d'Homère, trad. en français par J. Berger de Xivrey. Deuxième édit. *Paris*, 1837, in-12, dem. v. f, fil.

1118. Pindari Olympia, Pythia, Nemea, Isthmias cæterorum octo Lyricorum carmina. Nonnulla etiam aliorum. Editio II. Græco-latina H. Steph. recognitione quorundam interpret. locorum et accessione lyricorum carminum locupletata. *S. L.* 1566, in-18, vél.

1119. Pindari Olympia, Nemea, Pythia, Isthmia, adjuncta est interpretatio latina ad verbum. Cum indicibus necessariis. Oliva Pauli Stephani. 1599, in-4, parch. — Les Odes pythiques de Pindare, traduites avec des remarques, par M. Chabanon. *Paris*, 1772, in-8, bas.

1120. Les Néméennes de Pindare, traduction nouvelle, avec des notes, des arguments, des études et le texte en regard, par M. Obry. *Paris*, 1840, 1 vol. in-8.

1121. Essai sur Pindare, par Vauvilliers. 1776, in-12, v. m.

1122. Le Théâtre des Grecs, par le R. P. Brumoy. *Paris*, 1730, 3 vol. in-4, v. jasp.

1123. Théâtre d'Æschyle, trad. en français avec des notes philologiques et deux discours critiques, par F. J. G. de la Porte du Theil. *Paris*, an III, 2 vol. in-8, fig. cart. (Texte grec en regard.)

1124. Théâtre d'Æschyle, trad. nouv. par A. Pierron. *Paris*, 1841, in-12, br.

1125. Ch. God. Schütz in Æschyli tragœdias quæ supersunt ac deperditarum fragmenta commentarius. *Halæ*, 1782-1821, 5 vol. in-8, br.

1126. Les Choéphores, tragédie d'Æschyle, trad. en vers français (texte en regard), par J. J. J. Puech. *Paris*, 1836, in-8. — Promethée enchaîné, tragédie d'Æschyle, traduite en vers français (texte en regard), par le même. *Paris*, 1836, in-8, cart.

1127. Euripidis tragœdiæ quæ extant (gr.) cum latina Gul. Canteri interpretatione; scholia doctor. Virorum in septem Euripidis tragœdias: accesserunt doctæ Io. Brodæi, Guil. Canteri, Casp. Stiblini, Æm. Porti annotationes; cum indicibus. *Coloniæ Allobrogum*, 1602, in-4, v, br. Reliure fatiguée.

1128. Euripidis fabulæ. *Parisiis*, 1843, gr. in-8, br. Script. Græcorum Bibliotheca.

1129. Les Pheniciennes d'Euripide, avec un choix des Scholies grecques et des Notes françaises, par Fr. Thurot. *Paris*, 1813, in-8, dem. rel.

1130. Euripidis Medea, in usum studiosæ Juventutis recensuit et illustravit P. Elmsley. *Oxonii*, 1818, in-8, br.

1131. Théâtre de Sophocle, traduit en entier, avec des remarques et un examen de chaque pièce, par M. de Rochefort. *Paris*, 1788, 2 vol. in-8.

1132. Tragédies de Sophocle, trad. du Grec par M. Artaud. 2e édit. *Paris*, 1841, in-12, br.

1133. Antigone, tragédie de Sophocle, traduite en

vers français, par A. L. Boyer. *Paris*, 1842, in-8, dem. ch. r.

1134. Comédies d'Aristophane, trad. du Grec par M. Artaud. 2e édit. *Paris*, 1841, in-12, br.

1135. Aristophanis Nubes cum scholiis, recensuit et adnotationes J. A. Ernesti suasque addidit G. Hermannus. *Lipsiæ*, 1798, in-8, dem. rel.

1136. Les Odes d'Anacréon et de Sapho en vers françois, par le poëte sans fard (Gacon). *Rotterdam*, 1712, in-12, bas.

1137. Idylles de Théocrite, trad. en français par J. B. Gail. (Texte en regard.) *Paris*, an IV, 2 tomes en 1 vol. in-4, pap. vél., dem. v. f.

1138. Idylles de Théocrite, en vers français, avec le texte en regard, par M. A. Cros. *Paris*, 1822, in-8, dem. v. ant.

1139. Les Idylles de Théocrite, suivi de ses inscriptions, trad. en vers français, par F. Didot. *Paris*, 1833, 1 vol. in-8, br.

1140. Fables de Babrius, traduites pour la Ire fois en français, par A. L. Boyer. *Paris*, 1844, in-8, br.

1141. Herodoti Halicarnassei historia, sive historiarum libri IX, qui inscribuntur Musæ, ex vetustis exemplaribus recogniti. Ctesiæ Quaedam. Anno 1570 excudebat Henricus Stephanus. — Herodoti Halicarnassei historiæ lib. IX, et de vita Homeri libellus, illi ex interpretatione L. Vallæ ad scripta, hic ex interpret. Coradi Heresbachii : utraque ab Henr. Stephano recognita, ex Ctesia excerptæ historiæ anno 1566, excudebat H. Stephanus, in-fol. dem. v. ant.

1142. Herodoti musæ, Textum ad Gaisfordii editionem recognovit, perpetua tum Fr. Creuzeri tum sua annotatione instruxit, commentationem de vita et scriptis Herodoti, tabulas geographicas indicesque adjecit Jo. Christ. Fel. Baehr. *Lipsiæ*, 1830-35, 4 vol. in-8, br.

1143. Histoire d'Hérodote d'Halicarnasse. Texte grec avec Notes critiques, variantes des cinq manuscrits de la Bibliothèque du Roi, et un index des choses et des personnes, considérablement augmenté par J. B. Gail. *Paris*, 1821, 2 vol. in-8, dem. v. ant.

1144. Histoire d'Hérodote, traduite du grec, avec des remarques historiques et critiques, un essai sur la chronologie d'Hérodote, et une table géographique, par M. Larcher, *Paris*, 1786, 7 vol. in-8, v. gr. fil. — Supplément à l'Hérodote de Larcher, ou Chronologie d'Herodote conforme à son texte, en réfutation des hypothèses de ses traducteurs et commentateurs, par C. F. V. *Paris*, 1808, br.

1145. Histoire d'Hérodote, trad. nouvelle, par E. A. Bétant. *Genève*, 1837, 3 vol. in-12, cart.

1146. Lexicon Herodoteum quo et styli Herodotei universa ratio enucleate explicatur, instruxit J. Schweighaeuser. *Argentorati et Parisiis*, 1824, 2 part. en 1 vol. in-8, pap. vél. dem. v. f.

1147. Commentationes Herodoteæ scribebat Fr. Creuzer. Aegyptiaca et Hellenica, pars 1. Subjiciuntur ad calcem summaria, scholia variæque lectiones codicis palatini. *Lipsiæ*, 1819, in-8, br.

1148. The geographical system of Herodotus examined and explained by a comparison with those of other ancient authors, and with modern geography, by J. Rennell. Second edition. *London*, 1830, 2 vol. in-8, cartes. dem. v. f.

1149. Philosophorum græcorum veterum præsertim qui ante Platonem floruerunt Operum reliquiæ, recensuit et illustravit Simon Karsten. *Amstelodami*, 1830-38, 2 tom. en 3 vol., br.

1150. Platonis Dialogi duo Cratylus et Theætetus

græce e recensione H. Stephani Varietate lectionis animadversionibusque criticis brevibus illustrati ab Joh. Frider. Fischero. *Lipsiæ*, 1770, in-8, dem. rel.

1151. Platonis Phædo sive dialogus de animæ immortalitate gr. et lat. versionem Marsilii Ficini emendavit J. H. Winkler. *Lipsiæ*, 1744, in-12, dem. rel.

1152. Pensées de Platon sur la religion, sur la morale, la politique, recueillies et trad. par M. J. V. Le Clerc. (Texte en regard.) *Paris*, 1819, in-8, dem. rel.

1153. Pensées de Platon sur la religion, la morale, la politique, recueillies et traduites, par M. J. V. Le Clerc. 2e edit. *Paris*, 1824, in-8, dem. v. f.

1154. Apologie de Socrate d'après Platon et Xénophon, avec des remarques sur le texte grec, et la traduction française, par Fr. Thurot. *Paris*, 1806, in-8, dem. rel.

1155. Xenophontis scripta quæ supersunt, græce et latine. *Parisiis*, 1838, gr. in-8, br., Script. græc. Bibliotheca.

1156. Œuvres complètes de Xénophon, trad. en français et accompagnées du texte grec, de la version latine, et de notes critiques, par J. B. Gail. *Paris*, Impr. de la République, an V-1810, 7 tom. en 8 vol. in-4, dem. v. ant.

1157. La Mesnagerie de Xénophon. Les règles du mariage de Plutarque. Lettre de consolation de Plutarque à sa femme, le tout trad. du grec en françois, par M. Estienne de la Boetie. Item. un discours sur la mort dudit seigneur de la Boetie, par M. de Montaigne. *Paris*, 1572, petit in-8, v. f. tr. dor.

1158. Histoire grecque de Xénophon, trad. nouvelle, par A. Turretini. *Genève*, 1839, in-12, cart.

1159. Aristotelis opera omnia Græce et Latine. Vol. I. *Parisiis*, 1848, gr. in-8, br. (Script. Græc. Biblotheca.)

1160. Operum Aristotelis stagiritæ philosophorum omnium longe principis nova editio, Gr. et Lat. *Genève*, 1707, 2 vol. in-8, v. br., rel. fatiguée.

1161. Histoire des animaux d'Aristote, avec la traduction françoise, par M. Camus. *Paris*, 1783, 2 vol. in-4, dem. v. vert.

1162. Aristotelis de Moribus ad Nichomachum libri x, gr. et lat. *Basileæ*, 1592, in-12 parch. — Aristote considéré comme historien de la philosophie. Thèse de littérature, par A. Jacques. *Paris*, 1837, in-8, br. — Théorie des premiers principes selon Aristote. Thèse de philosophie, par M. Vacherot. *Caen*, 1836, in-8, br.

1163. La morale et la politique d'Aristote, trad. du grec par M. Thurot. *Paris*, 1823, 2 vol. in-8, dem. v. f.

1164. Aristotelis stageritæ rhetoricorum libri III. Ejusdem de poetica liber I. Gr. et lat. *Parisiis*, 1545, pet. in-8, parch. — La rhétorique d'Aristote. Les deux premiers livres traduits du grec en français par Rob. Estienne, et le troisième par R. Estienne son neveu. *Paris*, 1530, pet. in-8, v. m.

1165. Theonis Smyrnæi Platonici liber de astronomia cum Sereni fragmento; textum primus edidit, latine vertit, descriptionibus geometricis dissertatione et notis illustravit, Th.-H.-Martin. *Parisiis*, 1849, in-8, br.

1166. Strabonis rerum geographicarum libri XVII (gr. et lat.). *Basileæ*, 1571, in-fol., dem. rel. (Manque le titre.)

1167. Strabonis rerum geographicarum libri XVII, græcè; ad optimos codices manuscriptos recensuit, varietate lectionis, adnotationibusque illustravit,

Xilandri versionem emendavit J. Phil. Siebenkees. *Lipsiæ*, 1796-1821, 6 vol. in-8, pap. de Hollande, dem. mar. vert.

1168. Claudii Ptolemæi geographiæ libri octo. Græce et latine ad codicum manuscriptorum fidem edidit Dr F. G. Wilberg. *Essendiæ*, 1838-45. Fasc. 1 à 6, in-fol., br. (Livres I à VI).

1169. Description de la Grèce de Pausanias. Trad. nouv. avec le texte grec, par M. Clavier. *Paris*, 1814-21, 6 vol. in-8, dem. v. ant.

1170. Traité de géographie de Cl. Ptolemée, d'Alexandrie, trad. du grec en français par l'abbé Halma. *Paris*, 1828, in-4, fig., dem. mar. r.

1171. Geographi græci minores. Vol. I. — Dionysius Periegetes græce et latine cum vetustis commentariis et interpretationibus ex recensione et cum annotatione Godofredi Bernhardy. Pars prior. *Lipsiæ*, 1828, in-8, dem. v. f.

1172. G. J. Vossii de historicis græcis libri IV; editio altera, priori emendatior, et multis partibus auctior. *Lugd. Batav.*, 1651, in-4, vél.

1173. Historicorum græcorum antiquissimorum fragmenta; collegit F. Creuzer. Hecatœi historica. Itemque Charonis et Xanthi omnia. *Heidelbergæ*, 1806, in-8, dem. cuir de R. fil.

1174. Histoire grecque de Thucydide, accompagnée de la version latine, d'une traduction française et de notes, par J. B. Gail. *Paris*, 1807, 11 tom. en 7 vol. in-8, cart.

1175. Lexicon Thucydideum confecit E. A. Bétant. *Genevæ*, 1843-50. Fasc. I-VII, in-8, br.

1176. Histoire de la guerre du Péloponnèse, par Thucydide. Traduct. franç. par Ambroise Firmin Didot (texte grec en regard). *Paris*, 1833, 4 vol. in-8, dem. v. f.

1177. Thucydide athénien. De la guerre qui fut

entre les Péloponésiens et Athéniens, translatée en langue francoyse par Cl. Seyssel. *Paris*, 1545, in-18, parch.

1178. Histoire de la guerre du Péloponèse, par Thucydide, trad. nouv. par A. Rillet et E. A. Bétant. *Genève*, 1837, 2 vol. in-12, cart.

1179. Periclis oratio funebris apud Thucydidem lib. II. Cap. 35-47. Cum versione et perpetuis adnotationibus Bartholomæi Prierii. *Augustæ Taurinorum*, 1834, in-8, br.

1180. Arriani de expeditione Alexandri libri septem et historia indica, gr. et lat., ex Bonav. Vulcanii interpretatione lat. Opera Jac. Gronovii *Lugd. Batav.*, 1704, in-fol. vél.

1181. Arrianus. — Fragmenta scriptorum de rebus Alexandri. Pseudo-Callisthenes. *Parisiis*, 1846, gr. in-8, br.

1182. Les vies des hommes illustres grecs et romains, comparées l'une avec l'autre par Plutarque, translatées par J. Amyot. *Genève*, 1635, in-fol., v. br. — Les Œuvres morales et meslées de Plutarque, translatées de grec en françois par le même. *Paris*, 1582, in-fol., dem. rel.

1183. Plutarchi vitæ decem oratorum (Gr.) recognovit, ant. Westermann. *Quedlinburgi* et *Lipsiæ*, 1833, in-8, br.

1184. Les vies des hommes illustres de Plutarque, trad. par Dacier. *Paris*, 1811, 15 vol. in-12, bas.

1185. Plutarchi chœronensis scripta moralia. Græcè et latinè. *Paris*, 1839-43, 2 vol. in-8, br.

1186. Plutarchi consolatio ad Apollonium (Gr.), recognovit et commentariis illustravit Leon. Usterius. Accedit varietas lectionis et I. Casp. Orellii spicilegium criticum. *Turici*, 1830, in-8, br.

1187. Dionysii Halicarnassei scripta quæ extant omnia, et historica et rhetorica (Gr.). Cum lat. versione addita fragmenta, notæ et duo indices; opera et stud. Fr. Sylburgii. *Francofurti*, 1586, 1 vol. in-fol., dem. rel. vél.

1188. Œuvres d'Oribase, texte grec, trad. pour la première fois en français; avec une introduction, des notes, des tables et des planches, par les docteurs Bussemaker et Daremberg. Tome 1. *Paris*, Impr. N., 1851, gr. in-8, br.

1189. Œuvres complètes d'Hippocrates, traduction nouvelle avec le texte grec en regard, par E. Littré. *Paris*, 1839-46, 6 vol. in-8, br. (*Envoi de l'auteur.*)

1190. Hippocrate. Trad. du grec sur les textes manuscrits et imprimés, accompagnée d'introduction et de notes, par le Dr Ch.-V. Daremberg. *Paris*, 1843, in-12, br.

1191. Traité d'Hippocrate des airs, des eaux et des lieux; trad. nouv. par M. Coray. *Paris*, 1800, 2 vol. in-8, cart. (Texte grec en regard.)

1192. Theophrasti characteres (græce). Recensuit Frid. Astius. *Lipsiæ*, 1816, in-8, dem. chag. n.

1193. Les Caractères de Théophraste, trad. du grec, avec les caractères ou les mœurs de ce siècle. *Paris*, 1716, in-12, v. br.

1194. Luciani samosatensis opera omnia, edidit Frid. Schmieder. (Græce.) *Halæ Magdeburgicæ*, 1800, 2 vol. in-8, v. rac. fil.

1195. Luciani samosatensis opera græce et latine. Post Tiberium Hemsterhusium et J. Fr. Reitzium denuo castigata cum varietate lectionis, scholiis græcis, adnotationibus et indicibus edidit J. T. Lehmann. *Lipsiæ*, 1822-31, 9 vol. in-8, br.

1196. Demosthenis et Æschinis opera, cum utriusque autoris vita, et Ulpiani commentariis, ed. H. Wollig. *Aureliæ Allobrogum*, 1607, in-fol., v. br.

1197. Œuvres complètes de Démosthène et d'Eschine, traduites en françois par l'abbé Auger. *Paris*, 1787, 4 tomes en 5 vol. in-8, v. m.

1198. Novus apparatus græco-latinus, cum interpretatione gallicâ, ex Isocrate, Demosthene, aliisque præcipuis auctoribus græcis concinnatus. *Parisiis*, Barbou, 1754, in-4, v. m.

1199. Harangues de Démosthène, avec des remarques; par Tourreil. *Paris*, 1691, in-8, v. br. — Demosthenis oratio de corona. Quam denuo recognovit et cum Joa. Taylori, H. Wolfii, J. Marklandi, J. Palmerii, J. J. Reiskii suisque animadversionibus iterum edidit G. Ch. Harless. *Lipsiæ*, 1814, in-8, v. rac.

1200. Harangues d'Eschine et de Démosthène sur la couronne, trad. par P. A. Plougoulm. *Paris*, 1834, gr. in-8, br. — Harangues d'Eschine et de Démosthène sur la couronne, traduction nouvelle avec introduction, notes; par J. F. Stievenart. *Paris*, 1840, in-8, br.

1201. Œuvres complètes de Lysias, traduites en françois par M. l'abbé Auger. *Paris*, 1783, in-8, bas.

1202. Themistii cognomento Suadæ orationes XIX, græce ac latine conjunctim editæ à D. Petavio. *Parisiis*, 1618, in-4, v. ant. fil.

1203. Diodori siculi Bibliothecæ historicæ libri XV, accesserunt eclogæ seu fragmenta ex libris quibusdam auctoris, qui desiderantur, gr., omnia cum interpret. lat. cui adjecta chronologia duplex, index tergeminus, phraseologia ac notæ in contextum gr., Studio et labore L. Rhodomani. *Hanoviæ*, 1604, in-fol. v. f.

1204. Dissertation sur la description des funérailles d'Alexandre, par Diodore de Sicile, par J. P. Collot. *Paris*, 1851, gr. in-8, pap. vél., br.

1205. Herodiani histor. libr. VIII. cum Angeli Politiani interpretatione latinâ et hujus accurato

A. Stephani examine in præfatione exposito. *Parisiis*, 1665. in-12, v. br., gr. et lat.

1206. Arriani nicomedensis expeditionis Alexandri, Libri VII et historia Indica Græce et Lat. cum annotationibus et indice græco locupletissimo, G. Raphelii. *Amstelædami*, 1757, in-8, carte dem. mar. r.

1207. Flavii Josephi opera quæ extant. *Aureliæ Allobrogum*, 1611, in-fol., v. br. fil.

1208. Histoire des juifs, écrite par Flavius Joseph sous le titre de Antiquitez judaïques, traduite par Arnaud d'Andilly. *Bruxelles*, 1701-1703, 5 vol. in-12, fig. mar. r. fil. tr. dor. armes.

1209. Diogenis Laertii de vitis dogmatis et apophthegmatis clarorum philosophorum libri X. Hesychii ill. de iisdem philos. et de aliis scriptoribus liber. Pythagoreorum philos. fragmenta. Is. Casauboni notæ ad lib. Diogenis, Eunapii Sardiani de vitis philosophorum et Sophistarum liber, cui accesserunt ejusdem auctoris legationes, Græce et Lat. *Coloniæ allobr.*, 1616, pet. in-8, v. ant.

1210. Epicteti enchiridion et Cebetis tabula, græce et latine. *Amstelodami*, 1670, in-24, v. f. fil. tr. dor.

1211. Discours philosophiques de Maxime de Tyr, traduits du grec par M. Formey. *Leide*, 1744, in-12, v. gr. fil.

1212. Les Hypotiposes ou institutions pyrrhoniennes de Sextus Empiricus en trois livres, trad. du grec. S. L. 1725, in-12, v. ec. fil.

1213. Paræmiographi græci quorum pars nunc primum ex codicibus manuscriptis vulgatur, edidit Th. Gaisford. *Oxonii*, 1836, in-8, cart.

1214. Themistoclis epistolæ, græce et latine interprete J. M. Caryophilo, recensuit, notis et indicibus inlustravit M. Ch. Schoettgenius. *Lipsiæ*, 1722, petit in-8, dem. v. f.

1215. Phrynichi eclogæ nominum et verborum atticorum cum notis Horschelii, Scaligeri et Corn. de Pauw edidit, explicuit Lobeck. *Lipsiæ*, 1820, in-8, dem. v. f.

1216. Dionysii Longini de sublimitate libellus gr. et lat. cum præfatione de vita et scriptis Longini, notis, indicibus, et variis lectionibus. *Oxoniæ*, 1718, in-8, v. m., armes.

1217. Histoires diverses d'Elien traduites du grec, avec le texte en regard et des notes, par Dacier. *Paris*, 1827, in-8, dem. v. f.

1218. Polyæni strategematum libri octo. Maasvitius recensuit, J. Casauboni nec non suas notas adjecit. *Lugd. Batav.*, 1691, in-8, vél.

1219. N. Damasceni historiarum excerpta et fragmenta quæ supersunt græce, edidit J. C. Orellius. *Lipsiæ*, 1804, in-8, dem. cuir de R.

1220. Ctesiæ Cnidii operum reliquiæ, fragmenta (gr. et lat.) collegit, et perpetua annotatione instruxit Baehr. *Francofurti ad Moenum*, 1824, in-8, dem. v. f.

1221. Histoire de l'empereur Jovien et traductions de quelques ouvrages de l'empereur Julien, par l'abbé de La Bletterie. *Paris*, 1747, 2 vol. in-12, v. m.

1222. Les Césars de l'empereur Julien, traduits du grec par Spanheim, avec des remarques et des preuves, enrichies de plus de 300 médailles, et autres anciens monumens, gravés par Bernard Picart. *Amsterdam*, 1728, in-4, v. br.

1223. Œuvres complètes de l'empereur Julien, traduites du grec en français, par R. Tourlet. *Paris*, 1821, 3 vol. in-8, dem. v. ant.

1224. Histoire des Guerres civiles de la République Romaine, trad. du texte grec d'Appien, J. J. Combes-Dounous. *Paris*, 1808, 3 vol. in-8, dem. rel.

1225. Histoire Romaine, écrite par Xiphilin, par Zonare et par Zosime, trad. sur les originaux grecs, par Cousin. *Paris*, 1686, 2 vol. in-12, v. f. fil.

1226. Philostrati heroica recensuit Boissonade. *Parisiis*, 1806, in-8, bas.

1227. Bibliothèque d'Apollodore l'Athénien. Traduction nouvelle avec le texte grec, par E. Clavier. *Paris*, 1805, 2 vol. in-8, pap. vél. dem. mar. vert.

1228. Les Quinze livres des Deipnosophistes d'Athénée, trad. par l'abbé de Marolles. *Paris*, 1680, in-4, mar. rouge, f. tr. dor.

1229. Les Ethiopiennes ou Théagènes et Chariclée, trad. d'Héliodore par Quenneville. *Paris*, an XI, 3 vol. in-12, fig., dem. v. ant.

1230. Hiliodori Aethiopicorum libri X, gr. et lat. ad fidem Mss. ab Hieronymo Commelino. *Lugduni*, 1611, pet. in-8, v. br.

1231. Longi Pastoralia e codd. mss. duobus italicis primum græce integra edidit P. L. Courier. Exemplar romanum emendatius et auctius typis recudendum curavit G. R. Lud. de Sinner. *Parisiis*, 1829, gr. in-8, dem. v. f.

1232. Longi Pastoralium de Daphnide et Chloe libri IV (gr. et lat.) ex recensione et cum animadversionibus, J. B. C. d'Ansse de Villoison. *Paris*, 1778, in-8, v. f.

1233. Suidas nunc primum integer latinitate donatus opera et studio Æmilii Porti. *Coloniæ Allobrogum*, 1619, 2 vol. in-fol., v. ant. fil.

1234. Traité de S. Jean Climaque des degrez pour monter au ciel, trad. de grec en françois par Arnaud d'Andilly. *Paris*, 1654, in-12, mout. vert.

1235. Histoire d'Aristarque de Samos, par M. de Fortia. *Paris*, 1810, in-8, br.

1236. Antiquités grecques, ou Tableau des mœurs, usages et institutions des Grecs. Traduit de l'anglais de Robinson. *Paris*, 1822, 2 vol. in-8, dem. v. f.

1237. Loci communes sacri et profani sententiarum omnis generis ex authoribus græcis plus quam trecentis congestarum per J. Stobœum. *Francofurti*, 1581, in-fol. bas.

1238. Économie politique des Athéniens, ouvrage traduit de l'allemand de Boeckh, par A. Laligand. *Paris*, 1828, 2 vol. in-8, dem. v. f.

1239. Historia Regni Græcorum Bactriani in qua simul græcarum in India coloniarum vetus memoria explicatur, auctore T. S, Bayero. Accedit C. T. Waltheri doctrina temporum Indica cum paralipomenis. *Petropoli*, 1738, in-4, v. br.

1240. Histoire critique de l'éloquence chez les Grecs, par Belin de Ballu. *Paris*, 1813, 2 vol. in-8, dem. rel.

1241 Essai historique sur l'école d'Alexandrie, et coup d'œil comparatif sur la littérature grecque, depuis le temps d'Alexandre-le-Grand jusqu'à celui d'Alexandre-Sévère, par J. Matter. *Paris*, 1820, 2 tomes en 1 vol. in-8, dem. v. ant.

1242. Clementis Alexandrini opera græce et latine, quæ extant. *Lutetiæ*, 1629, in-fol. veau.

1243. Poésies lyriques d'Athanase Christopoulos. 1811, 1 vol. in-8, fig.

1244. Chants héroïques des montagnards et matelots grecs, trad. en vers français par Népomucène L. Lemercier. *Paris*, 1824-25, 2 vol. in-8, br.

1245. L'art d'élever les vers à soie, par Étienne Marcella, publié par la Société hellénique de Paris. *Paris*, 1846-47, 2 part. in-8, br.

LANGUE LATINE.

1246. Introduction à la langue latine au moyen de l'étude de ses racines et de ses rapports avec le français, par l'abbé Bondil. *Paris*, 1838, in-8, br.

1247. M. Ter. Varronis de lingua latina libri qui supersunt cum fragmentis ejusdem; accedunt notæ A. Augustini, A. Turnebi, J. Scaligeri, et Ausonii Popmæ. *Biponti*, 1788, 2 vol. in-8, cart.

1248. M. Terenti Varronis de lingua latina librorum quæ supersunt emendata et annotata a C. O. Muellero. *Lipsiæ*, 1833, in-8, dem. mar. bl.

1249. Professor K. Reisig's vorlesungen über lateinische Sprachwissenschaft, von Dr Fr. Haase. *Leipzig*, 1839, dem. v. f.

1250. Franc. Sanctii Minerva, seu de causis linguæ latinæ commentarius, cui inserta sunt, quæ addidit Gasp. Scioppius; et subjectæ suis paginis notæ Jac. Perizonii. *Lugduni*, 1789, in-8, bas.

1251. Scientia latinitatis, ex ejus originis et interpolationis triplici græcismo syntagma, auctore N. Hertling. *Moguntiæ*, 1708, pet. in-8, cart.

1252. Grammaticæ latinæ institutiones perfecit et suis animadversionibus auxit T. Ruddimannus. *Edinburgi*, 1725-31, 2 vol. pet. in-8, v. br.

1253. I.-J.-G. Scheller's kurzgefasste lateinische Sprachlehre. *Leipzig*, 1813, in-8, dem. v. f.

1254. Grammatik der lateinischen Sprache, von Dr G. L. A. Kruger. *Hannover*, 1842, in-8, br.

1255. Schulgrammatik der lateinischen Sprache, von Dr R. Kühner. *Hannover*, 1842, in-8, dem. v. f.

1256. Lateinische Sprachlehre für Schulen, von Dr Madwig. *Braunschweig*, 1844, in-8, br.

1257. Lateinische Schulgrammatik für alle Klassen

von Dr G. Billroth. *Leipzig*, 1834, in-8, br. — Lateinische Schulgrammatik, von Dr G. Billroth, zweite Ausgabe besorgt von Dr F. Ellendt. *Leipzig*, 1838, in-8, dem. v. f.

1258. G. F. Grotefend's Grössere lateinische Grammatik für Schulen. *Frankfurt-am-Main*, 1823, 2 vol. in-8, cart.

1259. Ausfürliche Grammatik der lateinischen Sprache zum Schulgebrauche, von A. Grotefend. *Hannover*, 1829, 2 vol. in-8, dem. v. f.

1260. Lateinische Schulgrammatik, von A. Grotefend. *Hannover*, 1833, in-8, dem. v. f.

1261. Praktische Grammatik der lateinischen Sprache, von C. G. Bröder. *Leipzig*, 1808, in-8, br. — Le même ouvrage. *Leipzig*, 1832, in-8, dem. v. f.

1262. Kleine lateinische Grammatik mit leichten Lectionen für Anfänger, von C. G. Bröder, aufs Neue durchgesehen und verbessert von D. L. Ramshorn. *Leipzig*, 1836, in-8, dem. v. f.

1263. Lateinische Grammatik, von D. L. Ramshorn. *Leipzig*, 1830, 2 tomes en 1 vol. in-8, dem. v. f.

1264. Lateinische Grammatik, von C. G. Zumpt. *Berlin*, 1834, in-8, dem. rel.

1265. Lateinische Schulgrammatik, von L. Bischoff. *Wesel*, 1838, in-8, br.

1266. Lateinische Schulgrammatik, von W. Weissenborn. *Eisnach*, 1838, in-8, dem. v. f.

1267. Lateinische Schulgrammatik, von W. H. Blume. *Potsdam*, 1839, in-8, dem. v. f.

1268. Lehrbuch der Theorie des lateinischen Stils, von Fr.-A. Heinichen. *Leipzig*, 1842, in-8, dem. v. f.

1269. Grammatik der lateinischen Sprache für die untern Klassen der Gymnasien, von Dr F. W. Otto. *Leipzig*, 1836, in-8, dem. v. f.

1270. Methodische Schulgrammatik der lateinischen Sprache, herausgegeben von D. F. G. Nagel. *Leipzig*, 1838, in-8, br.

1271. Nouvelle méthode pour apprendre facilement la langue latine (de Port-Royal). *Paris*, 1819, in-8, bas.

1272. Méthode pour étudier la langue latine, d'après le plan de la méthode grecque de Burnouf, par W. Nihon. *Liège*, 1827, in-8, br.

1273. Cours pratique et théorique de langue latine, par M. Lemare. Troisième édition. *Paris*, 1817, in-8, dem. rel. — Le même ouvrage, quatrième édition. *Paris*, 1831, in-8, br.

1274. Cours de langue françoise et de langue latine comparées, mis à la portée de tous les esprits, par M. Maugard. *Paris*, 1809, in-8, dem. v. f.

1275. Ferd. Handii Tursellinus seu de particulis latinis commentarius. *Lipsiæ*, 1829-36, 4 vol. in-8, dem. v. f.

1276. Ueber die lateinische Declination und Conjugation, eine grammatische Untersuchung von Dr K. L. Struve. *Kœnigsberg*, 1823, in-8, dem. v. f. — Traité de la syntaxe latine, précédé de remarques sur les parties du discours, par L. Vaucher. *Genève*, 1827, in-8, dem. v. f. — Die Bildung der Tempora und Modi im Griechischen und Lateinischen, sprachvergleichend dargestellt von G. Curtius. *Berlin*, 1846, in-8, cart.

1277. Theorie des lateinischen Stils, nebst einem lateinischen Antibarbarus, von Dr E. J. Grysar. *Kœln-am-Rhein*, 1831, in-8, dem. v. f. — Cours complet et gradué de thèmes latins, adapté à la grammaire de M. Burnouf, avec les corrigés en regard. 1re part. *Paris*, 1844, in-8, br. — Manuel du jeune latiniste, par M. A. Groisy. *Paris*, 1840, in-8, br.

1278. Latini Sermonis vetustioris reliquiæ selectæ.

Recueil publié sous les auspices de M. Villemain, par A. E. Egger. *Paris*, 1843, in-8, br. — Leçons latines modernes de littérature et de morale, par Noel et de La Place. *Paris*, 1818, 2 vol. in-8, dem. v. f. — Auctores latinæ linguæ in unum redacti corpus, cum notis Dionysii Gothofredi. 1595, in-4, v. br.

1279. Synonymes latins, et leurs différentes significations, par M. Gardin-Dumesnil, revus par N. L. Achaintre. *Paris*, 1815, in-8, dem. rel.

1280. Lateinische Synonyme und Etymologien, von L. Doederlein. *Leipzig*, 1826-38, 6 tomes en 5 vol. in-8, dem. v. ant.

1281. Lateinische Synonyme und Etymologieen, von Lud. Döderlein. Die lateinische Wortbildung. *Leipzig*, 1839, in-8, dem. v. f.

1282. G. J. Vossii, etymologicon linguæ latinæ. *Lugduni*, 1664, in-fol., v. jasp. fil.

1283. Imman. Joh. Gerhard Schellers lateinisch-deutsches Lexicon. *Leipzig*, 1804, 5 vol. in-8, dem. v. f.

1284. Roberti Stephani Thesaurus linguæ latinæ. *Basileæ*, 1740-43, 4 vol. in-fol., bas.

1285. Totius latinitatis lexicon consilio et cura J. Facciolati, opera et studio Aegidi Forcellini. *Schneebergæ*, 1831-35, 4 tom. en 2 vol. in-fol., dem. mar. r. fil.

1286. Basilii Fabri Sorani Thesaurus eruditionis Scholaticæ, locupletatus A. Jo. M. Gesnero. *Lipsiæ*, 1735, 2 vol. in-fol., vél. bl.

1287. Wörterbuch der lateinischen Sprache... Dictionnaire de la langue latine, par G. Freund. *Lipzig*, 1834-40, 4 vol. in-8, dem. mar. r.

1288. Dictionnaire latin-français rédigé sur un plan nouveau, où sont coordonnés, revisés et complétés les travaux de R. Estienne, de Gessner, de Scheller, de Forcellini et de Freund, par MM. L. Quicherat et A. Daveluy. *Paris*, 1844, in-8, dem. mar. v.

1289. Thesaurus poeticus linguæ latinæ, ou Dictionnaire prosodique et poétique de la langue latine, par L. Quicherat. *Paris*, 1836, in-8, dem. mar. r.

1290. Bibliothèque classique latine, ou collection des auteurs classiques latins avec des commentaires anciens et nouveaux, par N. E. Lemaire. *Paris*, 1819 à 1838, rel. en 141 vol. in-8, dem. v. f.

1291. M. T. Ciceronis opera omnia, quæ extant, a Dionysio Lambino emendata. *Parisiis*, 1566, 4 tom. en 2 vol. in-fol., parch.

1292. M. Tullii Ciceronis opera quæ supersunt omnia ac deperditorum fragmenta, edidit J. C. Orellius. *Turici*, 1826-28, 4 tomes en 7 vol. — M. Tulli Ciceronis Scholiastæ. *Turici*, 1833, 2 vol. — Onomasticon Tullianum continens M. Tullii Ciceronis vitam et historiam litterariam. *Turici*, 1836-37, 3 vol. les 12 vol. gr. in-8, dem. v. f.

1293. OEuvres complètes de M. T. Cicéron, traduites en français, avec le texte en regard. Edition publiée par Jos.-Vict. Le Clerc. *Paris*, 1821-25, 30 vol. in-8, dem. v. f.

1294. M. T. Ciceronis opera rhetorica, recensuit et illustravit Chr. God. Schütz. *Lipsiæ*, 1804-8, 3 vol. in-8, bas.

1295. M. Tul. Ciceronis de claris oratoribus liber, qui dicitur Brutus et in eum Cœlii secundi Curionis commentarii, accessit C. Taciti ejusdem argumenti dialogus elegantissimus. *Basileæ*, 1564, petit in-8, v. f.

1296. M. Tullii Ciceronis orator Brutus, topica de optimo genere oratorum, cum annotationibus

Beieri recensuit Jo.-Casp. Orellius. *Turici*, 1836, in-8, dem. v. f.

1297. M. T. Ciceronis de Oratore ad Quintum fratrem dialogi tres. *Paris*, 1561, in-4, vél.

1298. M. T. Ciceronis Orationes. *Parisiis*, 1536, in-fol., dem. v.

1299. M. T. Ciceronis Orationes. Notis et dissertationibus illustravit Nicolaus Desjardins. *Parisiis*, 1738, in-4, v. éc.

1300. Discours choisis de Cicéron. Traduction nouv. avec le texte en regard, par P. C. B. Gueroult. *Paris*, 1820, 2 vol. in-8, bas.

1301. Cicéron : Plaidoyer pour P. Quintius : trad. nouvelle par J. L. Burnouf. — Plaidoyer par A. Cluentius Avitus. Trad. nouvelle par le même. 1 vol. in-8, dem. v. f.

1302. Les Catilinaires et le dialogue sur les orateurs illustres de Cicéron ; traduction nouvelle avec des notes, par J. L. Burnouf. *Paris*, 1826, in-8, dem. m. r.

1303. Les Catilinaires et le dialogue sur les orateurs illustres de Cicéron ; trad. nouv. par J. L. Burnouf. *Paris*, 1827, in-8, dem. mar. bl.

1304. M. T. Ciceronis de officiis lib. III, cum annotationibus Erasmi, etc. *Parisiis*, 1556, in-4, v. br.

1305. M. Tullii Ciceronis Cato Major, ad T. Pomponium Atticum. *Lutetiæ*, 1758, in-64, mar. r. fil. tr. dor.

1306. M. Tullii Ciceronis Tusculanarum disputationum libri quinque, recognovit J. C. Orellius. Accedunt paradoxa. *Turici*, 1829, gr. in-8, dem. v. f.

1307. De la république ou du meilleur gouvernement, ouvrage trad. de Cicéron. *Paris*, 1798, in-8, cart.

1308. La République de Cicéron d'après le texte inédit récemment découvert et commenté par M. Mai, avec une trad. française par M. Villemain. *Paris*, 1823, 2 vol. in-8, fig., br.

1309. M. Tullii Ciceronis de divinatione et de fato libri. Edidit G. H. Moser. *Francofurti ad Mœnum*, 1828, in-8, dem. v. f.

1310. M. Tullii Ciceronis Academicorum libri II et de finibus bonorum et malorum libri V. *Turici*, 1827, gr. in-8, dem. v. f.

1311. Entretiens de Cicéron sur la nature des Dieux. *Paris*, 1721, 3 vol. in-12, v. br.

1312. Quinti Ennii Annalium librorum XVIII fragmenta, post Pauli Merulæ curas iterum recensita, auctiora, reconcinnata, et illustrata opera et studio E. S. *Lipsiæ*, 1825, in-8, dem. mar. bl.

1313. C. Cornelii Taciti et C. Velleii Paterculi scripta quæ exstant. *Parisiis*, 1608, in-fol., dem. rel.

1314. C. Cornelii Taciti quæ extant opera, recensuit J. N. Lallemand. *Parisiis*, Barbou, 1760, 3 vol. in-12, fig., v. m. fil. tr. dor.

1315. C. Cornelii Taciti opera supplementis, notis et dissertationibus illustravit G. Brotier. *Parisiis*, 1776, 7 vol. in-12, v. m.

1316. C. Cornelii Taciti opera; recensuit Walther. *Halis Saxonum*, 1831, 4 vol. in-8, dem. v. f.

1317. C. Cornelii Taciti opera ad optimorum librorum fidem recognovit et annotatione perpetua triplicique indice instruxit G. A. Ruperti. *Hannoveræ*, 1832-39, 4 vol. in-8, dem. v. f.

1318. Lexicon Taciteum sive de stilo C. Cornelii Taciti, præmissis de Taciti vita, scriptis ac scribendi genere prolegomenis, scripsit Guil. Bœtticher. *Berolini*, 1830, in-8, dem. v. f.

1319. Les Œuvres de Tacite traduites de latin en

françois, par le sieur Achilles de Harlay. *Paris*, 1644, in-fol., v. marb.

1320. Tacite. Nouvelle traduction par Dureau de Lamalle. 2e édition. *Paris*, 1808, 5 vol. in-8, dem. rel.

1321. Tacite traduit par Dureau de Lamalle, avec le texte latin en regard; quatrième édit. augmentée des suppléments de Brotier, trad. par M. Noël. *Paris*, 1827, 6 vol. in-8, br.

1322. OEuvres complètes de Tacite, traduction nouvelle, avec le texte en regard, des variantes et des notes, par J. L. Burnouf. *Paris*, 1831-33, 6 vol. in-8, dem. m. r.

1323. Dialogus de Oratoribus sive de causis corruptæ elequentiæ vulgo Tacito inscriptus, illustravit J. H. Aug. Schulze. *Lipsiæ*, 1788, in-8, dem. v. f.

1324. La Germanie traduite de Tacite, par C. L. F. Panckoucke avec un nouveau commentaire extrait de Montesquieu, et des principaux publicistes. *Paris*, 1824, in-8, br.

1325. Tableaux historiques extraits de Tacite, et réunis par des sommaires et des appendices; trad. nouvelle avec le texte en regard, par Letellier. *Paris*, 1825, 2 vol. in-8, br.

1326. C. Cornelii Taciti de situ, moribus et populis Germaniæ libellus ex recens. et cum selectis observat., P. D. Longolii à J. Kappio. *Lipsiæ*, 1824, in-8, dem. v. f.

1327. Gli Annali di C. Cornelio Tacito volgarizatti da C. Cesare Balbo. *Torino*, 1830, in-8, br.

1328. M. F. Quintiliani institutionum oratoriarum libri duodecim, summa diligentia ad fidem vetustissimorum codicum recogniti ac restituti. Accesserunt huic renovatæ editioni declamationes cum P. Pithoei, Turnebi, Camerarii, Parei, Gronovii et aliorum notis. *Lugd. Batav.*, 1665, 1 vol. in-8, v. br.

1329. Quintilien. De l'institution de l'orateur. Trad. par l'abbé Gedoyn. *Paris*, 1718, in-4, bas.

1330. Historia mundi naturalis C. Plini. *Francofurti ad Mœnum*, 1582, in-fol., fig., v. br.

1331. Histoire naturelle des animaux, par Pline, trad. nouv. avec le texte en regard, par P. C. B. Gueroult. *Paris*, 1802, 3 vol. in-8, dem. v. f.

1332. Morceaux extraits de l'Histoire naturelle de Pline, par P. C. B. Gueroult. Nouv. édit. *Paris*, 1809, 2 vol. in-8, dem. v. f.

1333. Morceaux extraits de l'Histoire naturelle de Pline, avec le texte en regard et des notes, par P. C. B. Gueroult. Troisième édit. *Paris*, 1824, 2 vol. in-8, dem. v. f.

1334. C. Plinii Cœcilii secundi epistolæ et panegyricus Trajano dictus. Nova editio. Recensuit J. N. Lallemand. *Parisiis*, 1769, in-12, br.

1335. C. Plinii Cœcilii secundi Epistolæ et Panegyricus Trajano dictus. Nova editio, recensuit J. Nic. Lallemand. *Parisiis*, Barbou, 1787, in-12, v. m. fil. tr. dor.

1336. Panégyrique de Pline à Trajan en latin et en français, avec des remarques par le comte Coardi de Quart. *Turin*, 1724, in-fol., v. rel. fatig.

1337. Pline le jeune. Esquisse littéraire et historique du règne de Trajan, trad. du hollandais de M. C. Van Hall. *Amsterdam*, 1823, in-8, fig., br.

1338. Œuvres de Pline le jeune, trad. par M. de Sacy. Nouv. édit. *Paris*, 1808, 3 vol. in-12, bas.

1339. Panégyrique de Trajan par Pline le jeune, traduction nouvelle avec le texte en regard, des variantes et des notes, par J. L. Burnouf. *Paris*, 1834, in-12, dem. v. f.

1340. Pline le jeune. Panégyrique de Trajan, trad. nouv. par J. L. Burnouf. *Paris*, 1845, in-12, br. — Cicéron. Des devoirs, trad. nouv. par le même. *Paris*, 1845, in-12, br.

1341. Historiæ Augustæ scriptores VI. Ælius Spartianus Vulc. Gallicanus. Julius Capitolinus, Trebell. Pollio. Ælius Lampridius. Flavius Vopiscus cum notis selectis J. Casauboni, Cl. Salmasii et Jani Gruteri cum indice locupletissimo rerum ac verborum, accurante Corn. Schrevelio. *Lugd. Batav.*, 1661, in-8, v. br.

1342. Ammiani Marcellini rerum gestarum libri XVIII, emendati ab H. Valesio. *Parisiis*, 1681, in-fol., v. br.

1343. Histoire romaine de Tite-Live, trad. nouv. par Dureau de Lamalle, revue par M. Noël. *Paris*, 1810-12, 15 vol. in-8, bas.

1344. C. Julii Cæsaris commentariorum de bello Gallico libri VII. *Parisiis*, Barbou, 1755, 2 vol. in-12, v. m. fil. tr. dor.

1345. C. Sallustii Crispi Bellum Catilinarium ad exemplar Telleri edidit notisque illustravit Kunhardt. *Lubecæ*, 1799, dem. v.

1346. C. Crispi Sallustii quæ extant. Recognovit notisque criticis instruxit Fr. D. Gerlach. *Basileæ*, 1823-31, 3 vol. in-4, br. — Commentariorum in C. Crispum Sallustium Fasc. I. Scripsit Fr.-D. Gerlach. *Basileæ*, 1825, in-4, br.

1347. C. Sallusti Crispi opera quæ supersunt, edid. Fr. Kritzius. *Lipsiæ*, 1828-34, 2 vol. in-8, br. — Index in Commentaria de Catilina et Jugurtha confectus a Fr. Kritzio. *Lipsiæ*, 1835, in-8, br.

1348. Commentatio de C. Sallustii Crispi historiarum lib. III fragmentis, ex bibliotheca Christianæ, Suecorum reginæ, in vaticanam translatis, atque carminis latini de bello Actiaco sive Alexandrino fragmenta. Iterum edidit J. C. Kreyssig. *Misenæ*, 1835, in-8, br.

1349. C. Salusti Crispi Catilina et Jugurtha, orationes et epistolæ ex historiarum libris deperditis. Recognovit J. C. Orellius. *Turici*, 1840, in-12, br.

1350. Histoire de la république romaine dans le cours du VIIe siècle, par Salluste, trad. du latin par le président Des Brosses. *Dijon*, 1777, 3 vol. gr. in-4, fig. v. éc. fil.

1351. Traduction de Salluste, avec le texte et des notes critiques, par J. H. Dotteville. *Avignon*, 1788, in-12, dem. rel.

1352. Les Histoires de Salluste, traduites en françois, avec le texte latin et des notes critiques, par Beauzée. *Lyon*, 1808, in-12, bas.

1353. Œuvres de Salluste, traduction nouvelle par Dureau-Delamalle. *Paris*, 1808, 2 vol. in-12, dem. rel.

1354. Conjuration de Catilina et guerre de Jugurtha, traduites de Salluste par Léopold comte de Bohm. *Paris*, 1826, in-8, br.

1355. Œuvres de Salluste, traduction nouvelle par M. Ch. Du Rozoir. *Paris*, 1829, 2 vol. in-8, dem. v. f.

1356. Sallust's Jugurthine war and conspiracy of Catiline, with an english commentary, and geographical and historical indexes, by Ch. Anthon. *New-York*, 1843, in-12, bas.

1357. C. Suetonius Tranquillus et in eum commentarius exhibente Joanne Schildio. *Lugd. Batav.*, 1662, in-8, fig., v. br.

1358. Vitæ et fragmenta veterum historicorum Romanorum, composuit A. Krause. *Berolini*, 1833, in-8, dem. v. f.

1359. C. Velleii Paterculi Historiæ romanæ libri II,

interpretatione et notis illustravit Rob. Riguez. *Londini*, 1730, in-8, bas.

1360. M. Vellei Paterculi quæ supersunt ex historiæ romanæ libris duobus. Recensuit accuratissimisque indicibus instruxit Fr. Kritzius. *Lipsiæ*, 1840, in-8, dem. v. f.

1361. Histoire romaine de Florus, trad. nouvelle par M. Ch. Du Rozoir. *Paris*, 1829, 1 vol. in-8, br.

1362. Eutropii, Sect. Aurelii Victoris, nec non Sexti Rufi Historiæ romanæ breviarium. *Parisiis*, 1793, in-12, br.

1363. Eutropii breviarium historiæ romanæ, cum metaphrasi græca Pæanii. Accedit Rufus Festus, cum notis diversorum, recensuit, suasque adnotationes addidit H. Verheyk. *Lugd. Batav.*, 1772, in-8, vél. fil.

1364. Justinus cum notis selectissimis variorum, Berneggeri, Bongarsi, Vossii, Thyssi, etc. *Amstelodami*, 1669, in-8, v. br.

1365. Histoire universelle de Justin, extraite de Trogue-Pompée, par M. l'abbé Paul. Nouv. édit. *Paris*, 1817, 2 vol. in-12, bas.

1366. Valerius Maximus cum selectis variorum observat. et nova recensione A. Thysii. *Lugd. Batav.*, 1670, in-8, v. br.

1367. Q. Curtii Rufi Historia Alexandri Magni cum notis variorum. *Amstelodami*, 1664, in-8, v. br.

1368. Quinti Curtii Rufi de rebus gestis Alexandri magni, regis Macedonum, libri superstites. Curavit et digessit H. Snakenburg. *Delphis et Lugd. Bat.*, 1724, 2 vol. in-4, fig. v. r.

1369. Quinte-Curce. De la vie et des actions d'Alexandre-le-Grand, trad. par M. de Vaugelas. *Paris*, 1709, 2 vol. in-12, v. br.

1370. S. Julii Frontini libri IV Strategematicon cum

notis variorum, curante Fr. Oudendorpio. *Lugd. Batav.*, 1731, in-8 vél.

1371. Sex. Julii Frontini opera ad optimas editiones collata; præmittitur notitia literaria studiis societatis Bipontinæ. *Biponti*, 1788, in-8, dem. v. v.

1372. Flavii Vegetii de re militari libri v, ex recensione Nicolai Schwebelii. *Argentorati*, 1806, in-8, dem. rel.

1373. Prisciani, Cæsariensis grammatici opera minora, edidit Fr. Lindemannus. *Lugd. Batav.*, 1818, in-8, cart.

1374. L. Annæi Senecæ philosophi, et M. Annæi Senecæ rhetoris quæ extant opera. *Parisiis*, P. Chevalier, 1607, 2 vol. in-fol., v. m. (Le titre du premier vol. est déchiré.)

1375. Œuvres de Sénèque le philosophe, trad. de Lagrange, avec des notes de critique, d'histoire et de littérature. *Tours*, an III, 7 vol. in-8. — Théâtre de Sénèque, trad. nouv. par M. L. Coupé. *Paris*, 1795, 2 vol. in-8; les 9 vol. v. rac. fil. tr. dor.

1376. Œuvres complètes de Sénèque le philosophe, trad. de Lagrange, avec le texte en regard. *Paris*, 1819, 14 vol. in-12, dem. v.

1377. L. Annæi Senecæ tragœdiæ cum exquisitis variorum observationibus et nova recensione Ant. Thysii. *Lugd. Batav.*, 1651, in-8, dem. rel.

1378. Mythographi latini C. Jul. Hyginus. Fab. Planciades Fulgentius. Lactantius Placidus. Albricus philosophus. Thomas Munckerus. *Amstelodami*, 1681, in-8, v. br.

1379. Scriptores rei rusticæ veteres latini e recensione Jo. Matth. Gesneri. *Biponti*, 1787-88, 4 vol. in-8, dem. v. ant.

1380. P. E. Jablonskii opuscula, quibus lingua et antiquitas Ægyptiorum, difficilia librorum sacrorum loca et historiæ ecclesiasticæ capita illustrantur. Edidit atque animadversiones adjecit J. G. te Water. *Lugd. Batav.*, 1704-13, 4 vol. in-8, dem. v. ant.

1381. Auli Gellii noctium Atticarum libri xx sicut supersunt, editio Gronoviana; præfatus est et excursus operi adjecit Joh. Lud. Conradi. *Lipsiæ*, 1762, 2 part. en 1 vol. in-8, v. marb.

1382. Les Métamorphoses ou l'âne d'or d'Apulée, philosophe platonicien, avec le Démon de Socrate, trad. en français avec des remarques. *Paris*, 1707, 2 vol. in-12, fig., v. br.

1383. Aur. Theodosii Macrobii opera, accedunt integræ Isacii Pontani, Joh. Meursii, Jacobi Gronovii notæ et animadversiones. *Londini*, 1694, in-8, vél.

1384. M. Minucii Felicis Octavius cum integris omnium notis ac commentariis novâque recensione J. Ouzeli. Cujus et accedunt animadversiones, insuper J. Meursii notæ, acced. liber Julii Firmici Materni de errore profanar. religionum. *Lugd. Batav.*, 1672, in-8, vél.

1385. Corpus grammaticorum latinorum veterum, recensuit Fr. Lindemannus. *Lipsiæ*, 1831-40, 3 vol. in-4, dem. v. f., et t. IV, 1re part., in-4, br.

1386. Panegyrici veteres, interpretatione et notis illustravit J. de La Baune, ad usum Delphini. *Paris*, 1676, in-4, v. br.

1387. Des. Erasmi Roterodami colloquia, cum notis selectis variorum, accurante Corn. Schrevelio. *Amstelodami*, 1693, in-8, vél.

1388. Les Colloques d'Erasme, traduits par Gueudeville. *Leide*, 1720, 3 vol. in-12, v. f. f. tr. dor.

1389. C. du Fresne du Cange, Glossarium ad scriptores mediæ et infimæ latinitatis. *Francofurti ad Mœnum*, 1710, 3 vol. in-fol., fig., v. br.

1390. Syntagma dissertationum quas olim Th. Hyde edidit; accesserunt nonnulla ejusdem opuscula. Omnia diligenter recognita à Greg. Sharpe. *Oxonii*, 1767, 2 vol. in-4, fig. v.

1391. P. Colomesii opera, theologici, critici et historici argumenti, junctim edita, curante J. Al. Fabricio. *Hamburgi*, 1709, in-4, v. br.

1392. Adriani Turnebi adversariorum libri xxx. *Aureliopoli*, 1604, in-4, v. br. fil.

1393. J. Aug. Ernesti opuscula oratoria, prolusiones et elogia. Accessit narratio de Jo. Mat. Gesnero ad Dav. Ruhnkenium. *Lugd. Batav.*, 1767, in-8, dem. v. ant.

1394. Carmina ethica ex diversis auctoribus collegit Ant. Aug. Renouard. *Parisiis*, 1795, in-12, pap. vél. v. m. fil. tr. dor.

1395. Joannis Cambro-Britanni epigrammata. Editio prioribus auctior, cura Ant. Aug. Renouard. *Parisiis*, 1794, 2 vol. in-12, pap. vél. v. rac. fil. tr. dor.

1396. Opera latina D. Caroli Lebeau. *Parisiis*, 1782-1807, 3 vol. in-8, bas.

1397. Poëmata didascalica, collecta studiis Fr. Oudin, emendata a Jos. Oliveto. *Parisiis*, 1813, 3 vol. in-12, dem. rel.

1398. Actii Sinceri Sannazarii opera, latine scripta. *Amstelœdami*, 1728, in-8, vél.

1399. Poésies populaires latines antérieures au XIIe siècle, par M. Édélestand Du Méril. *Paris*, 1843, in-8, br.

1400. Fables choisies de M. Jauffret, trad. en vers latins, avec le texte en regard; suivies de diverses poésies latines par A. Jauffret. *Paris*, 1828, 2 vol. in-8, cart.

1401. Poésies populaires latines du moyen âge, par M. Édélestand Du Méril. *Paris*, 1847, in-8, br.

1402. Études sur le théâtre latin, par M. Meyer. *Paris*, 1847, in-8, br.

1403. Théâtre complet des Latins, par J. B. Levée et l'abbé Le Monnier, augmenté de dissertations par MM. Amaury et Alexandre Duval. *Paris*, 1820-23, 15 vol. in-8, dem. v. f.

1404. M. Acci Plauti Comœdiæ; accedit commentarius ex variorum notis ac observationibus. *Lugd. Batav.*, 1645, in-8, v. br.

1405. Comédies de Plaute, traduites en françois par mademoiselle Le Fevre. *Paris*, 1691, 3 vol. in-12, vél.

1406. Publii Terentii Comœdiæ sex, post optimas editiones emendatæ; accedunt Ælii Donati commentarius integer, selectæ variorum notæ et variantes lectiones. *Lugd. Batav.*, 1644, in-8, vél.

1407. Publii Terentii Afri Comœdiæ sex. *Lutetiæ Parisiorum*, 1753, 2 vol. in-12, fig., v. m. fil. tr. dor.

1408. Les Comédies de P. Térence, traduction nouvelle, par M. J. A. Amar. *Paris*, 1830, 3 vol. in-8, dem. v. f. (De la Bibliothèque latine franç.)

1409. P. Virgilii Maronis Opera. Mauri Servii Honorati grammatici in eadem commentarii. *Parisiis*, *R. Stephani*, 1532, in-fol., v. f. tr. dor.

1410. Index vocabulorum omnium quæ in Eclogis, Georgicis, et Æneide Virgilii continentur. *Parisiis*, 1714, in-12, v. br.

1411. Œuvres de Virgile, traduites en français avec des remarques, par M. Binet. Deuxième édition. *Paris*, 1808, 4 vol. in-12, dem. rel.

1412. L'Énéide de Virgile, traduction nouvelle, avec le texte en regard, par P. F. Delestre. *Paris*, 1829, 3 vol. in-12, br.

1413. L'Énéide de Virgile, traduction nouvelle, avec le texte en regard et des remarques, par J. B. Morin. *Paris*, 1819, 2 vol. in-12, gr. pap., br.

1414. L' Eneide di Virgilio, del commendatore Annibal Caro. *Venezia*, 1734, in-12, vél.

1415. L'Énéide de Virgile, traduction nouvelle. Ouvrage posthume de J. N. M. de Guerle. (Latin-français.) *Paris*, 1825, 2 vol. in-8, br.

1416. Virgile et Constantin-le-Grand, par J. P. Rossignol. 1re part. *Paris*, 1845, in-8, br.

1417. Quintus Horatius Flaccus, cum scholiis perpetuis J. Bond. *Paris*, 1806, in-8, bas.

1418. Q. Horatius Flaccus, recensuit Jo. Gasp. Orellius; addita est varietas lectionis codd. Bernensium III, Sangallensis et Turicensis, ac familiaris interpretatio. *Turici*, 1837-38, 2 vol. in-8, dem. v. f.

1419. Traduction des œuvres d'Horace en vers françois, par l'abbé Salmon. *Paris*, 1752, 5 vol. in-12, mar. r. fil. tr. dor.

1420. Traduction des œuvres d'Horace, par M. R. Binet. *Paris*, 1809, 2 vol. in-12, bas.

1421. OEuvres d'Horace, traduites par Denis Frion, avec le texte en regard. *Paris*, 1843, 2 vol. in-8, br.

1422. OEuvres d'Horace, traduites par Campenon et Després. *Paris*, 1821, 2 vol. in-8, br.

1423. OEuvres complètes d'Horace, trad. en vers par P. Daru. *Paris*, 1823, 2 vol. in-8, dem. v.

1424. Odes d'Horace, traduites en vers par un lieutenant-général. *Paris*, 1836, in-8, br.

1425. OEuvres d'Horace, traduction nouvelle par J. R. T. Cabaret-Dupaty. *Paris*, 1837, 2 vol. in-12, br.

1426. Poésies lyriques d'Horace, traduction nouvelle, accompagnée d'études analytiques et du texte, par J. F. Stiévenart. *Paris*, 1828, in-8, br.

1427. Lucrèce. De la Nature des choses, poème traduit en prose par de Pongerville. *Paris*, 1829, 2 vol. in-8, dem. v. f.

1428. Lucrèce. De la Nature des choses, trad. en vers français, par M. J. B. S. de Pongerville, texte en regard. *Paris*, 1823, 2 vol. in-8, dem. v. f.

1429. Lucrèce. De la Nature des choses, trad. en vers français par de Pongerville. *Paris*, 1828, 2 vol. in-18, fig., br.

1430. De Tito Lucrezio Caro della Natura delle cose libri VI, tradotti da Aless. Marchetti. *Firenze*, 1820, in-12, v. f. fil.

1431. D. J. Juvenalis Aquinatis Satyræ, sexdecim et in eas commentarii Isaaci Grangei, Bertrandi Antumni, Domitii Calderini. *Parisiis*, 1614, 1 vol. in-4, v. br.

1432. Decii Junii Juvenalis et A. Persii Flacci Satyræ. *Parisiis*, 1805, in-12, bas.

1433. Satires de Juvénal, traduites par M. Dussault. *Paris*, 1770, in-8, v. m.

1434. Satires de Juvénal, traduites en vers français par A. Constant Dubos. *Paris*, 1852, in-8, br.

1435. Auli Persii Flacci Satyrarum liber. Isaacus Casaubonus recensuit, et commentario illustravit. *Londini*, 1647, petit in-8, vél.

1436. Satires de Perse, traduites en françois, avec des remarques par M. Sélis. *Paris*, 1776, in-8, v. rac.

1437. Julii Phœdri Fabulæ novæ et veteres : novæ, juxta collatas Cassitti et Jannelii editiones Neapoli emissas ; veteres, juxta accuratissimam editionem Bipontinam. *Parisiis*, 1812, in-8, dem. rel.

1438. Publii Ovidii Nasonis Fastorum libri VI cum notis et interpretatione gallica de Marolles. *Lut. Parisiorum*, 1660, in-8, v. br.

1439. Les Métamorphoses d'Ovide trad. en vers, avec des remarques, par Desaintange. *Paris*, 1808, 4 vol. in-12, dem. v.

1440. Élégies de Properce, traduites par de Longchamps. *Amsterdam* et *Paris*, 1772, in-8, v. m.

1441. Properce, seule traduction complète en vers français, par J. P. Ch. de Saint-Amand. *Paris*, 1819, in-8, dem. v. ant.

1442. Traduction complète des poésies de Catulle, suivie des poésies de Gallus et de la Veillée des fêtes de Vénus, par F. Noel. *Paris*, 1806, 2 vol. in-8, fig., bas.

1443. La Pharsale de Lucain, ou les Guerres civiles de César et de Pompée, en vers français, par M. de Brébeuf. *Paris*, 1666, in-12, v. br.

1444. Cl. Claudiani quæ extant, varietate lectionis et perpetua adnotatione illustrata a Jo. Matthiæ Gesnero. Accedit index uberrimus. *Lipsiæ*, 1759, in-8, vél.

1445. C. Valerii Flacci Setini Balbi Argonauticon libri octo, quos suis variorumque notis illustravit A. Huguet. *Parisiis*, 1837, in-8, dem. v. f.

1446. C. Silii Italici de Bello Punico secundo poema, ad fidem veterum monimentorum castigatum, fragmento auctum. Operis integri editio princeps, curante J. B. Lefebvre de Villebrune. *Parisiis*, 1781, in-12, bas.

1447. Les Œuvres de Stace, traduction nouvelle, par P. L. Cormiliolle, avec le texte en regard. *Paris*, 1830, 5 vol. in-12, dem. v.

1448. M. Valerii Martialis Epigrammatum libri. *Lutetiæ Parisiorum*, Barbou, 1754, 2 vol. in-12, dem. v. v.

LANGUE FRANÇAISE.

1449. Les Origines de la langue françoise, par Ménage. *Paris*, 1650, in-4, vél. — La Précellence du langage français, par Henri Estienne. Nouv. édit. accompagnée d'une étude sur Henri Estienne et de notes philologiques et littéraires, par L. Feugère. *Paris*, 1850, in-12, br.

1450. Recherches sur les langues celtiques, par W. F. Edwards. *Paris*, Impr. R., 1844, in-8, br.

1451. Observations de M. Ménage sur la langue françoise. *Paris*, 1672, in-12, veau br. — Remarques de M. de Vaugelas sur la langue françoise, avec des notes de Patru et T. Corneille. *Paris*, 1738, 3 vol. in-12, v. f. fil. — Observations de l'Académie françoise sur les remarques de Vaugelas. *Paris*, 1704, in-4, cart.

1452. Remarques nouvelles sur la langue françoise, par le P. Bouhours. *Paris*, 1746, 2 vol. in-12, v. m. — La Manière de bien penser dans les ouvrages d'esprit, par le P. Bouhours. *Paris*, 1787, in-4, v. ant. tr. dor.

1453. La Deffence et Illustration de la langue françoyse, par Joachim Du Bellay, précédée d'un discours sur le bon usage de la langue française, par P. Ackermann. *Paris*, 1839, in-8, br.

1454. Les Vrais Principes de la langue françoise, ou la parole réduite en méthode conformément aux loix de l'usage, par M. l'abbé Girard. *Amsterdam*, 1747, in-12, dem. rel. — Réflexions sur l'usage présent de la langue françoise, ou remarques nouvelles et critiques touchant la politesse du langage. *Paris*, 1692, in-12, v. br.

1455. Essai philosophique sur la formation de la langue française, par M. Edélestand Du Méril. *Paris*, 1852, in-8, br. — Des Variations du langage français depuis le XIIe siècle, ou recherches des principes qui devraient régler l'orthographe et la prononciation, par F. Génin. *Paris*, 1845, in-8, br.

1456. Études de la langue française sur Racine, ou commentaire général et comparatif sur la diction et le style de ce grand classique, par M. Fontanier. *Paris*, 1817, in-8, bas. — Lexique comparé de la langue de Molière et des écrivains du XVIIe siècle, suivi d'une lettre à M. A.-F. Didot sur quelques points de philologie française, par F. Génin. *Paris*, 1846, 1 vol. in-8, br.

1457. Dissertation sur les causes de l'universalité de la langue françoise et la durée vraisemblable de son empire, par M. Schwab, trad. de l'allemand par D. Robelot. *Paris*, 1803, in-8, dem. rel.

1458. Prononciation de la langue française au XIXe siècle, tant dans le langage soutenu que dans la conversation, par J. de Malvin-Cazal. *Paris*, Impr. R., 1846, in-8, br.

1459. Tableau historique et littéraire de la langue parlée dans le Midi de la France et connue sous le nom de langue romano-provençale, par Mary-Lafon. *Paris*, 1842, in-12, br. — Glossaire de la langue romane, rédigé d'après les manuscrits de la Bibliothèque impériale, et d'après ce qui a été imprimé de plus complet en ce genre, par J. B. B. Roquefort. *Paris*, 1808, 2 vol. in-8, dem. v.

1460. Grammaire comparée des langues de l'Europe latine dans leurs rapports avec la langue des troubadours, par Raynouard. *Paris*, 1821, in-8, d. v. f.

1461. Grammaire romane, ou Grammaire de la langue des troubadours, par Raynouard. *Paris*, 1816, in-8, d. v.

1462. Lexique roman, ou Dictionnaire de la langue des troubadours, comparée avec les autres langues de l'Europe latine, par Raynouard. *Paris*, 1838-44, 6 vol. in-8, dem. mar. r.

1463. Histoire de la littérature française au moyen âge, comparée aux littératures étrangères, par J. J. Ampère. Introduction. — Histoire de la formation de la langue française. *Paris*, 1841, in-8, dem. v. f. — Littérature et Voyages, par J. J. Ampère. Allemagne et Scandinavie. *Paris*, 1833, in-8, dem. mar. cit. fil.

1464. Histoire littéraire de la France avant le XIIe

siècle, par Ampère. *Paris*, 1839-40, 3 vol. in-8, br.

1465. Histoire littéraire de la France, ouvrage commencé par des religieux bénédictins de la congrégation de Saint-Maur, et continué par des membres de l'Institut (Académie des inscriptions et belles-lettres). Tome XXI. *Paris*, 1847, in-4, br.

1466. Tableau historique de l'état et des progrès de la littérature française depuis 1789, par Chénier. *Paris*, 1817, in-8, dem. rel.

1467. Journal de la langue française et des langues en général. Du 1er juillet 1837 au mois d'août 1840. in-8 en numéros.—Journal grammatical et didactique de la langue française, rédigé par M. Marle. *Paris*, 1827-39, 12 vol. in-8, les 7 premiers en dem. v. f., les autres br. et en numéros.

1468. Cours de langue française en 9 parties, dont 3 nouvelles, par P. A. Lemare. *Paris*, 1835, 2 vol. in-8, dem. v. f.

1469. Grammaire des grammaires, ou analyse raisonnée des meilleurs traités sur la langue française, par Ch.-P. Girault-Duvivier. *Paris*, 1842, 2 vol. in-8, dem. rel. v. f.

1470. La Grammaire ramenée à ses principes naturels, ou Traité de grammaire générale appliquée à la langue française, par Serreau et Boussi. *Paris*, 1829, in-8, br.

1471. Solutions grammaticales, avec des améliorations considérables, par Urb. Domergue. *Paris*, 1808, in-8, dem. v. f.

1472. Grammaire française, par A. Bessières. *Paris*, 1834, in-8, br. — Nouveaux Tableaux de lecture assujettis aux systèmes et aux procédés de l'enseignement mutuel, par M. Jomard. *Paris*, 1835, in-fol., cart. — Balance orthographique et grammaticale de la langue française, ou Cours de philologie grammaticale, par Ch. La Loy. *Paris*, 1843, 2 vol. gr. in-8, br.

1473. Des Causes de la corruption du goust, par madame Dacier. *Paris*, 1714, in-12, v. br. — Cours complet de rhétorique, par M. Amar. *Paris*, 1822, in-8, dem. v. vert.

1474. Essai d'institutions oratoires à l'usage de ceux qui se destinent au barreau, par M. Delamalle. *Paris*, 1816, 2 tomes en 1 vol. in-8, dem. v.

1475. De la Décadence des lettres et des mœurs, depuis les Grecs et les Romains jusqu'à nos jours, par M. Rigoley de Juvigny. *Paris*, 1787, in-4, mar. r. fil. tr. dor.

1476. Mémoires secrets pour servir à l'histoire de la république des lettres en France depuis 1762 jusqu'à nos jours, ou Journal d'un observateur. *Londres*, 1784-89, 36 tom. en 18 vol. in-12, cart.

1477. Mémoires de littérature et d'histoire, par le P. Desmolets. *Paris*, 1749, 11 tomes rel. en 22 vol. in-12, v. gr. fil.

1478. Histoire de l'université de Paris, depuis son origine jusqu'à l'an 1600, par M. Crevier. *Paris*, 1761, 7 vol. in-12, v. m.

1479. Histoire de l'Académie françoise, par MM. Pellisson et d'Olivet. *Paris*, 1743, 2 vol. in-12. — Lettres choisies de messieurs de l'Académie françoise sur toutes sortes de sujets, avec la traduction des fables de Faerne, par M. Perrault. A. *Hanover*, 1709, in-12, v. f.

1480. Mémoires de littérature, par M. de Sallengre. *La Haye*, 1715-17, 4 part. rel. en 2 vol. in-12, fig. v. mar.

1481. De la manière d'enseigner les humanités, d'après les autorités les plus graves, par M. de Bigault d'Harcourt. *Paris*, 1819, in-8, bas.

1482. Essais littéraires et historiques, par A. W. de Schlegel. *Bonn*, 1842, in-8, dem. v. f. (*Envoi de l'auteur.*)

1483. Essai philosophique sur les principes et les formes de la versification, par M. Édelestant Du Méril. *Paris*, 1841, in-8, br. — De l'Origine de l'épopée chevaleresque du moyen âge, par M. Fauriel. *Paris*, 1832, 1 vol. gr. in-8, br. (Extr. de la Revue des Deux-Mondes.)

1484. Synonymes françois; leurs différentes significations, et le choix qu'il en faut faire pour parler avec justesse, par Girard. *Bordeaux*, 1802, 3 vol. in-12, dem. v. v. — Synonymes français, par B. Lafaye. *Paris*, 1841, 1 vol. in-8, dem. rel. v. f. — Nouveau Dictionnaire universel des synonymes de la langue française, par M. F. Guizot. 3e édit. *Paris*, 1833, 2 vol. in-8, dem. rel. v. f.

1485. Dictionnaire du vieux langage françois, dédié à la ville d'Avignon par M. Lacombe. *Paris*, 1767, 2 vol. in-8, v. éc. fil. tr. dor.

1486. Dictionnaire universel françois et latin, vulgairement appelé Dictionnaire de Trévoux. *Paris*, 1771, 8 vol. in-fol. v. br.

1487. Dictionnaire étymologique de la langue françoise, par M. Ménage. Nouv. édit. *Paris*, 1750, 2 vol. in-fol. dem. rel. bas.

1488. Dictionnaire étymologique des mots français, techniques et autres, qui viennent du grec ancien, par E. Marcella. *Paris*, 1843, in-8, br. — Dictionnaire étymologique des mots français dérivés du grec, par J. B. Morin. *Paris*, 1809, 2 vol. in-8, v. r. f.

1489. Dictionnaire grammatical de la langue françoise, par l'abbé Féraud. *Paris*, 1786, 2 vol. in-8, cart.

1490. Dictionnaire critique de la langue française, par M. l'abbé Féraud. *Marseille*, 1787-88, 3 vol. in-4, bas.

1491. Le Grand Vocabulaire françois, contenant,

etc., par une société de gens de lettres. *Paris*, Panckouke, 1780, 3 vol. in-8, bas. m.

1492. Discours préliminaire du nouveau Dictionnaire de la langue française, par A. C. de Rivarol. 1re part. *Paris*, 1797. — De l'Universalité de la langue française, par le même. *Paris*, 1797, in-4, dem. rel.

1493. Dictionnaire de la prononciation de la langue française, indiquée au moyen de caractères phonétiques, précédé d'un mémoire sur la réforme de l'alphabet, par A. Féline. *Paris*, 1851, in-8, br.

1494. Dictionnaire des dictionnaires, pour apprendre plus facilement et pour retenir plus promptement l'orthographe et le français, par L. F. Darbois. *Paris*, 1830, gr. in-8, v. r. fil.

1495. Dictionnaire de l'Académie française. Sixième édit. *Paris*, 1835, 2 vol. in-4, dem. mar. citr. fil. — Complément du Dictionnaire de l'Académie française, publié sous la direction d'un membre de l'Académie française. *Paris*, 1842, in-4, cart.

1496. Nouveau Dictionnaire de la langue française, par J.-Ch. Laveaux. Deuxième édit. *Paris*, 1843, 2 vol. in-4, dem. v. f.

1497. Dictionnaire des proverbes françois, avec l'explication de leurs significations et une partie de leur origine, par G. D. B. *Brusselles*, 1710, in-12, v. br.

1498. Dictionnaire comique, satyrique, critique, burlesque, libre et proverbial; par P. J. Leroux. *Pampelune*, 1786, 2 vol. in-8, d. rel.

1499. Dictionnaire français de la langue oratoire et poétique, suivi d'un vocabulaire de tous les mots qui appartiennent au langage vulgaire, par J. Planche. *Paris*, 1819, 3 vol. in-8, dem. rel. v. f.

1500. Dictionnaire du patois normand, par MM. Edelestant et Alfr. Duméril. *Caen*, 1849, in-8, br.

1501. La France littéraire, ou Dictionnaire bibliographique des savants, historiens et gens de lettres de la France, ainsi que des littérateurs étrangers qui ont écrit en français, plus particulièrement pendant les XVIIIe et XIXe siècles, par J. M. Quérard. *Paris*, 1827-39, 10 vol. in-8, dem. rel. v. f.

1502. Mémoires pour servir à l'histoire des hommes illustres de la république des lettres, avec un catalogue raisonné de leurs ouvrages, par le R. P. Niceron. *Paris*, 1729-1745, 43 tomes en 44 vol. in-12, v.

1503. Les Manuscrits françois de la Bibliothèque du Roi, leur histoire et celle des textes allemands, anglois, hollandois, italiens, espagnols de la même collection; par M. P. Pâris. *Paris*, 1836-38, tomes I et II, in-8, br.

1504. Recherches sur les formes grammaticales de la langue française et de ses dialectes au XIIIe siècle, par G. Fallot; publiées par P. Ackermann, et précédées d'une Notice sur l'auteur, par M. B. Guérard. *Paris*, Impr. R., 1839, gr. in-8, dem. v. f.

1505. Lettre à M. de Monmerqué sur les romans des douze pairs de France, par P. Pâris, in-12, gr. pap.. br.

1506. Li Roman de Berte aus grans piés, précédé d'une dissertation sur les romans des douze pairs, par M. Paulin Pâris. *Paris*, 1836, in-12, cart., n. r.

1507. Li Romans de Garin le Loherain, publié pour la première fois et précédé de l'examen du système de M. Fauriel sur les romans carlovingiens, par M. P. Pâris. *Paris*, 1833-35, 2 vol. in-12, le premier br., le deuxième cart. n. rogn.

1508. L'Hystoire et plaisante Chronique du petit

Jehan de Saintré et de la dame des belles cousines, publiée d'après les manuscrits de la Bibliothèque royale, par J. Marie Guichard. *Paris*, 1843, in-12, br.

1509. OEuvres de Rabelais, édition Variorum, augmentée de pièces inédites, etc., par MM. Esmangart et Eloi Johanneau. *Paris*, 1823, 9 vol. in-8, fig. sur pap. de Chine, dem. v. f.

1510. OEuvres du seigneur de Brantome, nouvelle édit. *Paris*, 1787, 8 vol. in-8, v. ec. fil.

1511. Les Œuvres de M. Cl. Fauchet. *Paris*, 1610, in-4, portrait, vél.

1512. Les OEuvres de M. de Balzac. *Paris*, 1665, 2 vol. in-fol. dem. v. f.

1513. Les OEuvres de Voiture. Nouvelle édition. *Paris*, 1672, in-12, v. br.

1514. Les Œuvres de Voiture, contenant ses lettres et ses poésies, avec l'histoire d'Alcidalis et de Zélide. *Paris*, 1729, 2 vol. in-12, v. f.

1515. Œuvres de Fontenelle. *Londres* (Paris), 1785, 4 vol. in-12, v. ec. fil. tr. dor.

1516. OEuvres de Houdard de La Motte. *Paris*, 1754, 10 tom. en 11 vol. in-8, v. f. fil. tr. dor. (Ex. du marquis d'Estampes.)

1517. Essai sur La Mothe-le-Vayer, par L. Etienne. *Rennes*, 1849, in-8, br.

1518. Lettres choisies de Guy Patin. *Rotterdam*, 1725, 4 vol. in-12, v. f.

1519. Nouvelles Lettres de Gui Patin, tirées du cabinet de M. Ch. Spon. *Amsterdam*, 1718, 2 vol. in-12. — Nouveau recueil de Lettres choisies de M. Guy Patin. Tome 4. *Rotterdam*, 1695, in-12, v. br., fil. tr. dor.

1520. OEuvres de Saint-Evremond, publiées sur ses manuscrits, avec la vie de l'auteur, par M. Des Maizeaux. *Amsterdam*, 1726, 5 vol. — Mélanges curieux des meilleures pièces attribuées à M. de Saint-Evremond, et de quelques autres ouvrages rares ou nouveaux. *Amsterdam*, 1726, 2 vol.; — les 7 vol. in-12, v. f. fil. tr. dor.

1521. Saint-Evremoniana, ou recueil de diverses pièces curieuses, avec des pensées judicieuses, de beaux traits d'histoire, et des remarques très-utiles, de M. de Saint-Evremond. *Paris*, 1710, in-12, v. br.

1522. Considérations sur les Mœurs de ce siècle, par Duclos. *Paris*, 1751, in-12, cart.

1523. Lettres de l'abbé Le Blanc. *Lyon*, 1758, 3 vol. in-12, v. m.

1524. Histoire poétique de la guerre nouvellement déclarée entre les Anciens et les Modernes, par M. de Cailleres. *Paris*, 1688, in-12, fig., mar. r. fil. tr. dor.

1525. OEuvres de Moncrif, Nouv. édit. *Paris*, 1768, 4 vol. in-12, fig.

1526. Apologie pour les grands hommes soupçonnez de magie, par G. Naudé. *Amsterdam*, 1712, in-12, dem. mar. v. tr. dor.

1527. Histoire de la Magie en France, depuis le commencement de la monarchie jusqu'à nos jours, par J. Garinet. *Paris*, 1818, in-8, fig. dem. v.

1528. Dictionnaire de la Fable, par Fr. Noël. *Paris*, 1803, 2 vol. in-8, v. gr. fil.

1529. Mythologie élémentaire, par J. Humbert. *Genève*, 1834, 2 vol. in-12, br.

1530. Entretiens sur les contes de fées et sur quelques autres ouvrages du temps, par l'abbé de Villiers. *Paris*, 1699, in-12, v. br.

1531. Opuscules de Rollin, contenant diverses lettres qu'il a écrites ou reçues, ses harangues, discours, complimens, mandemens, et ses poésies, avec son éloge historique, par M. de Boze. *Paris*, 1771, 2 vol. in-12, v. marb.

1532. Les Entretiens d'Ariste et d'Eugène, par le P. Bouhours. Nouv. édit. où les mots des devises sont expliquez. *Paris*, 1721, in-12, mar. r. fil. tr. dor.

1533. Sentimens de Cléanthe sur les entretiens d'Ariste et d'Eugène, par Barbier d'Aucour. *Paris*, 1748, in-12, v. m.

1534. Éloges lus dans les séances publiques de l'Académie françoise, par d'Alembert. *Paris*, 1779, in-12, v. marb.

1535. OEuvres complètes de Fréret. *Paris*, 1796, 18 tom. en 9 vol. in-18, dem. v. f.

1536. Lettre de Thrasibule à Leucippe, ouvrage posthume de M. Freret. *Londres*, *s. d.*, in-12, dem. v. — OEuvres complètes de Fréret, mises dans un nouvel ordre, augmentées de plusieurs mémoires inédits et accompagnées de notes et d'éclaircissements historiques, par Champollion-Figeac, tome Ier (seul publié). *Paris*, 1825, in-8, br.

1537. Époques de l'histoire de France en rapport avec le théâtre français, depuis la formation de la langue jusqu'à la renaissance, par Onésime Leroy. *Paris*, 1843, in-8, br.

1538. Les Origines du théâtre moderne, ou Histoire du génie dramatique, depuis le Ier jusqu'au XVIe siècle, précédée d'une introduction contenant des études sur les origines du théâtre antique, par M. Ch. Magnin. Tome I. *Paris*, 1838, in-8, br.

1539. Origines latines du théâtre moderne, publiées et annotées, par M. Edelestand Du Méril. *Paris*, 1849, 1 vol. gr. in-8, br.

1540. Dialogues dramatiques et Album de J. B. Fort Meu. *Havre*, 1834, in-8, fig. br.

1541. Histoire du Théâtre-François, depuis son origine jusqu'à présent, avec la vie des plus célèbres poëtes dramatiques, des extraits exacts et un catalogue raisonné de leurs pièces, par les frères Parfaict. *Paris*, 1734-49, 15 vol. — Bibliothèque du Théâtre-Français, depuis son origine. *Dresde*, 1768, 3 vol.; les 18 vol. in-12 cart.

1542. Histoire du Théâtre-Français, depuis le commencement de la révolution jusqu'à la réunion générale, par C. G. Etienne et A. Martainville. *Paris*, 1802, 4 tom. en 1 vol. in-12, fig., cart.

1543. OEuvres complètes de P.-L. Courier. Nouvelle édition, précédée d'un essai sur la vie et les écrits de l'auteur, par A. Carrel. *Paris*, 1834, 4 vol. in-8, dem. v. f.

1544. Mélanges de philosophie, d'histoire et de littérature, par M. Ch.-M. de Féletz. *Paris*, 1828, 6 vol. in-8, br.

1545. Le Chroniqueur scientifique, historique et littéraire, par J. F. Danielo. *Paris*, 1836, 4 vol. in-8, plus, n°s 25 à 35.

SATIRES ET FACÉTIES.

1546. Cymbalum mundi, ou dialogues satyriques sur différents sujets, par Bonaventure des Periers. *Amsterdam*, 1732, in-12, v. m.

1547. Le Moyen de parvenir, contenant la raison de tout ce qui a été, est et sera, par Beroalde de Verville. 1754, 2 vol. in-12, mar. r. f. tr. dor.

1548. Introduction au Traité de la conformité des merveilles anciennes avec les modernes, ou Traité préparatif à l'Apologie pour Hérodote, par Henri Estienne. *Paris*, 1566, pet. in-8, vél.

49. Apologie pour Hérodote, ou Traité de la conformité des merveilles anciennes avec les modernes, par Henri Estienne; nouvelle édition, faite sur

la première, augmentée de tout ce que les postérieures ont de curieux et de remarques, par M. Le Duchat. *La Haye*, 1735, 2 tom. en 3 vol. in-12, v. m.

1550. M. Perrot d'Ablancourt vengé, ou Amelot de la Houssaye convaincu de ne pas parler françois, et d'expliquer mal le latin. *Amsterdam*, 1686, in-12, vel.

1551. Les Avantures de D'Assoucy. *Paris*, 1677, 2 vol. in-12, v. f.

1552. Le Colporteur, histoire morale et critique, par M. de Chevrier. *Londres*, l'an de la vérité, 1 vol. — Almanach des gens d'esprit, par un homme qui n'est pas sot, pour l'an 1762 et le reste de la vie. 1 vol. -- La Vie du fameux Père Norbert, ex-capucin, connu aujourd'hui sous le nom de l'abbé Plotel, par l'auteur du Colporteur. *Londres*, 1762, 3 part. en 1 vol. in-12, v. m.

1553. Dictionnaire d'anecdotes, de traits singuliers et caractéristiques, historiettes, bons mots, naïvetés, saillies, réparties ingénieuses, etc., par Lacombe. *Rouen*, 1787, 2 vol. in-12, cart.

1554. Menagiana, ou les bons mots et remarques critiques, historiques, morales et d'érudition, de Menage. *Paris*, 1715, 4 vol. in-12, ex. non cart.

1555. Les Cent Nouvelles nouvelles. Edition revue sur les textes originaux, et précédée d'une introduction, par Le Roux de Lincy. *Paris*, 1841, 2 vol. in-12, br.

1556. Recueil d'épitaphes sérieuses, badines, satiriques et burlesques, etc., par Laplace. *Bruxelles*, 1782, 3 vol. in-12, v. f. fil. tr. dor.

1557. Du Bel Esprit, où sont examinez les sentimens qu'on en a d'ordinaire dans le monde, par Fr. de Callières. *Paris*, 1695, in-12, v. br.

1558. Recueil d'apophtegmes ou bons mots anciens

et modernes, mis en vers françois, par le P. Mourgues. *Toulouse, S. D.*, in-12, v. br.

1559. Le Cornement des Cornars, pour récréer les esprits écornifistibulez. *Paris*, 1831, pet. in-8, dem. v. f. (Pièce tirée à 30 exempl).

1560. Le Chef-d'œuvre d'un inconnu, par le Dr Matanasius (Saint-Hyacinthe). *Lausanne*, 1758, 2 vol. in-12, v. f. fil.

1561. Le Conte du Tonneau, par Swift, traduit de l'anglois. *Lahaye*, 1757, 3 vol. in-12, fig. v. f. fil. tr. dor.

1562. Histoire de P. de Montmaur, professeur royal en langue grecque dans l'Université de Paris, par M. de Sallengre. *La Haye*, 1715, 2 tom. en 1 vol. in-12, fig., cart.

1563. Physiologie du goût, ou Méditations de gastronomie transcendante, par M. Brillat-Savarin, *Paris*, 1838, 2 vol. in-8, br.

MÉLANGES LITTÉRAIRES,

1564. Jugemens des Savans sur les principaux ouvrages des auteurs, par A. Baillet. *Paris*, 1722, 7 vol. in-4, v. ant. — Anti-Baillet, ou Critique du livre de M. Baillet, par M. Ménage. *Paris*, 1730, in-4, v. br. -- Jugemens sur quelques ouvrages nouveaux, par Baillet. *Avignon*, 1744, 11 vol. in-12, v. ant.

1565. Les Cinq Années littéraires, ou nouvelles littéraires, etc., des années 1748, 49, 50, 51 et 52, par Clément. *La Haye*, 1754, 2 vol. in-12, vél. vert. — Mélanges d'histoire et de littérature, par M. de Vigneul-Marville. *Paris*, 1725, 3 vol. in-12, v. f. fil. tr. dor.

1566. Mélanges de littérature, d'histoire et de philosophie, par d'Alembert. *Berlin* (*Paris*), 1753 et *Amsterdam*, 1763, 5 vol. in-12, v. m.

1567. Bibliothèque choisie, en 28 vol., avec les tables générales des auteurs et des matières dont il est parlé dans tout l'ouvrage, par J. Le Clerc. *Amsterdam*, 1718, 28 vol. in-12, br. en cart.

1568. Nouveau Portefeuille historique et littéraire; ouvrage posthume de M. Bruzen de La Martinière. *Amsterdam*, 1755, in-12, v. m. — Pièces intéressantes et peu connues, pour servir à l'histoire et à la littérature, par Delaplace. *Bruxelles*, 1785-90, 8 vol. in-12, dem. v. f.

1569. Tablettes d'un curieux, ou variétés historiques, littéraires et morales. *Bruxelles*, 1789, 2 vol. in-12, dem. v. f.

1570. Observations sur les écrits modernes, par Desfontaines, Fréron, etc. *Paris*, 1736-43, 33 vol. in-12, v. f.

1571. Lettres historiques de Monsieur Pellisson. *Paris*, 1729, 3 vol. in-12, v. gr.

1572. Essai historique et philosophique sur les principaux ridicules des différentes nations, suivi de quelques poésies nouvelles, par M. Gazon Dourxigné. *Amsterdam*, 1766, in-12, cart.

1573. Essais de critique, 1. sur les écrits de M. Rollin; 2. sur les traductions d'Hérodote; 3. sur le Dictionnaire géographique et critique de M. Bruzen La Martinière. *Amsterdam*, 1740, in-12, v. f.

1574. La Morale du sage, par Madame de Rohan. *Paris*, 1681, in-12, mar. v. tr. dor.

1575. Le Maître d'éloquence française, où les chefs-d'œuvre des auteurs sacrés et profanes sont appliqués aux préceptes, et appuyés de réflexions qui en développent les beautés, la force et la majesté, par Collin. *Paris*, 1807, in-12, bas. m. fil.

1576. Mélanges de littérature ancienne et moderne, par M. Patin. *Paris*, 1840, in-8, br.

1577. Mélanges de critique et de philologie, par

S. Chardon de la Rochette. *Paris*, 1812, 3 vol. in-8, dem. v. f.

1578. Mélanges de philologie, d'histoire et d'antiquités, par J. E. G. Roulez, fasc. 3, 5, 6. *Bruxelles*, 1842-50, in-8, fig., br.

1579. Études littéraires et philosophiques, par C. A. N. Maignien. *Dieppe*, 1841, in-8, br.

1580. Études de critique ancienne et moderne, par M. Meyer. *Paris*, 1850, in-8, br.

1581. Lettres de J. de Muller à ses amis, MM. de Bonstetten et Gleim, précédées de la vie et du testament de l'auteur. *Paris*, 1812, in-8, dem. v. ant.

1582. Le Journal des Savans de 1665 à 1792, an v (1797), n°s 1 à 2 (nivôse, pluviôse, ventôse, germinal, floréal, prairial.) *Paris*, 1723 à 1797, 110 vol. in-4. — Table générale des matières contenues dans le Journal des Savans, de l'édition de Paris, depuis 1665 jusqu'en 1750. *Paris*, 1753-1764, 10 vol. in-4, les 120 vol. en v. marb. — — Journal des Savans, années 1816 à 1852; les années 1816 à 1830 en dem. v. f., et de 1831 à 1852, en numéros.

1583. La Revue indépendante : 1842, 1er avril; 1843, du 10 mars au 25 septembre; 1844, du 10 février au 10 mai; *id.*, du 10 juin au 25 décembre; 1845, du 10 janvier au 25 mai; *id.*, 25 octobre et 10 novembre; 1847, 10 et 25 mai, 10 décembre.

1584. Mélanges archéologiques et littéraires, par M. Edelestan Duméril. *Paris*, 1850, in-8, br.

1585. Recueil des lois et des actes de l'instruction publique. *Paris*, 1848 à 51, 4 vol. in-8, br., plus, de 1852, n°s 1, 2, 3, 4 et 26.

1586. Le Parnasse réformé, nouvelle édition. *Paris*, 1674, in-12, v. f. fil. — Principes de la littérature. *Lyon*, 1802, 6 vol. in-12, bas.

1587. Recueil des plus belles pièces des poëtes françois, avec l'histoire de leur vie, par l'auteur des Mémoires et du Voyage d'Espagne (Fontenelle). *Amsterdam*, 1692, 5 vol. in-18, v. br.

1588. De l'État de la poésie françoise dans les XIIe et XIIIe siècles, par B. de Roquefort. *Paris*, 1821, in-8, dem. v.

1589. Recueil de chants historiques français, depuis le XIIe jusqu'au XVIIIe siècle, par Leroux de Lincy. Ire et IIe série. *Paris*, 1841-42, 2 vol. in-12, br.

1590. Le Romancero françois. Histoire de quelques anciens trouvères, et choix de leurs chansons; le tout nouvellement recueilli par M. P. Pâris. *Paris*, 1833, in-12, v. m. fil.

1591. Les Vaux-de-Vire, édités et inédits d'Olivier Basselin et de Jean Le Houx, poëtes virois, publiés par J. Travers. *Paris*, 1833, in-18, br.

1592. La Chanson de Roland, poëme de Theroulde, texte critique accompagné d'une traduction et de notes, par F. Génin. *Paris*, I. N., 1850, in-8, br.

1593. Dissertation sur le Roman de Roncevaux, par H. Monin. *Paris*, I. R., 1832, in-8, br.

1594. Le Roman du Rou et des ducs de Normandie, par Robert Wace, publié pour la première fois, d'après les manuscrits de France et d'Angleterre; avec des notes pour servir à l'intelligence du texte, par Fr. Pluquet. *Rouen*, 1827, 2 vol. in-8, fig., dem. v. f.

1595. Quatrains de Pibrac, trad. en vers grecs et latins, par Fl. Chrestien, accompagnés d'une traduction interlinéaire des vers grecs. *Paris*, 1802, in-8, dem. v. ant.— La Dunciade, poëme, nouv. édit., augmentée de la Généalogie du Chien de la Sottise. *Paris*, 1803, in-8, 1 vol., dem. v. ant.

1596. Poésies de Marguerite-Eléonore-Clotilde de Surville, publiées par Ch. Vanderbourg. *Paris*, 1804, in-18, cart.

1597. Histoire littéraire des Troubadours, par Lacurne de Sainte-Palaye, publiée par Millot. *Paris*, 1774, 3 vol. in-12, bas.

1598. OEuvres de Clément Marot, avec les ouvrages de J. Marot son pere, et ceux de M. Marot son fils, et les pièces du different de Clement avec Fr. Sagon. *La Haye*, 1731, 4 vol. in-4, v. f. fil. tr. dor.

1599. Les OEuvres de Fr. de Malherbe, avec les observations de M. Ménage, et les remarques de M. Chevreau sur les poésies. *Paris*, 1723, 3 vol. in-12, v. f.

1600. Poésies de Malherbe, rangées par ordre chronologique, avec un discours sur les obligations que la langue et la poésie françoise ont à Malherbe, et quelques remarques historiques et critiques. *Paris*, 1757, in-8, v. marb.

1601. Les Premières OEuvres de Philippe Desportes. *Paris*, Mamert Patisson, 1600, pet. in-8, v. f. fil. tr. dor.

1602. Le Théatre de Monsieur Quinault, contenant ses tragédies, comédies et opéras. Nouv. édit. *Paris*, 1739, 5 vol. in-12, fig., v. f. fil. tr. dor. (*Chaumont.*)

1603. Chefs-d'œuvre de P. Corneille, avec les commentaires de Voltaire. *Paris*, 1817, 5 vol. in-12, dem. rel.

1604. OEuvres choisies de M. de La Monnoye. *La Haye*, 1769, 3 vol. in-8, v. f.

1605. OEuvres de Jean-Baptiste Rousseau. Nouv. édit., revue, corrigée et augmentée sur les manuscrits de l'auteur. *Bruxelles*, 1743, 3 vol. in-4, v. m.

1606. Poésies de Madame Deshoulieres. *Paris*, 1707, 2 vol. pet. in-8, v. br.

1607. OEuvres de l'abbé de Chaulieu. Nouv. édit., par M. de Saint-Marc. *Paris*, 1757, 2 tom. en 1 vol. in-12, v. f. fil. tr. dor. — Œuvres diverses de M. L. de Chaulieu. *Amsterdam*, 1733, 2 tom. en 1 vol. in-8, mar. r. fil. tr. dor.

1608. Œuvres de Chapelle et de Bachaumont. *La Haye*, 1755, in-12, port. bas.— Recueil de pièces galantes, en prose et en vers, de Mme la comtesse de La Suze et de M. Pellisson. *Trévoux*, 1741, 5 vol. in-12, v. f.

1609. Poésies françoises de M. l'abbé Regnier Desmarais. *Amsterdam* et *Leipsick*, 1753, 2 vol. in-18, v. marb.

1610. Fables de Lafontaine. *Paris*, 1782, 2 vol. in-18, v. gr. fil. tr. dor.

1601. Fables de Lafontaine. Edit. taille-douce. *Paris*, 1834, 2 tom. en 1 vol. gr. in-4, fig., dem. mar. r.

1612. Œuvres de La Fontaine. Nouv. édit., revue, mise en ordre et accompagnée de notes, par C. A. Walckenaer, tome 3. Contes et Nouvelles en vers. *Paris*, 1822, in-8, fig., dem. v. f.

1613. Fables inédites des XIIe, XIIIe et XIVe siècles, et Fables de La Fontaine rapprochées de celles de tous les auteurs qui avoient, avant lui, traité les mêmes sujets, précédées d'une notice sur les fabulistes, par A. C. M. Robert. *Paris*, 1825, 2 vol. in-8, fig., dem. mar. r.

1614. Œuvres de M. Palissot. *Paris*, 1788, 4 vol. in-8, fig., v. gr. fil. — Œuvres du marquis de Villette. *Edimbourg* et *Paris*, 1788, in-8, pap. de Holl., v. fil. tr. dor. — Poésies de M. de La Monnoye, avec son éloge, publiées par M. de Sallengre. *La Haye*, 1716, in-8, v. m. fil.

1615. Œuvres de Vergier, nouv. edit. *Lausanne*, 1752, 2 vol. in-12, v. mar. fil.

1616. Poëtes du second ordre, précédés d'un choix des vieux poëtes français. *Paris*, 1819, 4 vol. in-18, dem. v. vert.

1617. Poésies d'André Chénier, précédées d'une notice par M. H. de Latouche. *Paris*, 1841, in-12, v. f. fil.

1618. Etudes morales et littéraires sur la personne et les écrits de J. F. Ducis, par Onésime Leroy. *Paris*, 1832, in-8, br. — Essais de Mémoires, ou Lettres sur la vie, le caractère et les écrits de J. F. Ducis, par M. Campenon. *Paris*, 1824, in-8, br.

1619. Héro et Léandre, poëme en quatre chants, suivi de poésies diverses, par P. Denne Baron. *Paris*, 1806, in-18, pap. vél., dem. rel.

1620. La Panhypocrisiade, ou le Spectacle infernal du XVIe siècle, par Népomucène L. Lemercier. *Paris*, 1819, in-8, br.

1621. L'Astronomie, poëme en six chants, par P. Daru. *Paris*, 1830, in-8, br.

1622. Œuvres complètes de P. J. de Béranger. *Paris*, 1841, in-12, portr., v. marb. fil.

1623. Poésies de Firmin Didot, suivies d'observations littéraires et typographiques sur Robert et Henri Estienne. *Paris*, 1834, in-8, br.

1624. Epîtres et Satires, suivies d'un précis historique sur la satire chez tous les peuples, par Viennet. *Paris*, 1845, in-12, br.

LANGUE ITALIENNE.

1625. Saggio di lingua etrusca e di altre antiche d'Italia, per servire alla Storia de popoli, delle lingue e delle belle arti, dell' ab. Luigi Lanzi. *Firenze*, 1824, 3 vol. in-8, dem. v. ant.

1626. Bizzarrie academiche, di Gio. Francesco Loredano, nobile Veneto. *In Venetia*, 1662, 2 vol. in-12, parch.

1627. Dell' Origine, de Progressi e dello Stato attuale d'ogni letteratura, dell' abate D. Giov. Andres. *In Venezia*, 1783-1800, 22 vol. in-8, v. gr.

1628. Voci e locuzioni italiane, derivate della lingua provenzale, opera del prof. V. Nannucci. *Firenze*, 1840, in-8, br.

1629. Grammaire italienne, ou Application de la science de l'analyse à l'italien, par G. Biagioli. *Paris*, 1837, in-8, dem. v. f.

1630. Grammaire des grammaires italienne, élémentaire, raisonnée, méthodique et analytique, ou Cours complet de langue italienne, par J. Ph. Barberi. *Paris*, 1819, 2 vol. in-8, dem. vel. bl.

1630. Vocabolario degli Accademici della Crusca, quarta impressione. All' Altezza Reale del Ser. Gio. Gastone, granduca di Toscana, loro signore. *In Firenze*, 1729-38, 5 vol. in-fol., vel. — Giunta di Vocaboli raccolti dalle opere degli autori approvati dall' Accademia della Crusca. 1751, in-fol. vel.

1632. Voci scoperte e difficoltà incontrate sul vocabolario ultimo della Crusca. *In Venezia*, 1758, in-4, cart.

1633. Lo Spettatore italiano, preceduto da una saggio critico sopra i filosofi morali e i dipintori de' costumi e de' caratteri, opera del conte Giovanni Ferri di S. Costante. *Milano*, 1822, 4 vol. in-8.

1634. Bibliotheca poetica italiana scelta e publicata da A. Buttura : La Divina Commedia, di Dante Alighieri, 3 vol. — Le Rime de messer F. Petrarca, 3 vol. — Scelta di poesie italiane d'autori antichi, 1 vol. — L'Orlando Furioso, de L. Ariosto, 8 vol. — La Gerusalemme liberata, di Torquato Tasso, 4 vol. — Aminta, di Tasso, 1 vol. — Il Pastor fido, di B. Guarini, 1 vol. — La Coltivazione, di L. Alamanni, 1 vol. — Scelta di Poesie italiane d'autori dell eta media. 1 vol. — Opere scelte di P. Metastasio, 3 vol. — Tragedie scelte di V. Alfieri, 3 vol. — Scelta di poesie italiane d'autori moderni, 1 vol. *Parigi*, 1820-22, 30 vol in-32, br.

1635. L'Enfer, le Purgatoire et le Paradis, de Dante Alighieri. Texte et traduction française ; par M. le chev. A. F. Artaud. 2e édit. *Paris*, 1828-30, 9 vol. in-32, v. f. fil. tr. dor.

1636. OEuvres de Dante Alighieri : La Divine Comédie, trad. nouv. par A. Brizeux. — La Vie nouvelle, trad. par E. J. Delécluze. *Paris*, 1843, in-12, br.

1637. La Divine Comédie de Dante Alighieri, trad. en français par M. Artaud de Montor. 3e édit. *Paris*, 1845, in-12, br.

1638. La Teseide di G. Boccaccio, tratta dal manoscritto del conte G. Camposampiero. *Milano*, 1819, in-8, br.

1639. Il Decameron, di messer G. Boccaccio. *Firenze*, 1825, 4 vol. in-8, br.

1640. Lezioni di mosignor G. Bottari, sopra il Decamerone. *Firenze*, 1818, 2 vol. in-8, br.

1641. OEuvres complètes de Machiavel, traduites par J. V. Périés. *Paris*, 1823-25, 10 vol. in-8, br.

1642. Opere di Cesare Beccaria. *Milano*, 1821-22, 2 vol. in-8, br.

1643. Opere di Giuseppe Parini, publicate per cura di fr. Reina. *Milano*, 1825, 2 vol. in-8, br.

1644. La Secchia rapita, poema eroicomico di A. Tassoni. *Milano*, 1804, in-8, br.

1645. Opere del signor abate P. Metastasio. *In Parigi*, 1780-82, 12 vol. — Opere posthume. *In Vienna*, 1795, 3 vol.; en tout, 15 vol. in-4, br.

1646. Ricciardetto di Niccolo Carteromaco. *Milano*, 1813, 3 vol. in-8, br.

1647. Arminio, tragedia d'Ippolito Pindemonte. *In Verona*, 1819, in-8, br.

1648. Teatro italiano antico. *Milano*, 1808-09, 9 vol. — Poesie drammatiche, rusticali, scelte ed illustrate con note dal dott. G. Ferrario. *Milano*, 1812, 1 vol.; en tout, 10 vol. in-8, br.

1649. Raccolta di prose e lettere, scritte nel secolo XVIII. *Milano*, 1829-30, 3 vol. in-8, br.

1650. Varie operette del conte L. Magalotti, con giunta di otto lettere su le terre odorose d'Europa e d'America. *Milano*, 1825, in-12, br. en cart.

1651. Cronica di G. Villani a miglior, lezione ridotta coll' aiuto de' testi a penna. *Firenze*, 1823, 8 vol. in-8, br.

1652. Il Subalpino, giornale di scienze, lettere ed arti. *Torino*, 1837-38, 2 vol. in-8, br. dem. rel.

LANGUE ESPAGNOLE.

1653. Gramatica de la lengua castellana, compuesta por la real Academia española. Quarta edicion, corregida y aumentada. *Madrid*, 1796, in-12, dem. v. ant.

1654. Grammatica y apologia de la llengua cathalana, per lo D. J. Pau Ballot y Torres. *Barcelona*, 1814, in-18, dem. rel.

1655. Dictionarium, seu thesaurus catalano-latinus verborum ac phrasium, authore Petro Torra. *Vici*, 1757, in-4, parch.

1656. Diccionario de la lengua castellana, compuesto por la real Academia española, reducido á un tomo para su mas facil uso. *Madrid*, 1791, in-fol., bas.

1657. Nuevo Diccionario portatil español y frances, por lo abate Gattel. En *Paris*, 1798, in-16, v. ant. fil. fers à fr.

1658. Dictionnaire espagnol français et français-espagnol, par M. Nuñez de Taboada. *Paris*, 1838, 2 vol. in-8, dem. mar. bl.

1659. El ingenioso hidalgo Don Quixote de la Mancha, compuesto por Miguel de Cervantes Saavedra. *Burdeos*, 1815, 4 vol. in-12, fig., bas.

LANGUE PORTUGAISE.

1660. Grammaire française et portugaise, par L. P. Siret, revue par Cournand. *Paris*, an VIII, in-8, dem. v. ant.

1661. Nouvelle Grammaire portugaise, à l'usage des Français, par F. S. Constancio. *Paris*, 1832, in-12, dem. v. ant.

1662. Nouveau Dictionnaire portatif des langues française et portugaise, par F. S. Constancio. Troisième édit. *Paris*, 1830, in-16, 2 tomes en 1 vol. in-16, bas.

1663. Malaca conquistada pelo grande A. de Albuquerque, poema heroico de F. de Sa' de Menezes; com os argumentos de D' Bernarda Ferreira. *Lisboa*, 1779, in-4, dem. v. f.

1664. The Lusiad, or the discovery of India. An epic poem, translated from the original portuguese of L. de Camoëns, by W. J. Mickle. Second edition. *Oxford*, 1778, in-4, fig., br. en cart.

1665. Poemas, que ao illustrissimo senhor Manoel Paes de Aragâo Trigozo, D. O. C. Ovidio Saraiva de Carvalho e Silva. *Coimbra*, 1808, in-12, cart.

LANGUE BASQUE.

1666. Proverbes basques, recueillis par Ar. Oihenart, suivis des poésies basques du même auteur. Deuxième édition. *Bordeaux*, 1847, in-8, br. (En basque et en français.)

LANGUES CELTIQUE ET BRETONNE.

1667. Antiquité de la nation et de la langue des Celtes, autrement appelez Gaulois, par le R. P. dom P. Pezron. *Paris*, 1703, in-12, v. br.

1668. Essai sur l'histoire, la langue et les institutions de la Bretagne Armoricaine, par A. de Courson. *Paris*, 1840, in-8, br.

1669. Die Celtischen Sprachen in ehrem verhältnisse zum Sanskrit, Zend, Griechischen, Lateinischen, Germanischen, Litthuanischen, und Slavischen, von Fr. Bopp. *Berlin*, 1839, in-4, dem. v. f. (Extr. des Mém. de l'Acad. de Berlin.)

1670. Grammaire celto-bretonne, contenant les principes de l'orthographe, de la prononciation, de la construction des mots et des phrases, selon le génie de la langue celto-bretonne, par J. F. M. M. Legonidec. *Paris*, 1807, in-8, dem. v. v.

1671. Grammaire françoise-celtique ou françoise-bretonne, qui contient tout ce qui est nécessaire pour apprendre par les règles la langue celtique ou bretonne, par le P. F. Grégoire de Rostrenen. *Rennes*, 1738, pet. in-8, v. br.

1672. Grammaire française-celtique, ou française-bretonne, par le P. F. Grégoire de Rostrenen. Nouvelle édition. *Guingamp*, 1833, in-12, br.

1673. Dictionnaire celto-breton, ou breton-français, par J. F. M. M. A. Legonidec. *Angoulême*, 1821, in-8, dem. v. f.

1674. Dictionnaire français-celtique, ou français-breton, par le P. F. Grégoire de Rostrenen. *Guingamp*, 1834, 2 vol. in-8, dem. mar. v.

1675. Dictionnaire français-breton de Legonidec, enrichi d'additions et d'un essai sur l'histoire de la langue bretonne, par Th. Hersart de la Villemarqué. *Saint-Brieuc*, 1847, in-4, br.

1676. Vocabulaire nouveau, ou Dialogues français et bretons, ouvrage très-utile à ceux qui sont curieux d'apprendre l'une ou l'autre de ces deux langues. *Vannes*, 1829, in-12, cart.

LANGUE GAELIQUE.

1677. Elements of Gaelic Grammar in four parts, by A. Stewart. *Edinburgh*, 1801, in-8, dem. v. f.

1678. A. Gaelic Dictionary, in two parts : 1° Gaelic and English. 2° English and Gaelic; to which is prefixed, a new Gaelic Grammar. By R. A. Armstrong. *London*, 1825, 1 vol. in-4, br. en cart.

1679. Dictionarium scoto-celticum; an etymological Dictionary of the gaelic language, by the highland Society of Scotland. *Edinburgh*, 1828, 2 vol. in-4, br. en cart.

LANGUE ALLEMANDE.

1680. J. C. Adelung Deutsche Sprachlehre fur Schulen. *Berlin*, 1816, in-12, br.

1681. Grammaire allemande, par M. L. H. Schuchhardt. *Paris*, 1825, in-8, br.

1682. Grammaire allemande élémentaire pour les Français, par Simon. *Paris*, 1822, in-8, br.

1683. Deutsche Grammatik, von Dr J. Grimm. *Göttingen*, 1822-37, 4 vol. in-8, dem. v. ant.

1684. Alt-franzosische Grammatik worin die conjugation vorzugsweise berücksichtigt ist ; von Conrad, von Orell-Zurich. 1830, in-8, dem. mar. bl.

1685. Grammaire allemande à l'usage des Français, par Ch. B. Schade. *Leipzig*, 1841, in-12, cart.

1686. Schulgrammatik der deutschen Sprache ; von Dr K. F. Becker. *Frankfurt am Main*, 1835, in-8, dem. v. f.

1687. Ausfuhrliche deutsche Grammatik, von Dr Karl F. Becker. *Frankfurt am Main*, 1836-37, 2 vol. in-8, dem. v. f.

1688. Theoretisch praktische deutsche Grammatik,

von D[r] J. Ch.-Aug. Heyse. *Hannover*, 1838, 2 vol. in-8, dem. v. f.

1689. Handworterbuch der deutschen Sprache, von D[rr] J. Ch.-Aug. et K. M. L. Heyse. *Magdeburg*, 1833-49, 3 vol. in-8, dem. v. f.

1690. Althochdeutscher sprachschatz... Dictionnaire de l'ancien haut allemand, par Graff. *Berlin*, 1834-46, 7 vol. in-4, dem. v. f.

1691. Mittelhoch deutsches Wörterbuch zum handgebrauch, von A. Ziemann. *Quedlinburg und Leipzig*, 1838, in-8, dem. v. f.

1692. Nouveau Dictionnaire des langues allemande et française, par Schuster et Regnier. *Paris*, 1841-44, 2 vol. in-8, dem. v. f.

1693. Deutsches Wörterbuch, von Jacob Grimm. und W. Grimm. Erste Lieferung. A. Allverein. *Leipzig*, 1852, gr.in-8, br.

1694. Nouveau Dictionnaire des langues allemande et française, par M. Schuster et Regnier. *Paris*, 1841-44, 2 vol. in-8, le 1er dem. v., le 2e br.

1695. Nouveau Dictionnaire complet à l'usage des Allemands et des Français, par MM. l'abbé Mozin et J. T. Biber. *Stuttgart*, 1823-28, 4 vol. in-4, dem. v. f.

1696. Griechisch-Deutsches Wörterbuch der mythologischen, historischen und geographischen eigennamen nebst beigefügter Kurzer erklärung und angabe der Sylbenläuge fur den Schulgebranch; ausgeærbeitet von G. Ch. Crusius. *Hannover*, 1832, gr. in-8, dem. mar. fil.

1697. Cours de thèmes et de versions, en français et en allemand, par J. T. Hermann. *Paris*, 1828, in-8, br.

1698. Cours complet de langue allemande, par MM. Le Bas et Regnier. Tomes 1, 2, 4, 5, 6. (Grammaire all., thèmes all., versions all., versions corrigées, littérature all.) *Paris*, 1832-34, 5 vol. in-12, dem. v. f.

1699. Bibliothek der gesammten deutschen National-Literatur. — Theuerdank; von Dr C. Haltaus. *Quedlinburg und Leipzig*, 1836, in-8, br.

1700. Bibliothek der gesammten deutschen National-Literatur. — Deutsche gedichte des Zwœlften jahrhundersts und der Næchstverwandtenzeit. *Quedlinburg und Leipzig*, 1837, in-8, br.

1701. Fr. Creuzer's deutsche Schriften, neue und Verbesserte. *Leipzig und Darmstadt*, 1836-42, Tom. I-III en 9 part. in-8, br. T. IV, part. 1 et 3, plus un Index. — Symbolik und Mythologie. *Leipzig und Darmstadt*, 1842-43, 3 part. in-8, pap. vél., br.

1702. Mémoires de Goëthe, trad. de l'allemand par M. Aubert de Vitry. *Paris*, 1823, 2 vol. in-8, br.

ISLANDAIS, ANGLO-SAXON, IRLANDAIS, ANGLAIS, RUSSE, ETC.

1703. Poëmes islandais (Voluspe, Vafthrudnismal, l'Okasena), tirés de l'Edda de Sœmund, publiés avec une traduction, des notes et un glossaire, par F. G. Bergmann. *Paris*, Imp. R., 1838, in-8, dem. v. f.

1704. Edda Sœmundar hinns Froda. Edda rhythmica, seu antiquior vulgo Sœmundina dicta. *Hafniæ*, 1787-1818, 2 vol. in-4, dem. v.

1705. Gothische Sprachformen und Sprachproben, zu Vorlesungen entworfen, von A. Zeüne. *Berlin*, 1825, in-4, dem. v. f., 16 pag.

1706. Recherches sur la fusion du franco-normand et de l'anglo-saxon, par J. P. Thommerel. *Paris*, 1841, in-8, pap. vél., dem. mar. r.

1707. A Dictionary of the anglo-saxon language, by the J. Bosworth. *London*, 1837, in-8, dem. v. f.

1708. Antiquæ linguæ britannicæ Thesaurus; being a british, or Welsh-english Dictionary, to which is prefixed a compendious and comprehensive welsh grammar, by Th. Richards. 1815, in-8, v. m. fil.

1709. Nouvelle Grammaire anglaise, divisée en cinq livres, par J. Turner. *Paris*, 1809. — Traité sur la prononciation angloise, par M. Shéridam; trad. par M. Canquoin Chaussier. *Paris*, 1790, 1 vol. in-8, dem. rel.

1710. An english Grammar, comprehending the principles and rules of the language, illustrated by appropriate exercises, and a key to the exercises, by Lindey Murray. *York*, 1816, 2 vol. in-8, dem. v. f.

1711. A Dictionary of the english language, by S. Johnson. *London*, 1785, 2 vol. in-4, dem. v. f.

1712. Royal Dictionary english and french, and french and english. Vol. 1. English end french, by Fleming and Tibbins. *Paris*, 1846, in-4, dem. mar. r.

1713. Alphabet irlandais, précédé d'une notice historique, littéraire et typographique, par J. J. Marcel. *Paris*, au XII, in-8, pap. vél. dem. v. f.

1714. A practical Grammar of the irish language, by the rev. P. O'brien. *Dublin*, 1809, in-8, v. f. fil.

1715. The King's Letter, in irish and in english; with an introduction to the irish language, and reading lessons, for the use of his majesty's subjects, by T. Connellan. *Dublin*, 1822, in-12, dem. v. f.

1716. Irish-English Dictionary, by J. O'Brien. Second edition. *Dublin*, 1832, in-8, cart.

1717. A Grammar of the irish language, published for the use of the senior classes in the college of St Columba, by J. O'Donovan. *Dublin*, 1845, in-8, cart.

1718. A Grammar of the Welsh language, by W. Owen. *London*, 1803; in-8, dem. v. f.

1719. Geriadur cymraeg a Saesoneg. — An abridgment of the Welsh and english dictionary, by W. Owen. *London*, 1826, in-12, dem. v. ant.

1720. Lexicon islandico-latino-danicum Biornonis Haldorsonii. Biorn Haldorsens islandske lexikon, e manuscriptis legati Arnamagnæani cura R. K. Raskii editum, præfatus est P. E. Muller. *Hauniæ*, 1814, 2 t. en vol. in-4, dem. mar. r. f.

1721. J. Dobrowsky institutiones linguae slavicae dialecti veteris, quae quum apud Russos, Serbos aliosque ritus graeci, tum apud Dalmatas Glagolitas ritus latini slavos in libris sacris obtinet. *Vindobonæ*, 1822, in-8, dem. v. f.

1722. Grammatica seu institutio Polonicæ linguæ, in quâ etymologia, syntaxis, et reliquæ partes omnes tractantur, in usum exterorum edita, authore F. Mesgnien. *Dautisci*, 1649, in-8, v. f.

1723. A. Fr. Pott., De borusso-lithuanicæ tam in slavicis quam letticis linguis principatu commentatio II. *Halis Saxonum*, 1841, in-4, br. en cart.

1724. Grammaire russe divisée en quatre parties, par G. Hamonière. *Paris*, 1817, in-8, dem. v. f.

1725. Grammaire raisonnée de la langue russe, précédée d'une introduction sur l'histoire de cet idiome, de son alphabet et de sa grammaire; par Nic. Gretsch, traduit du russe, par Ch.-Ph. Reiff. *Saint-Pétersbourg*, 1828-29, 2 vol. gr. in-8, dem. v. f.

1726. Dictionnaire russe-français, dans lequel les mots russes sont classés par familles; ou dictionnaire étymologique de la langue russe, par Ch.-Ph. Reiff. *Saint-Pétersbourg*, 1835, gr. in-8, dem. mar. r. f.

1727. Grammaire Hollandaise de Philippe La Grue, revue par G. Sewel, 6e édition. *Amsterdam*, 1814, in-12, dem. v. f.

SYNGLOSSE.

+1728. The eastern origin of the Celtic nations proved by a comparison of their dialects with the sanscrit, greek, latin and teutonic languages, by J. Cowles Prichard. *Oxford*, 1831, in-8, dem. v. f.

+1729. Lexiologie Indo-Européenne ou essai sur la science des mots sanskrits, grecs, latins, français, lithuaniens, russes, allemands, anglais, etc., par H. J. Chavée. *Paris*, 1849, gr. in-8, br.

+1730. Vergleichungstafeln der Europäischen Stamm-Sprachen und sud, West-Asiatischer; R. K. Rask, über die thrakische Sprachclasse, aus dem Dänischen, etc. Von J. S. Vater. *Halle*, 1822, in-8, dem. mar. r. fil.

1731. Mithridates, oder allgemeine sprakenkunde... Mithridates ou Grammaire générale, avec le Pater noster comme modèle en près de 500 langues et dialectes, par J. Ch. Adelung. *Berlin*, 1806-17, 4 vol. in-8, dem. v. f.

1732. Musei Borgiani Velitris Codices Manuscripti Avenses Peguani, Siamici, Malabarici, Indostani, animadversionibus historico-criticis castigati et illustrati ; accedunt Monumenta inedita, et Cosmogonia indico-Tibetana, auctore P. Paulino a S. Bartholomaeo. *Romæ*, 1793, in-4, fig., dem. v. ant.

1733. A Comparative Vocabulary of the Barma, Malayu and Thai languages. *Serampore*, 1810, in-8, veau.

1734. Ueber die jetzigen romanischen Scriftsprachen, die spanische, portugiesische, rhätoromanische, französische, italiänische und dakoromanische mit Vorbemerkungen über entstehung, verwandtschaft U. S. W. dieses sprachstammes. von L. Diefenbach. *Leipzig*, 1831, in-4, cart.

1735. Sprachlehre von A. F. Bernhardi. *Berlin*, 1801-3, 2 vol. in-8, dem. v. f.

1736. Des Lord Monboddo Werk, von dem Ursprunge und Fortgange der Sprache ubersetzt von C. A. Schmid. *Riga*, 1784, 2 vol. in-8, br.

1737. Ursprachlehre entwurf zu einem System der Grammatik; von F. Schmitthenner. *Frankfurt am Main*, 1826, in-8, dem. v. f.

1738. Analecta grammatica maximam partem anecdota ediderunt J. Ab. Eichenfeld et St. Endlicher. *Vindobonæ*, 1837, in-4, dem. v. ant.

ADDITIONS AUX LANGUES DE L'INDE.

1739. The Mrichchhakati : a comedy, by Sudraka Raja, with a commentary explanatory of the prakrit passages. *Calcutta*, 1829, in-8, dem. mar. r.

1740. A Dictionary in English and bengalee; translated from Todd's edition of Johnson's english dictionary; by Ram Comul Sen. *Serampore*, 1834, 2 vol. gr. in-4, dem. mar. r.

1741. A. Dictionary of the bengalee language; bengalee and english, and english and bengalee. *Serampore*, 1827-28, 2 vol. in-8, dem. v. f.

1742. Fables; in the bengalee language, prepared by Baboo Ram-Komul Sen, and the Serampore native school institution. *Serampore*, 1820, in-12, dem. mar. r. fil.

1743. Radices Pracriticæ; edidit et illustravit N. Delius. Supplementum ad Lassenii institutiones linguæ pracriticæ. *Bonnæ ad Rhenum*, 1839, in-8, dem. cuir de R.

1744. Institutiones linguæ pracriticæ, scripsit Ch.

Lassen. *Bonnæ ad Rhenum*, 1837, in-8, cuir de R., fil. tr. dor.

1745. A Dictionary of the Maratha language, by Vans Kennedy. *Bombay*, 1829, in-4, dem. rel. v.

1746. Grammatik der pârsisprache nebst sprachproben, von Dr Fr. Spiegel. *Leipzig*, 1851, in-8, br.

GÉOGRAPHIE ET VOYAGES.

1747. Ph. Cluverii introductio in universam geographiam tabulis geographicis XLVI, ac notis olim ornata a J. Bunone, jam verò locupletata additamentis et annotationibus J. Fr. Hekelii et J. Reiskii. *Amstelodami*, 1697, in-4, v. br.

1748. Handbuch der alten Geographie, von Dr F. K. L. Sickler. *Cassel*, 1832, 2 vol. in-8, dem. v. f.

1749. Abrégé de géographie, rédigé sur un nouveau plan d'après les derniers traités de paix et les découvertes les plus récentes. *Paris*, 1834, in-8, dem. v. f.

1750. Dictionnaire universel des géographies physique, commerciale, historique et politique du monde ancien, du moyen âge et des temps modernes comparées, par J. G. Masselin. *Paris*, S. D., 2 vol. in-8, cartes coloriées, dem. v. f.

1751. Dictionnaire géographique universel, contenant la description de tous les lieux du globe intéressans sous le rapport de la géographie physique et politique, de l'histoire, de la statistique, du commerce, de l'industrie, etc. *Paris*, Kilian et Picquet, 1823-33, 10 vol. in-8, dem. v. f.

1752. Vergleichendes wörterbuch der alten, mittleren und neuen geographie, von Fr. H. Th. Bischoff und J. H. Möller. *Gotha*, 1829, in-8, dem. v. f.

1753. Dictionnaire géographique de la Bible, par A. F. Barbié du Bocage. *Paris*, 1834, in-8, pap. vél. br.

1754. Atlas de la Géographie de Malte-Brun. *Paris*, 1837, in-fol., dem. v. f.

1755. Recueil de Cartes de géographie : I. Alexandri magni Imperium et expeditio, tabula, opus posth. G. Delisle. — II. Orbis veteribus noti tabula nova, auct. G. Delisle. — III. Orbis veteribus notus, auctore D'Anville. — IV. Orbis Romani pars orientalis, auctor. *id.* — V. Orbis Romani pars occidentalis, *id.* — VI. Italiæ antiquæ, *id.* — VII. Asiæ quæ vulgò Minor dicitur et Syriæ, *id.* — VIII. Græciæ antiquæ, *id.* — IX. L'Euphrate et le Tigre, *id.* — X. Gallia antiqua, *id.* — XI. Ad antiquam Indiæ, etc., *id.* — XII. Reichardi orbis terrarum antiquus, 6 feuilles : 1. Orbis terrarum veteribus notus; 2. Regiones inter Euphratem, Tigrim et Indum; 3. Germania magna; 4. Dacia, Sarmatia, Caucasus, etc. — 5. Mauritania, Africa propria, Cyrenaica; 6. India. — XIII. Chart of the northern part of the gulf of Manaar, by J. Wedgbrough.

1756. Notice des ouvrages de D'Anville, par Barbié du Bocage, précédée de son éloge par Dacier. *Paris*, 1802, in-8, dem. v. ant.

1757. Œuvres de D'Anville, publiées par M. de Manne. *Paris*, Impr. R., 1834, 2 vol. in-4 et atlas gr. in-fol., dem. mar. r.

1758. The Journal of the royal geographical society of London. *London*, 1831-51. Tom. I à XIX, in-8, fig. et cartes, dem. v. f.; XX, en 2 part.; XXI, 1re part., et Index des tomes I à X, br.

1759. Notitia orbis antiqui, sive geographia plenior, ab ortu rerum publicarum ad Constantinorum tempora, orbis terrarum faciem declarans C. Cellarius collegit. *Lipsiæ*, 1701-6, 2 vol. in-4, v. ant.

1760. Theatri geographiæ veteris in quo Cl. Ptolemæi geographiæ libri VIII, græcè et latinè, opera P. Bertii. *Amstelodami*, 1619, 1 vol. gr. in-fol., vél.

1761. Pomponii Melæ libri III de situ orbis cum observationibus J. Vossii. *Franekeræ*, 1700, pet. in-8, vél.

1762. Recherches sur la géographie systématique et positive des anciens, pour servir de base à l'histoire de la géographie ancienne, par P. F. J. Gosselin. *Paris*, an VI-1813, 4 vol. in-4, cartes, dem. v. f.

1763. Géographie des Grecs analysée, ou les systèmes d'Ératosthènes, de Strabon et de Ptolémée comparés entre eux et avec nos connaissances modernes; par Gosselin. *Paris*, 1790, 1 vol. et atlas in-4, dem. v. ant.

1764. Geographi græci minores, Hudsonianæ editionis adnot. integras cum Dodwelli dissertationibus edidit suasque et variorum adjecit; textum denuo recensuit et varias lectiones subjecit; versionem latinam recognovit, edidit J. F. Gail. *Parisiis*, Impr. R., 1826-31, 3 vol. in-8, dem. v. f.

1765. Strabons Erdeschreibung in Siebenzehn büchern. *Berlin* et *Stettin*, 1831-34, 4 vol. in-8, dem. v. f.

1766. Recueil des Itinéraires anciens, comprenant l'Itinéraire d'Antonin, la Table de Peutinger et un choix des Périples grecs avec des cartes dressées par le col. Lapie; publié par le marquis de Fortia d'Urban. *Paris*, Impr. R., 1845, in-4, dem. v. f.

1767. Périple de Marcien d'Héraclée; epitome d'Artemidore, Isidore de Charax, etc., ou Supplément aux dernières éditions des petits géographes, par E. Miller. *Paris*, 1839, in-8, carte, br.

1768. Stephanus de Urbibus quem primus Th. de Pinedo Latii jure donabat et observationibus illustrabat : his additæ præter ejusdem Stephani fragmentum collationes Jac. Gronovii cum codice perusino, una cum gemino rerum et verborum indice. *Amstelœdami*, 1678, in-fol., v. br.

1769. Two essays on the geography of ancient Asia; intended partly to illustrate the campaigns of Alexander, and the Anabasis of Xenophon; by the Rev. J. Williams. *London*, 1829, in-8, cartes, cart.

1770. Les sciences historiques et géographiques envisagées dans leur mouvement actuel chez les différents peuples de l'Europe, par Vivien de Saint-Martin. — Considérations sur l'objet et les avantages d'une collection spéciale consacrée aux cartes géographiques, par Jomard. — Notice sur l'établissement géographique de Bruxelles, par Jomard. — Note sur la localité où sont situées les principales mines d'or du Soudan oriental, par Trémaux. — États-Généraux de 1614, considérés sous le point de vue politique et littéraire, par A. Poirson. — Notice sur les Bohémiens, par A. Renzi. — An Enquiry into A. D'Abbadie's journey to Kaffa, to discover the source of the Nile, by Ch. T. Beke. — Paul Kisselef et les principautés de Valachie et de Moldavie, par un habitant de Valachie. — Les Kazars, par Vivien de Saint-Martin. — Histoire de la vie d'Hiouen-Thsang et de ses voyages dans l'Inde entre les années 629 et 645 de notre ère, par Stanislas Julien. — 10 broch. in-8.

1771. The oriental Geography of Ebn Haukal, an Arabian traveller of the tenth century, translated by sir W. Ouseley. *London*, 1800, in-4, carte, dem. v. ant.

1772. Itinera mundi sic dicta nempè cosmographia, autore Ab. Peritsol. Latina versione donavit et notas passim adjecit Th. Hyde. *Oxonii*, 1691, in-4, vél.

1773. Voyage du tour du monde, traduit de l'italien de Gemelli Careri, par L. M. N. *Paris*, 1719, 6 vol. in-12, fig. et cartes, v. br.

1774. Tour du monde, ou Voyages du rabbin Péthachia, de Ratisbonne, dans le XIIe siècle; publiés en hébreu et en français, accompagnés de notes historiques, géographiques et littéraires, par E. Carmoly. *Paris*, Impr. R., 1831, in-8, cart. (Extr. du Journal Asiatique.)

1775. Voyages du sieur A. de La Motraye en Europe, Asie et Afrique. *La Haye*, 1727-32, 3 vol. in-fol., fig., veau br.

1776. Relations de divers voyages curieux, qui n'ont point esté publiées, ou qui ont esté traduites d'Hacluyt, de Purchas et d'autres voyageurs. 1re partie. *Paris*, 1663, in-fol., fig. v. br.

1777. Delle navigationi e viaggi raccolto gia da Gio. Battista Ramusio, et con molti et vaghi discorsi, da lui in molti luoghi dichiarato et illustrato. *Venetia*, 1563, 1559, 1556, 3 tom. en 2 vol. in-fol., vél.

1778. Journal des voyages, découvertes et navigations modernes, ou Archives géographiques et statistiques du XIXe siècle, par J. T. Verneur. Deuxième édit. *Paris*, 1821-29, 44 vol. in-8, dem. v. rose.

1779. Relations de divers voyages curieux qui n'ont point été publiés, et qu'on a traduits ou tirés des originaux des voyageurs françois, espagnols, allemands, portugais, anglois, hollandois, persans, arabes et autres orientaux, donnés au public par

Thévenot. *Paris*, 1696, 2 vol. in-fol., fig., veau rac. dent.

1780. Mémoire sur la collection des grands et petits voyages, et sur la Collection des Voyages de Thévenot; par A. G. Camus. *Paris*, 1802, in-4, dem. v. ant.

1781. Navigantium atque itinerariorum bibliotheca, or a complet collection of voyages and travels, consisting of above six hundred of the most authentic writers, beginning with Hackluit, Purchass, etc., in english; Ramusio, Alamandini, Carreri, etc. in italian; Thevenot, Renaudot, Labat, etc. in french; De Brye, Grynæus, Maffeus, etc. in latin; Herrera, Oviedo, Coreal, etc. in spanish; and the Voyages under the direction of the East-India company in Holland, in Dutch., originally published by J. Harris. *London*, 1764, 2 tom. en 4 vol. in-fol., cartes et fig., dem. cuir de R.

1782. Collection portative de Voyages, trad. de différentes langues orientales et européennes, par Langlès. *Paris*, 1797-1805, 5 vol. in-18, dem. mar. r., et atlas pet. in-4 obl.

1783. Les voyages et observations du sieur de La Boulaye-Le-Gouz, gentilhomme angevin. *Paris*, 1653, in-4, fig. sur bois, parch.

1784. Dissertazione intorno ai viaggi e scoperte settentrionali di Nicolo ed Antonio fratelli Zeni di D. P. Zurla. *Venezia*, 1808, in-8, carte, cart.

1785. Stieler's Hand-Atlas über alle Theile der Erde und über das Weltgebäude. Neue Ausgabe, 1837. Drei und sechzig Karten, nebst Bericht über den atlas und Erläuterungen zu den einzelnen Karten in einem hefte in quarto. *Gotha*, in-fol. obl., cartes col.

1786. Bericht zu Stieler's Hand-Atlas ueber alle Theile der Erde. *Gotha*, 1837, in-4, br.

1787. Johann Jansen Straufzens Reise durch Italian, Griechenland, Liefland, Moskau, die Tatarei, Medien, Persien, die Turkei, Japan und Ostindien. *Gotha und Erfurt*, 1832, in-8, dem. v. f.

1788. Reise von Sarepta in verschiedene Kalmucken-Horden des Astrachanischen gouvernements im jahr 1823, von H. A. Zwick und J. G. Schill. *Leipzig*, 1827, in-8, carte, dem. v. f.

1789. Oriental Memoirs selected and abridged from a series of familiar letters written during seventeen years residence in India; including observations on parts of Africa and South America, and a narrative of occurrences in four India voyages; by J. Forbes. *London*, 1813, 4 vol. in-4, fig. cart.

1790. Oriental Fragments, by the author of the Indu Pantheon (Moore). *London*, 1834, in-12, fig. cart.

1791. Oriental Scenery, by Th. and W. Daniell. *London*, 1812-15, 6 part. en 3 vol. in-fol., dem. mar. v.

1792. Travels from St.-Petersburg in Russia, to diverse parts of Asia, by J. Bell. *Glasgow*, 1763, 2 vol. in-4, v. f. fil.

1793. A journey through Persia, Armenia, and Asia-Minor, to Constantinople, in the years 1808 and 1809, by J. Morier. *London*, 1812, in-4, cartes et fig., dem. veau f.

1794. Narrative of a journey overland from England, by the continent of Europe, Egypt, and the Red Sea, to India; including a residence there, and voyage home, in the years 1825-28; by Mrs. Col. Elwood. *London*, 1830, 2 vol. in-8, fig. col., dem. v. f.

1795. Voyages de Thevenot en Europe, Asie et Afrique. Troisième édition. *Amsterdam*, 1727, 5 vol. in-12, fig. bas.

1796. Voyages faits principalement en Asie, dans les XIIe, XIIIe, XIVe et XVe siècles, par Benjamin de Tudèle, Jean Du Plan-Carpin, N. Ascelin, Guil. de Rubruquis, Marc-Paul, Haiton, Jean de Mandeville et Ambroise Contarini; accompagnés de l'Histoire des Sarrazins et des Tartares, par P. Bergeron. *La Haye*, 1735, 2 vol. in-4, cartes, v. m.

1797. Voyages de Pietro della Vallé, gentilhomme romain. *Rouen*, 1745, 8 vol. in-12, v. br.

1798. Itinerarium D. Benjaminis, cum versione et notis Constantini L'empereur ab Oppyck. *Lugd. Batav.*, Elzevir. 1633, in-12, dem. rel.

1799. Voyages d'un philosophe, par P. Poivre. *Paris*, an V, in-8, pap. vél. dem. v. vert.

1800. Asia. Sammlung von Denkschriften in Beziehung auf die Geo-und Hydrographie dieses Erdtheils; zur Erklärung und Erläuterung seines Karten-Atlas, zusammentragen von H. Berghaus. *Gotha*, 1832-35, 4 part. in-4, br. et atlas, cartes nos 2, 5, 6, 7, 8, 9, 10, 11, 12, 13, 14, 15, 16, 17, 19, gr. in-fol. col.

1801. Relation d'un voyage du Levant, fait par ordre du Roi, par Pitton de Tournefort. *Amsterdam*, 1718, 2 vol. in-4, v. br.

1802. Itinerarium Orientale, R. P. F. Philippi. *Lugduni*, 1849, in-8, vél.

1803. Correspondance et Mémoires d'un voyageur en Orient. *Paris*, 1840, 2 vol. in-8, br.

1804. Notes d'un voyage fait dans le Levant en 1816 et 1817. *Paris*, Firmin Didot, S. D., in-8, br.

1805. Itinerario ai paesi Orientali di Fra Riccoldò da monte di Croce, Scritto del XIII secolo dato ora in luce da Fra V. Fineschi. *In Firenze*, 1793, br., 78 pag.

1806. Voyages du capitaine Robert Lade en différentes parties de l'Afrique, de l'Asie et de l'Amérique. *Paris*, 1744, 2 vol. in-12, cartes. br.

1807. Diaire ou journal du voyage du chancelier Séguier en Normandie, après la sédition des Nu-Pieds (1630-1640) et documents relatifs à ce voyage et à la sèdition, publiés pour la première fois par A. Floquet. *Rouen*, 1842, in-8, br.

1808. Itinéraire complet du Royaume de France, divisé en cinq régions. Troisième édition. *Paris*, 1822, 2 vol. in-8, cartes. v. ant. fil.

1809. Géographie historique de la France, ou histoire de la formation du territoire français, par L. Dussieux. *Paris*, 1843, in-8, cartes, br.

1810. Géographie prototype de la France, contenant des éléments d'analyse naturelle applicables à tous les états, par Denaix. *Paris*, Impr. R., 1841, in-8, carte color. br.

1811. Panorama du Rhin depuis Mayence jusqu'à Cologne. *Francfort*, S. D., grande carte pliée in-4, cart.

1812. Voyages de P. S. Pallas en différentes provinces de l'empire de Russie et dans l'Asie septentrionale, trad. de l'allemand par Gauthier de la Peyronie. *Paris*, 1789, 5 vol. in-4, et atlas, dem. rel.

1813. Voyages entrepris dans les gouvernemens méridionaux de l'empire de Russie, dans les années 1793 et 1794, par Pallas; traduits de l'allemand par Delaboulay et Tonnelier. *Paris*, 1805, 2 vol. in-4, cartes et fig. v. marb. fil.

1814. Analyse géographique de l'Italie, par d'Anville. *Paris*, 1744, in-4, cartes dem. v. v.

1815. Voyage historique, chorographique et philosophique dans les principales villes de l'Italie, par P. Petit-Radel. *Paris*, 1815, 3 vol. in-8, br.

1816. Voyage en Sardaigne, ou description statistique, physique et politique de cette île, avec des recherches sur ses productions naturelles et ses antiquités, par le comte Al. de la Marmora (2e part. antiquités). *Paris*, 1840, in-8, br.

1817. Relation d'une excursion monumentale en Sicile et en Calabre, par Gally-Knight, précédée d'un essai historique sur la conquête de la Sicile par les Normands, trad. par M. de Caumont. *Caen*, 1839, in-8, br.

1818. Voyage à Pompéi, par l'abbé Dominique Romanelli, trad. de l'italien par M. P. *Paris*, 1829, in-12, fig. br.

1819. Journey through Arabia Petræa, to mount Sinai, and the excavated city of Petra, the Edom of the prophecies, by Léon de Laborde. *London*, 1836, in-8, cart.

1820. Voyage en Arabie et en d'autres pays circonvoisins, par C. Niébuhr. Trad. de l'allemand. *Amsterdam*, 1776-80, 2 vol. — Description de l'Arabie, faite sur des observations propres et des avis recueillis dans les lieux mêmes, par le même. *Amsterdam*, 1774, 1 vol. — Recueil de questions proposées à une société de Savants qui par ordre de S. M. Danoise font le voyage de l'Arabie, par Michaélis, traduit de l'allemand. *Amsterdam*, 1774, 1 vol. les 4 vol. in-4, fig. et cartes, dem. mar. r. n. rog.

1821. Études géographiques et historiques sur l'Arabie, accompagnées d'une carte de l'Asyr et d'une carte générale de l'Arabie; suivies de la relation du voyage de Mohammed-Aly dans le Fazoql, par Jomard. *Paris*, 1839, in-8, br.

1822. Description de l'Arabie, d'après les observations et recherches faites dans le pays même, par Niebuhr. *Paris*, 1779, 2 tomes en 1 vol. in-4, fig. et cartes, bas.

1823. Fünf Karten zu C. Ritter's erkunde von Arabien. Bearbeitet von C. Zimmermann. *Berlin*, 1847, gr. in-fol.

1824. Carte du golfe Arabique des petits géographes grecs, par A. Rabusson; 1 feuille in-fol. — Carte de la mer Egée, dressée pour le voyage d'Hannon, par le même. 1 feuille in-fol.

1825. Ueber das Afghanische oder Puschtu, von H. Ewald. In-8, dem. v. f., 28 pag. (Pas de titre.)

1826. Recherches sur l'histoire et la géographie de la Mésène et de la Characène, par J. Saint-Martin. *Paris*, Imp. R., 1838, in-8, br.

1827. Map of eastern Asia comprising China, parts of Tibet and Mongolia, Bootan, Assam, Burma and eastern Bengal, etc.; by J. B. Tassin. *London*, 1840, col. (Carte lithograp.)

1828. Voyage en Perse, fait dans les années 1807, 1808 et 1809 en traversant la Natolie et la Mésopotamie, depuis Constantinople jusqu'à l'extrémité du golfe Persique, et de là à Irèwan, par Dupré. *Paris*, 1809, 2 tom. en 1 vol. in-8, carte dem. rel.

1829. Travels and adventures in the Persian provinces on the southern banks of the Caspian Sea, with an appendix, containing short notices on the geology and commerce of Persia; by J. B. Fraser. *London*, 1826, in-4, dem. cuir de R.

1830. L'Ambassade de D. Garcias de Silva Figueroa en Perse, contenant la politique de ce grand empire, les mœurs du roy Schach Abbas, etc. Trad. de l'espagnol par de Wicquefort. *Paris*, 1667. — Histoire nouvelle et curieuse des Royaumes de Tunquin et de Lao... Trad. de l'Italien du P. de Marini, par F. Le Comte. *Paris*, 1666, in-4, v. br.

1831. Sprengels Erdbeschreibung von Ost-Indien, *Hamburg*, 1802, in-12, d. v. f.

1832. Voyages de Texeira ou l'histoire des Rois de Perse traduite d'Espagnol en Français, par C. Cotolendi. *Paris*, 1781, 2 tom. en 1 vol. in-12, v. br.

1833. Observations made on a tour from Bengal to Persia, in the years 1786-7, with a short account of the remains of the celebrated palace of Persepolis, and other interesting events; by W. Francklin. *London*, 1790, in-8, v. marb.

1834. Travels in Georgia, Persia, Armenia, ancient Babylonia, etc., etc., during the years 1817, 18-19, and 1820, by sir R. Ker Porter. *London*, 1821, 2 vol. in-4, cartes et fig., cuir de R. fil.

1835. Travels into Bokhara, being the account of a journey from India to Cabool, Tartary and Persia; also narrative of a Voyage on the Indus, from the sea to Lahore, by Lieut. A. Burnes. *London*, 1834, 3 vol. in-8, dem. v. f.

1836. Journal of the british embassy to Persia; embellished with numerous views taken in India and Persia; also, a dissertation upon the antiquities of Persepolis; by W. Price. Vol. 1, second edition. *London*, 1832, in-4, obl. cart.

1837. An account of the Kingdom of Caubul, and its dependencies in Persia, Tartary, and India; comprising a view of the Afghaun nation, and a history of the Dooraunee Monarchy; by Elphinstone. *London*, 1815, in-4, figures col., dem. mar. r.

1838. Relation du voyage de Perse, fait par le R. P. Pacifique de Provins, avec le testament de Mahomet. *Paris*, 1631, in-4, dem. mar. r.

1839. Voyages du chev. Chardin, en Perse, et autres lieux de l'Orient. Nouvelle édition, par L. Langlés. *Paris*, 1811, 10 vol. in-8, dem. v. f. et atlas.

1840. Journal of a tour in Persia, during the years

1824 et 1825; by R. C. M. *London*, 1828, in-8 carte cart.

1841. Voyage en Arménie et en Perse, fait dans les années 1805 et 1806, par P. Amédée Jaubert. *Paris*, 1821, in-8, carte et fig., v. gr. fil.

1842. Voyage en Turquie et en Perse; avec une relation des expéditions de Tahmas Kouli-Khan, par Otter. *Paris*, 1748, 2 vol. in-12, dem. rel.

1843. Voyage dans l'Empire Othoman, et la Perse, fait par ordre du gouvernement, pendant les six premières années de la République. *Paris*, an 9, 1807, 3 vol. in-4, bas.

1844. Amœnitatum exoticarum politico-physico-medicarum fasciculi v, quibus continentur variæ relationes, observationes et descriptiones rerum Persicarum et ulterioris Asiæ, auctore E. Kæmpfero. *Lemgoviæ*, 1712, in-4, fig., v. fil.

1845. Lettres sur le Caucase et la Géorgie, suivies d'une relation d'un voyage en Perse en 1812. *Hambourg*, 1816, in-8, fig. et cartes, dem. v. f.

1846. Voyage en Turcomanie et à Khiva, fait en 1819 et 1820, par N. Mouraview; traduit du russe par G. Lecointe de Lavau, revu par J. B. Eyriès et J. Klaproth. *Paris*, 1823, in-8, fig. dem. v. f.

1847. Les voyages de J. Struys, en Moscovie, en Tartarie, en Perse, aux Indes, et en plusieurs autres païs étrangers, par Glanius. *Rouen*, 1719-24, 3 vol. in-12, fig. v. br.

1848. Des peuples du Caucase et des pays au nord de la mer Noire et de la mer Caspienne, dans le dixième siècle, ou voyage d'Abou-El-Cassim, par C. D'ohsson. *Paris*, 1828, in-8, dem. v. f.

1849. Travels in the Trans-Caucasian provinces of Russia, and along the southern Shore of the Lakes of Van and Urumiah, in the autumn and winter of 1837; by capt. R. Wilbraham. *London*, 1839, in-8, fig. cart. — Memoir of a map of the countries comprehended between the Black Sea and the Caspian; with an account of the Caucasian nations and vocabularies of their languages. *London,* 1788, in-4, carte, cart.

1850. Voyage dans les steps d'Astrakhan et du Caucase. Histoire primitive des peuples qui ont habité anciennement ces contrées. Nouveau périple du Pont-Euxin, par le comte Jean Potocki. Ouvrages publiés et accompagnés de notes et de tables, par M. Klaproth. *Paris,* 1829, 2 vol. in-8, cartes et fig. col.

1851. An historical account of the British trade over the Caspian Sea; with a journal of travels from London through Russia into Persia; and back again through Russia, Germany and Holland, by J. Hanway. *London*, 1753, 3 vol. in-4, cartes et fig. v. jasp.

1852. A geographical memoir of the Persian empire accompanied by a Map, by J. Macdonald Kinneir. *London*, 1813, in-4, dem. cuir de R. fil. (La carte manque.)

1853. A description of the Persian monarchy now being the Oriental Indies, by Thomas Herbert. *London*, 1634, in-fol., fig. v. gauf.

1854. Lettres sur la Perse et la Turquie d'Asie, par J. M. Tancoigne. *Paris*, 1819, 2 vol. in-8, fig., dem. v. f.

1855. Voyages très-curieux et très-renommez faits en Moscovie, Tartarie et Perse, par le Sr A. Olearius, trad. par le Sr de Wicquefort. *Amsterdam*, 1727, 2 part. en 1 vol. in-fol. v. br.

1856. Altes und neues Border und Mittel-Asien oder pragmatisch-geografische, fysische und statistische Schilderung und Geschichte des Persischen

Reichs, herausgegeben von S. F. G. Wahl. *Leipzig*, 1795, in-8, fig. et cartes, dem. mar. r.

1857. Narrative of an excursion from Peshawer to Shah-Baz Ghari, by C. Masson. *S. L. N. D.*, in-8, fig., dem. v. f. (22 pag.)

1858. Voyages d'Ibn Batoutah dans l'Asie-Mineure, traduits de l'arabe, par M. Defrémery. *Paris*, 1851, in-8, br. (Extr. des Nouv. Ann. des Voy.)

1859. Viägens extensas e dilatadas do celebre Arabe Abn-Abdallah, mais conhecido pelo nome de Ben-Batuta, traduzidas por J. de Santo Antonio Moura. Tom. I. *Lisboa*, 1840, in-4, br.

1860. The travels of Ibn-Batuta; translated from the abridged arabic manuscript copies, preserved in the public library of Cambridge, with notes illustrative of the history, geography, botany, antiquities, etc., by the Rev. Samuel Lee. *London*, 1829, in-4, dem. mar. r.

1861. Carte de l'Asie centrale, dressée d'après les cartes levées par ordre de l'empereur Khian-Loung par les missionnaires de Peking, et d'après un grand nombre de notions extraites et traduites de livres chinois, par M. J. Klaproth. *Paris*, 1836, 4 feuilles collées sur toile dans un étui.

1862. Post-und Reise-Karte, von Deutschland und den anliegenden Ländern, herausgegeben von F. M. Diez. *Gotha*, *S. D.* Carte dans un étui in-8.

1863. A Memoir of Central Asia, including Malwa, and adjoining provinces, with the history, and copious illustrations of the past and present condition of that country, by major-general sir J. Malcolm. *London*, 1823, 2 vol. in-8, cartes, dem. v. f.

1864. Asie centrale. Recherches sur les chaînes de montagnes et la climatologie comparée, par A. de Humboldt. *Paris*, 1843, 3 vol. in-8, dem. v. f.

1865. Collecção de noticias para a historia e geografia das nações ultramarinas que vivem nos dominios Portuguezes, ou lhes são visinhas. *Lisboa*, 1812-36, 5 vol. in-4, les 4 prem. dem. v. f., le 5e br.

1866. Voyages depuis Saint-Pétersbourg dans diverses contrées de l'Asie, par J. Bell d'Antermony, trad. de l'anglois. *Paris*, 1766, 3 vol. in-12, carte, v. mar.

1867. Map of central Asia, comprising Bokhara, Cabool, Persia, the river Indus, by Arrowsmith. Une feuille in-fol. pliée dans un cart.

1868. Voyage d'Orenbourg à Boukhara, fait en 1820 à travers les steppes qui s'étendent à l'est de la mer d'Aral et au delà de l'ancien Jaxartes; rédigé par M. le baron G. de Meyendorff, et revu par M. A. Jaubert. *Paris*, 1826, in-8, fig. col. dem. v. f.

1869. Narrative of a residence in Koordistan, and on the site of ancient Nineveh, with Journal of a voyage down the Tigris to Bagdad and an account of a visit to Schirauz and Persepolis, by the late C. J. Rich; edited by his widow. *London*, 1836, 2 vol. in-8, cartes, cart.

1870. Narrative of various journeys in Balochistan, Afghanistan, and the Panjab; including a residence in those countries from 1826 to 1838, by Ch. Masson. *London*, 1842, 3 vol. in-8, fig. cart.

1871. Travels in Beloochistan and Sinde; accompanied by a geographical and historical account of those countries, by lieut. H. Pottinger. *London*, 1816, in-4, carte et fig., dem. v. f.

1872. Narrative of a journey into Khorasan, in the years 1821 and 1822, including some accounts of the countries to the North-East of Persia, with remarks upon the national character, government and resources of that kingdom, by J. B. Fraser. *London*, 1825, in-4, carte, dem. cuir de R.

1873. Travels in Assyria, Media, and Persia, including a journey from Bagdad by mount Zagros, to Hamadan, the ancient Ecbatana; researches in Ispahan and the ruins of Persepolis, etc., by J. S. Buckingham. *London*, 1829, in-4, fig., dem. v. f.

1874. Palestina ovvero primo viaggio di F. Leandro di Santa Cecilia in Oriente. *Roma*, 1753, in-4, dem. vél.

1875. Travels in Chaldæa, including a journey from Bassorah to Bagdad, Hillah, and Babylon, by cap. R. Mignan. *London*, 1829, in-8, fig. et cartes, dem. v. f.

1876. Narrative of a journey to the site of Babylon in 1811. Memoir on the ruins, with narrative a journey to Persepolis, by the late C. J. Rich, edited by his widow. *London*, 1839, in-8, fig. cart.

1877. Voyage aux ruines de Babylone, par M. J. C. Rich, trad. par J. Raimond. *Paris*, 1818, in-8, fig. dem. v. f.

1878. Voyage au pays de Bambouc, suivi d'observations intéressantes sur les castes indiennes, sur la Hollande et sur l'Angleterre. *Bruxelles* et *Paris*, 1789, in-8, mar. v. fil. tr. dor.

1879. Note on the historical results deducible from recent discoveries in Afghanistan, by H. T. Prinsep. *London*, 1844, in-8, cart. (*Avec envoi de l'auteur.*)

1880. Narrative of a journey to Kalat, including an account of the insurrection at that place in 1840, and a Memoir on eastern Balochistan, by Ch. Masson. *London*, 1843, in-8, carte, cart.

1881. Notes on a visit to Vyayanagar, A. D. 1825, in-8, 12 pag., dem. v. rose.

1882. Itinéraire d'une partie peu connue de l'Asie-Mineure, contenant la description des régions septentrionales de la Syrie, etc. *Paris*, 1816, in-8, carte, dem. v. f.

883. Narratio regionum Indicarum per Hispanos quosdam devastatarum verissima; prius quidem per episcopum Bartholemæum Casaum, natione hispanum, hispanice conscriptâ, anno vero hoc 1598 latinè excusa. *Francofurti*, sumptibus Theod. de Bry, 1598, in-4, fig. cart.

Cette édition de la relation de Las Casas renferme les premières épreuves des planches.

VOYAGES DANS L'INDE.

1884. Navigatio ad itinerarium J. H. Linscotani in Orientalem sive Lusitanorum Indiam. Descriptiones ejusdem terræ ac tractuum littoralium. *Hagæ-Comitis*, 1599, in-fol. fig. et cartes, dem. vél.

1885. Historia naturale, e morale delle Indie, scritta dal R. P. G. di Acosta, tradotta della lingua spagnola nella italiana da G. P. Galucci Salodiano. *Venetia*, 1596, in-4, dem. rel.

1886. Voyage de François Pyrard de Laval, contenant sa navigation aux Indes orientales, aux Moluques et au Brésil, etc. *Paris*, 1615, 2 vol. in-8, v.

1887. Voyage de Fr. Pyrard de Laval, contenant sa navigation aux Indes orientales, Maldives, Moluques et au Brésil, avec des observations par Du Val. *Paris*, 1679, in-4, carte, v. f.

1888. Voyages en Afrique, Asie, Indes orientales et occidentales, faits par J. Mocquet. *Paris*, 1617, in-12, fig. v. marb. fil.

1889. Les voyages adventureux de Fernand Mendez Pinto, fidèlement traduicts de portugais en françois, par le sieur B. Figuier. *Paris*, 1638, in-4, v. br.

1890. Relation du voyage de Perse et des Indes orientales, traduite de l'anglois de Th. Herbert, avec les révolutions arrivées au royaume de Siam l'an 1647, traduites du flamand de J. Van Vliet. *Paris*, 1663, in-4, v. br.

1891. Le Mercure indien, ou le Trésor des Indes, dans lequel est traité de l'or, de l'argent et du vif-argent, etc., des pierres précieuses et des perles, par P. de Rosnel. *Paris*, 1667, 2 part. en 1 vol. in-8, mar. r. fil. tr. dor.

1892. Les Merveilles des Indes orientales et occidentales, ou nouveau traité des pierres précieuses et perles, contenant, etc., par R. de Berquen. *Paris*, 1669, in-4, v. br.

1893. Il viaggio all' Indie orientali del P. F. Vincenzo Maria di S. Caterina da Siena. *Roma*, 1672, in-fol., fig. vél.

1894. Il viaggio all' Indie orientali del Padre F. Vincenzo Maria; diviso in cinque libri. *Venetia*, 1683. — Seconda speditione all' Indie orientali di monsignor Sebastiani Fr. Giuseppe di S. Maria. *Venetia*, 1683, 1 vol. in-4, dem. v. ant.

1895. Relation ou Journal d'un voyage fait aux Indes orientales, contenant l'état des affaires du païs, et les établissemens de plusieurs nations qui s'y sont faits depuis quelques années, avec la description des principales villes, les mœurs, coutumes et religions des Indiens. *Paris*, 1677, in-12, v. ant. — Relation ou Journal d'un voyage fait aux Indes orientales, par le S[r] de l'Estra. *Paris*, 1677, in-12, v. br.

1896. Les six voyages de J. B. Tavernier en Turquie, en Perse et aux Indes. *Paris*, 1675-79, 4 vol. in-4, fig. bas.

1897. Relation du voyage et retour des Indes orientales, pendant les années 1690 et 1691; par un garde de la marine servant sur le bord de M. Duquesne. *Paris* et *Bruxelles*, 1693, in-18, vél.

1898. A voyage to Suratt, in the year 1689, giving a large account of that city, and its inhabitants, and of the english factory there, by J. Ovington. *London*, 1696, in-8, fig. v. ant.

1899. Nouvelle relation d'un voyage fait aux Indes orientales, par Dellon. *Amsterdam*, 1699, in-12, fig. bas.

1900. Ragionamenti di Fr. Carletti sopra le cose da lui vedute ne' suoi viaggi si dell' Indie occidentali e orientali come d'altri paesi. *Firenze*, 1701, 2 vol. in-12, parch.

1901. Conformité des coutumes des Indiens orientaux avec celles des Juifs et des autres peuples de l'antiquité, par M. de la Crequinière. *Brusselles*, 1704, in-12, fig., v. f. fil. tr. dor.

1902. Lettera scritta da Pondicheri, dal dottore G. Borghesi, medico della missione spedita alla China, e trasportata dal manoscritto latino in lingua toscana, da G. M. de' Crescimbeni. *In Roma*, 1705, in-12, dem. rel.

1903. An Account of the Trade in India, by Ch. Lockyer. *London*, 1711, in-8, v.

1904. A New Voyage to the East Indies, by capt. W. Symson. *London*, 1715, in-12, fig., v.

1905. Voyages de Corneille Le Brun, par la Moscovie, en Perse et aux Indes orientales. *Amsterdam*, 1718, 2 vol. in-fol., fig., v. br.

1906. Anciennes relations des Indes et de la Chine, de deux voyageurs mahométans, qui y allèrent dans le IXe siècle; traduites d'arabe, avec des remarques sur les principaux endroits de ces relations, par Renaudot. *Paris*, 1718, in-8, v.

1907. Voyages de N. de Graaf aux Indes orientales,

et en d'autres lieux de l'Asie. *Amsterdam*, 1719, in-12, carte et fig., v. br.

1908. Journal d'un Voyage fait aux Indes orientales par une escadre de six vaisseaux, commandez par M. Duquesne, depuis le 24 février 1690, jusqu'au 20 août 1691. *Rouen*, 1721, 3 vol. in-12, v. br.

1909. Oud en Nieuw Oost Indien, etc... Collection de Voyages aux Indes orientales, par Fr. Valentyn (en hollandais). *Dordrecht* et *Amsterdam*, 1724-26, 5 vol. in-fol., fig., dem. v.

1910. Recueil des Voyages qui ont servi à l'établissement et aux progrez de la compagnie des Indes orientales, formée dans les Provinces-Unies des Païs-Bas. *Rouen*, 1725, 12 vol. in-12, cartes et fig., v. br.

1911. Nouveau Voyage aux Grandes Indes, avec une instruction pour le commerce des Indes orientales, par le Sr Luillier. *Rotterdam*, 1726, in-12, fig., v. jas.

1912. A New account of the East Indies, being the observations and remarks of capt. A. Hamilton. *Edinburgh*, 1727, 2 vol. in-8, fig. et cartes, v.

1913. Voyages célèbres et remarquables, faits de Perse aux Indes orientales, par le Sr J. A. de Mandelslo; trad. par de Wicquefort. *Amsterdam*, 1727, 2 tom. en 1 vol. in-fol., fig., v. br.

1914. Voyage d'Innigo de Biervillas, Portugais, à la côte de Malabar, Goa, Batavia et autres lieux des Indes orientales. *Paris*, 1736, 2 part. en 1 vol. in-12, v. br. — Desiderata and inquiries connected with the presidencies of Madras and Bombay, by Graves C. Haughton. *London*, 1832, in-4, cart., 17 pag.

1915. Parallèle de l'expédition d'Alexandre dans les Indes, avec la conquête des mêmes contrées par

Tahmas-Kouli-Khan, par M. de Bougainville. *S. L.*, 1752, in-8, cart.

1916. Voyage aux Indes orientales, par J. H. Grose; traduit de l'anglois par Hernandez. *Londres*, 1758, in-12, bas.

1917. A Voyage to China and the East Indies, by Peter Osbeck; translated from the german, by J. R. Forster. *London*, 1771, 2 vol. in-8, bas.

1918. A Voyage from England to India, in the year 1754, and an historical narrative of the operations of the squadron and army in India, under the command of vice-admiral Watson and colonel Clive, in the years 1755,56,57. Also, a journey from Persia to England, by an unusual route, by E. Ives. *London*, 1773, in-4, fig. et cartes, v. m. fil.

1919. Voyage dans les mers de l'Inde, fait par ordre du Roi, à l'occasion du passage de Vénus sur le disque du soleil, le 6 juin 1761, et le 3 du même mois 1769, par Le Gentil. *Paris*, Impr. Roy., 1779-81, 2 vol. in-4, fig., dem. v. f.

1920. Voyage aux Indes orientales et à la Chine, fait par ordre du Roi, depuis 1774 jusqu'en 1781, par Sonnerat. *Paris*, 1782, 2 vol. in-4, fig., v. marb. (*Premières épreuves.*)

1921. A Voyage to East India, wherein some things are taken notice of, in our passage thither, but many more in our abode there, within that rich and most spacious empire of the Great Mogul, by E. Terry. *London*, 1787, in-8, fig., v. f. fil.

1922. Travels in India, during the years 1780,81, 82 et 83, by W. Hodges. *London*, 1793, in-8. fig. et carte, v. rac. fil.

1923. India orientalis christiana continens fundationes ecclesiarum, seriem episcoporum, missiones, schismata, persecutiones, reges, viros illustres; auctore P. Paulino a S. Bartholomæo. *Romæ*, 1794, in-4, fig., cart.

1924. Select views in Mysore, the country of Tippoo sultan ; from drawings taken on the spot, by Home ; with historical descriptions. *London*, 1794, in-fol. cart.

1925. Viaggio alle Indie orientali, umiliato alla Santità di N. S. Papa Pio VI, Pontifice Massimo, da Fra Paolino da S. Bartolomeo. *Roma*, 1796, in-4, fig., dem. rel.

1926. Voyage et retour de l'Inde, par terre, et par une route en partie inconnue jusqu'ici, par Th. Howel; suivi d'observations sur le passage dans l'Inde par l'Égypte et le grand désert, par J. Capper; traduit de l'anglais, par T. Mandar. *Paris*, an v, in-4, cart., dem. v. ant.

1927. Voyage au Bengale, suivi de notes critiques et politiques; d'observations sur celui de Stavorinus dans la même contrée; d'une notice sur le Japon, etc., par Charpentier Cossigny. *Paris*, an VIII, 2 vol. in-8 (avec une carte), cart.

1928. Journal of a route to Nagpore, by the way of Cuttak, Burrosumber, and the southern Bunjare Ghaut, in the year 1790; with an account of Nagpore, and a journal from that place to Benares, by D. Robinson Leckie. *London*, 1800, in-4, carte, cart.

1929. An Account of an embassy to the Kingdom of Ava, sent by the Governor-General of India, in the year 1795, by Symes. *London*, 1800, gr. in-4, carte et fig., dem. rel. n. rog.

1930. Voyage de Néarque, des bouches de l'Indus jusqu'à l'Euphrate, ou Journal de l'expédition de la flotte d'Alexandre; trad. de l'anglois de W. Vincent, par J. B. L. J. Billecocq. *Paris*, 1800, in-4. fig. et cartes, cart.

1931. The World in miniature, edited by Shoberl.

Tibet and India beyond the Ganges. *London*, S. D., in-18, fig. col., dem. v. f.

1932. Voyage dans l'Inde et au Bengale, fait dans les années 1789 et 1790, par L. de Grandpré. *Paris*, 1801, 2 vol, in-8, fig., v. éc. fil.

1933. Voyages dans l'Inde, en Perse, etc., avec la description de l'Ile de Poulo-Pinang, nouvel établissement des Anglais près de la côte de Coromandel, par différens officiers au service de la compagnie anglaise des Indes-Orientales, traduits de l'anglais par Langlès. *Paris*, 1801, in-8, bas.

1934. Voyage du Bengale à Pétersbourg, à travers les provinces septentrionales de l'Inde, le Kachmyr, la Perse, sur la mer Caspienne, etc., par G. Forster. Traduit de l'anglais par L. Langlès. *Paris*, 1802, 3 vol in-8, fig. col.

1935. Voyage dans l'Inde, au travers du grand désert, par Alep, Antioche et Bassora, exécuté par le major Taylor. Traduit par L. de Grandpré. *Paris*, 1806, 2 vol. in-8, cart., avec une carte.

1936. Briefe über Ost-Indien.... Lettres sur les Indes-Orientales, le cap de Bonne-Espérance et l'île Sainte-Hélène, écrites de ces contrées par C. C. Best, publiées par K. G. Küttner. *Leipsig*, 1807, in-4, fig., dem. rel.

1937. Voyage dans l'Indostan, par Perrin. *Paris*, 1807, 2 vol. in-8, cart.

1938. Voyages aux Indes-Orientales et en Afrique, pour l'observation des longitudes en mer, par A. Rochon. *Paris*, 1807, in-8, br.

1939. A Journey from Madras through the countries of Mysore, Canara, and Malabar, performed under the orders of the most noble the marquis Wellesley, by Fr. Buchanan. *London*, 1807, 3 vol. in-4, fig., dem. v. ant.

1940. Lettere sulle Indie Orientali (da Papi). *Filadelfia*, 1802, 2 tom. en 1 vol. in-8, d. v. f.

1941. Voyage aux Indes orientales, par le P. Paulin de St-Barthélemy. Trad. de l'italien par M... *Paris*, 1808, 3 vol. in-8, dem. v. f. et atlas in-4.

1942. Voyages and travels to India, Ceylon, the Red Sea, Abyssinia, and Egypt. in the years 1802, 3, 4, 5 and 6, by G. Viscount Valentia. *London*, 1809, 3 vol. gr. in-4, fig., v. f. fers à fr.

1943. Voyage commercial et politique aux îles Philippines, à la Chine, avec des notions sur la Cochinchine et le Tonquin, par F. Renouard de Sainte-Croix. *Paris*, 1810, 3 vol. in-8, dem. v. viol.

1944. An Account of the Kingdom of Nepaul, being the substance of observations made during a mission to that country, in the year 1793, by col. Kirkpatrik. *London*, 1811, in-4, fig. et cart., dem. cuir de R.

1945. Journal of a residence in India, by Maria Graham. *Edinburgh*, 1812, in-4, fig. v. gr.

1946. Tracts, historical and statistical, on India; with journals of several tours through various parts of the peninsula; also, an account of Sumatra, in a series of letters ,by B. Heyne. *London*, 1814, in-8, fig., dem. mar. r.

1947. Letters on India; by Maria Graham. *London*, 1814, in-8, fig. carte, dem. v. f.

1948. A View of the agricultural, commercial, and financial interests of Ceylon. By A. Bertolacci. *London*, 1817, in-8, carte col., dem. v. f.

1949. The ruins of Gour described, and represented in eighteen views; with a topographical map, compiled from the manuscripts and drawings of the late H. Creighton. *London*, 1817, in-4, fig. color., dem. mar. r.

1950. Voyage dans l'Inde britannique; contenant l'état actuel de cette contrée, l'histoire de la guerre des Anglais, etc. Trad. de l'anglais de W. Thorn et J. Macdonald Kinneir. *Paris*, 1818, in-8, cart.

1951. Nouvelles lettres édifiantes des Missions de la Chine et des Indes-Orientales. *Paris*, 1818-23, 8 vol. in-12, dem. v. ant.

1952. A Journey from India to England, through Persia, Georgia, Russia, Poland, and Prussia, in the year 1817; by lieut. col. J. Johnson. *London*, 1818, in-4, fig. col., dem. cuir de R.

1953. An Account of the Kingdom of Nepal, and of the territories annexed to his dominion, by the House of Gorkha, by F. Hamilton (formerly Buchanan). *Edinburgh*, 1819, in-4, fig., dem. mar. r.

1954. Journal of a route across India, through Egypt, to England, in the latter end of the year 1817, and the beginning of 1818, by lieut. col. Fitzclarence. *London*, 1819, in-4, fig. col., dem. cuir de R.

1955. Travels in various countries of the East, more particularly Persia; a work wherein the author has described, as far as his own observations extended, the state of those countries in 1810-12, and has endeavoured to illustrate many subjects of antiquarian research, history, geography, philology and miscellaneous literature, with extracts from rare and valuable oriental manuscripts, by W. Ouseley. *London*, 1819-23, 3 vol. in-4, fig. cart.

1956. Journal of a tour through part of the Snowy of the Himala mountains, and to the sources of the rivers Jumna and Ganges, by J. Fraser. *London*, 1820, in-4, carte, dem. mar. v.

1957. A Journey from Merut in India, to London

through Arabia, Persia, Armenia, Georgia, Russia, Austria, Switzerland, and France, during the years 1819 and 1820, with a map and itinerary of the route, by lieut. Th. Lumsden. *London,* 1822, in-8, dem. v. f.

1958. Diary of a tour through southern India, Egypt, and Palestine, in the years 1821 and 1822, by a field-officier of cavalry. *London*, 1823, in-8, fig. et cartes, dem. v. f.

1959. The wonders of Elora; or, the narrative of a journey to the temples and dwellings excavated out of a mountain of granite, and extending upwards of a mile a quarter, at Elora, in the East Indies, by J. B. Seely. *London*, 1824, in-8, dem. v. f.

1960. A Voyage to India: containing reflections on a voyage to Madras and Bengal, in 1821, in the ship Lonach; instructions for the preservation of health in Indian climates, by J. Wallace. *London*, 1824, in-8, cart.

1961. Voyage à l'Ile de France, dans l'Inde et en Angleterre, suivi de mémoires sur les Indiens, sur les vents des mers de l'Inde, etc., par P. Brunet. *Paris*, 1825, in-8, dem. v. ant.

1962. Travels from India to England comprehending a visit to the Burman empire, and a journey through Persia, Asia-Minor, european Turkey, etc., in the years 1825-26, by J. E. Alexander. *London*, 1827, in-4, carte et fig., dem. v. f.

1963. Christiani Lassenii commentatio geographica atque historica de Pentapotamia indica. *Bonnæ ad Rhenum*, 1827, in-4, dem. mar. r.

1964. Personal narrative of a journey from India to England, by Bussorah, Bagdad, the ruins of Babylon, Curdistan, the court of Persia, etc., by capt. the Hon. G. Keppel. Second edition.

London, 1827, 2 vol. in-8, carte et fig., dem. cuir de R. fil.

1965. Letters addressed to a young person in India; calculated to afford instruction for his conduct in general and more especially in his intercourse with the natives, by lieut. col. J. Briggs. *London*, 1828, in-8, dem. v. f.

1966. Narrative of a journey through the upper provinces of India, from Calcutta to Bombay, 1824-1825 (with notes upon Ceylon), an account of a journey to Madras and the southern provinces, 1826, and letters written in India, by the late Right Rev. R. Heber. *London*, 1828, 2 vol. in-4, fig., dem. mar. viol. tr. sup. dor.

1967. Journal of an Embassy from the governor-general of India to the courts of Siam and Cochinchina; exhibiting a view of the actual state of those Kingdoms, by J. Crawfurd. *London*, 1828, in-4, fig., dem. v. f.

1968. India; or facts submitted to illustrate the character and condition of the native inhabitants, with suggestions for reforming the present system of government; by R. Rickards. *London*, 1829, 2 vol. in-8, dem. v. f.

1969. Letters on the climate, inhabitants, productions, etc., etc., on the Neilgherries, or blue mountains of Counbatoor, South India; by J. Hough. *London*, 1829, in-8, dem. v. f.

1970. Abriss der alten Geschichte des Orients, ethnographisch geordnet, mit dem nôthigen aus der cultur-und Litteraturgeschichte, unter steter hinweisung auf quellen und hilfsschriften, von G. Graff. *Mainz*, 1829, in-8, dem. v. f.

1971. Indien, von Th. Benfey, in-4, dem. v. fauv. (Extr. de l'Encyclopédie de Ersch et Grüber.)

1972. Das alte Indien.... L'Inde ancienne, décrite par le Dr P. de Bohlen, avec des considérations particulières sur l'Egypte. *Kœnigsberg*, 1830, 2 vol. in-8, dem. v.

1973. India, by J. Conder, *London*, 1831, 4 vol. in-18, carte et fig. cart.

1974. A Narrative of a visit to the court of Sinde; a sketch of the history of Cutch, from its first connexion with the british government in India till the conclusion of the treaty of 1819; and some remarks on the medical topography of Bhooj, by J. Burnes. *Edinburg*, 1831, in-8, dem. v. f.

1975. A description of a singular aboriginal race inhabiting the summit of the Neilgherry Hills, or blue mountains of Coimbatoor, in Southern peninsula of India, by capt. H. Harkness. *London*, 1832, gr. in-8, fig., dem. v. f.

1976. Fifteen months'pilgrimage through untrodden tracts of Khuzistan and Persia in a journey from India to England, etc., by J. H. Stocqueler. *London*, 1832, 2 vol. in-12, carte et fig., dem. v. f.

1977. Tours in upper India, and in parts of the Himalaya mountains; with accounts of the courts of the native Princes, etc., by major Archer. *London*, 1833, 2 vol. in-8, dem. v. f.

1978. Observations on the Neilgherries, including an account of their topography, climate, soil et productions and of the effects of the climate on the European constitution; by R. Baikie, edited by W. H. Smoult. *Calcutta*, 1834, gr. in-8, fig. et cartes, cart.

1979. Narrative of a journey to the falls of the Cavery: with an historical and descriptive account of the Neilgherry Hills, by lieut. H. Jervis. *London*, 1834, in-8, fig., dem. v. f.

1980. Journey to the North of India, Overland from England, through Russia, Persia, and Afghannistan, by lieut, A. Conolly. *London*, 1834, 2 vol. in-8, fig. et carte, cart.

1981. The library of entertaining Knowledge. — The Hindoos. *London*, 1834-35, 2 vol. in-12, fig., cart.

1982. Report on the state of education in Bengal, by Dr. W. Adam. *Calcutta*, 1835, gr. in-8, dem. v. f.

1983. Relation des Mongols ou Tartares, par le frère Jean du Plan de Carpin; 1re édit. complète, par M. D'Avezac. *Paris*, 1838, in-4, br.

1984. Map of the Eastern frontier of British India, with the adjacent countries, comprising Bengal, Bootan, Silhet, Assam, Mimeepore, Arrakan, Burma, the Tenasserim provinces, with parts of Siam, and of Yunan in China; in 4 parts, by capt. R. Boileau Pemberton. Lithographed and published at the oriental lith. press. *Calcutta*, 1838, color., dans un étui.

1985. Views in India, chiefly among the Himalaya mountains, by lieut. G. Fr. White, edited by Emma Roberts. *London*, 1838, gr. in-4, mar. gren.

1986. Travels in Western India, embracing a visit to the sacred mounts of the Jains, and the most celebrated shrines of Hindu faith between Rajpootan and the Indus; with an account of the ancient city of Nehrwalla, by lieut.-col. J. Tod. *London*, 1839, gr. in-4, fig., cart.

1987. Travels in Madras, Ceylon, Mauritius, Cormoro Islands, Zanzibar, Calcutta, etc., by J. Holman. *London*, 1840, in-8, fig., cart.

1988. Narrative of a journey from Caunpoor to the Boorendo pass in the Himalaya mountains, via Gwalior, Agra, Delhi, and Sirhind, by major W. Lloyd and capt. A. Gerards. Edited by G. Lloyd. *London*, 1840, 2 vol. in-8, cartes, cart.

1989. Account of Koonawur, in the Himalaya, by the late capt. A. Gerard. Edited by G. Lloyd; with a large map. *London*, 1841, in-8, carte.

1990. Correspondance de V. Jacquemont avec sa famille et ses amis, pendant son voyage dans l'Inde (1828-1832). Nouv. édit. augmentée de lettres inédites et accompagnée d'une carte. *Paris*, 1841, 2 vol. in-12, br.

1991. A personal narrative of a journey to the source of the river Oxus, by the route of the Indus, Kabul, and Badakhshan, performed under the sanction of the supreme government of India, in the years 1836, 1837 and 1838, by lieut. J. Wood. *London*, 1841, in-8, carte, cart.

1992. Travels in the Himalayan provinces of Hindoustan and the Panjab; in Ladukh and Kashmir; in Peshawar, Kabul, Kunduz, and Bokhara; by Will. Moorcroft and George Trebeck, from 1819 to 1825; prepared for the press, from original journals and correspondance, by H. H. Wilson. *London*, 1841, 2 vol. in-8, fig. cart.

1993. De Taprobane insula veteribus cognita dissertatio, auctore Chr. Lassen. *Bonnæ*, 1843, in-4, dem. v. f.

1994. A Gazetteer of the countries adjacent to India on the north-west; including Sinde, Afghanistan, Beloochistan, the Punjab, and the neighbouring states, by E. Thornton. *London*, 1844, 2 vol. in-8, cart.

1995. Rambles and recollections of an Indian official, by lieut.-col. W. H. Sleeman. *London*, 1844, 2 vol. gr. in-8, fig. col. cart.

1996. Relation des voyages faits par les Arabes et les Persans dans l'Inde et à la Chine. Texte arabe imprimé en 1811 par les soins de M. Langlès; publié avec des corrections et additions, et accompagné d'une traduction française par M. Reinaud. *Paris*, Impr. R., 1845, 2 vol. in-18, v. f. fil.

1997. Description historique et géographique de l'Indostan, par J. Rennell, trad. de l'anglais par J. Boucheseiche. *Paris*, 1800, 3 vol. in-8, bas. et atlas in-4, dem. rel.

1998. A geographical, statistical and historical description of Hindostan and the adjacent countries, by W. Hamilton. *London*, 1820, 2 vol. in-4, cartes, dem. mar. r.

1999. Description historique et géographique de l'Inde, par le P. J. Tieffenthaler, Anquetil-Duperron, J. Rennell; augmentée de remarques et publiée en françois par Jean Bernouilli. *Berlin*, 1786-89, 3 tom. en 5 vol. in-4, cartes et fig. v. marb.

2000. Antiquité géographique de l'Inde et de plusieurs autres contrées de la haute Asie, par D'Anville. *Paris*, Impr. Roy., 1775, in-4, cartes, bas. marb.

2001. The East-India gazetteer; containing particular descriptions of the Empires, Kingdoms, principalties, Provinces, etc., of Hindostan, by Walter Hamilton. Second edit. *London*, 1828, 2 vol. in-8, cart.

2002. A Bengal atlas : containing maps of the theatre of war and commerce on that side of Hindoostan, by J. Rennell. 1781, in-fol., dem. v. ant.

2003. Map of the western provinces in Hindoostan, the Punjab, Rajpootana, Sinde, Kabool, etc. Drawn et engraved by J. et C. Walker. *London*, W. H. Allen et C., 1850. (Gr. carte coloriée, dans un étui.)

2004. A New improved map of the provinces of Bengal and Behar, with Benares and adjoining territories, exhibiting the district divisions, the civil and military stations and police thanas, by

J. B. Tassin. *Calcutta*, 1841, 4 flles col. (Lith. dans un étui.)

2005. A New and improved map of various routes between Europe and India, comprehending Western and Northern Asia; together with Asia Minor and Egypt., by J. B. Tassin. *Calcutta*, 1834. Grande carte coloriée, dans un étui. (Lithogr.)

2006. Eclaircissemens géographiques sur la carte de l'Inde, par D'Anville. *Paris*, Impr. royale, 1753, in-4, dem. v. ant.

2007. Carte de l'Inde en Sanscrit. Gr. in-fol. col., dans un étui.

2008. A newly constructed and improved map of India, compiled chiefly from surveys executed by order of the Hon. East India Company. Drawn and engraved, by J. et C. Walker. *London*, W. H. Allen et C., 1850. (Très-gr. carte en 2 feuilles, dans un étui.)

2009. Index containing the names and geographical positions of all places in the Maps of India lately published, by Kingsbury, Parbury, and Allen. *London*, 1826, in-12, cart.

2010. Views in the east: comprising India, Canton, and the shores of the Red Sea, with historical and descriptive illustrations, by capt. R. Elliot. *London*, 1833, 2 vol. in-4, fig. cart.

2011. Vues pittoresques de l'Inde, de la Chine et des bords de la mer Rouge; dessinées par Prout, Stanfield, Cattermole, Purser, Cox, Austin, etc., sur les esquisses originales du commodore R. Elliot, accompagnées d'un texte historique et descriptif, par Emma-Roberts, traduit par J. F. Gerard. *Londres*, S. D. 2 vol. in-4, fig., dem. mar. v. tr. dor.

2012. Choix de vues de l'Inde, dessinées sur les lieux pendant les années 1780, 81, 82 et 83, et exécutées en aqua tinta par W. Hodges. *Londres*, S. D., 1 vol. gr. in-fol., fig., cuir de R. fil.

2013. Memoirs of India: comprising a brief geographical account of the East Indies; a succinct history of Hindostan, by R. G. Wallace. *London*, 1824, in-8, dem. v. f.

2014. The wiew of Hindoostan. *London*, 1798, 2 vol. gr. in-4, dem. cuir de R.

2015. Beschreibung der Ost-Indischen Küsten... Description des côtes est-indiennes de Malabar et de Coromandel, ainsi que de l'île de Ceylan, par P. Baldaeus. *Amsterdam*, 1672, in-fol., fig. v. br.

2016. Mémoire géographique, historique et scientifique sur l'Inde antérieurement au milieu du XIe siècle de l'ère chrétienne d'après les écrivains Arabes, Persans et Chinois, par M. Reinaud, avec une carte par M. D'Avezac. *Paris*, Impr. Nat., 1849, in-4, br.

2017. The picture of India, geographical, historical and descriptive. *London*, 1830, 2 vol. in-18, carte et fig. sur bois, cart.

2018. A New account of East-India and Persia, in eight letters, being nine years travels, begun 1672 and finished 1681, by J. Fryer. *London*, 1698, in-fol., fig. v. br.

2019. Dell' India Orientale descrittione geografica et historica. Opera non meno curiosa, che utile et erudita per la diversità delle materie appartenenti a qualunque stato di persone del P. Abbate D. C. Tosi. *Roma*, 1669, 2 vol. in-4, v.

2020. Icones plantarum Indiæ orientalis, or figures of Indian plants, by R. Wight. *Madras*, 1838-39, livraisons 1 à 5, in-4, fig., br.

2021. A comparative view of the antient monuments of India, particularly those in the Island of Salset near Bombay, as described by different writers. *London*, 1785, in-4, fig., cart.

2022. Inquiry concerning the site of ancient Palibothra, conjectured to lie within the limits of the modern district of Bhaugulpoor, according to researches made on the spot in 1811 and 1812, by W. Francklin. *London*, 1815, in-4, fig., dem. mar. r.

2023. Descrizione della città di Benares nell' India, dell' indiano politeismo, suo culto, e costumi di quei popoli; fatta dal viaggiatore cap. N. Chiefala. *Livorno*, 1826, in-8, carte, br.

2024. Description du Pégu et de l'isle de Ceylan, par W. Hunter, Chr. Wolf et Eschelskroon, trad. de l'anglois et de l'allemand par L. L. *Paris*, 1796, in-8, dem. v. r.

2025. A description of the Burmese empire, compiled chiefly from native documents by the rev. father Sangermano, and translated from his Ms. by W. Tandy. *Rome*, 1833, in-4, dem. cuir de R. fil.

2026. Description historique du royaume de Macaçar, par N. Gervaise. *Paris*, 1688, in-12, fig. v. éc.

2027. Tracts, political, geographical, and commercial, on the dominions of Ava, and the north western parts of Hindostaun, by W. Francklin. *London*, 1811, in-8, dem. v. f.

2028. Voyages à Madagascar, à Maroc et aux Indes orientales, par A. Rochon. *Paris*, an x, 3 vol. in-8, cartes, v. gr. fil.

2029. Relation de la nouvelle descouverte du grand Catay, ou bien du royaume de Tibet, faite par le P. A. d'Andrade, trad. de l'italien en françois. *Paris*, 1728. — Advis certain d'une plus ample descouverte du royaume de Cataï, tiré des lettres des PP. de la compagnie de Jésus de l'année 1626. *Paris*, 1628, in-12, parch.

2030. Missione al gran Mogor del P. Ridolfo Aquaviva, sua vita e morte ; descritta dal P. D. Bartoli. *Torino*, 1825, in-8, dem. cuir de R. fil.

2031. Voyages de F. Bernier, contenant la description des Etats du grand Mogol, de l'Hindoustan, du royaume de Kachemire, etc. *Amsterdam*, 1699-1723, 2 vol. in-12, fig. v. br.

2032. Suite des Mémoires du Sr Bernier sur l'empire du Grand Mogol. Relation du voyage fait en 1664 à la suite du Grand Mogol Aureng-Zebe, allant avec son armée de Dehli à Lahor, de Lahor à Bember, et de Bember au royaume de Kachemire. *La Haye*, 1672, in-18, vél.

2033. An account on embassy to the kingdom of Ava in the year 1795, by lieut.-col. Michael Symes, to which is now added a narrative of the late military and political operations in the Birmese empire. *Edinburgh*, 1827, 2 vol. in-18, cart. (Constable's Miscellany.)

2034. Two years in Ava, from may 1824 to may 1826, by an officer on the staff of the quarter-master-general's department. *London*, 1827, in-8, fig., dem. v. ant.

2035. Journal of an embassy from the governor-general of India to the court of Ava, in the year 1827, by J. Crawfurd, with an appendix containing a description of fossil remains, by professor Buckland. *London*, 1829, in-4, fig. col. cart. dem. cuir de R.

2036. Voyage du capitaine Hiram Cox dans l'empire des Birmans, par A. P. Chaalons d'Argé. *Paris*, 1825, 2 vol. in-8, fig., dem. v. ant.

2037. An account of an embassy to the court of the Teshoo, Lama in Tibet, containing a narrative of a journey through Bootan, and part of Tibet; by capt S. Turner. *London*, 1800, in-4, carte et fig., dem. mar. r.

2038. Ambassade au Thibet et au Boutan, par S. Turner, traduit de l'anglais avec des notes par J. Castéra. *Paris*, 1800, 2 tomes en 1 vol. in-8, v. et atlas in-4, dem. v.

2039. Souvenirs d'un voyage dans la Tartarie, le Thibet et la Chine, pendant les années 1844, 1845 et 1846, par M. Huc. *Paris*, 1850, 2 vol. in-8, br.

2040. Description du Tubet, traduite partiellement du chinois en russe par le P. H. Bitchourin, et du russe en français par M. ***, revue et corrigée par Klaproth. *Paris*, Impr. royale, 1831, 1 vol. in-8, br.

2041. Du Royaume de Siam, par de la Loubere. *Paris*, 1691, 2 vol. in-12, v. br.

2042. Histoire naturelle et politique du royaume de Siam, par N. Gervaise. *Paris*, 1688, in-4, v. br. fil.

2043. Journal du voyage de Siam, fait en 1685 et 1686 par M. l'abbé de Choisy. *Paris*, 1687, in-4, v. br.

2044. Voyage de Siam, des Pères jésuites envoyez par le Roy aux Indes et à la Chine, avec leurs observations astronomiques et leurs remarques de physique, de géographie, d'hydrographie et d'histoire, par Guy Tachard. *Paris*, 1686, in-4, cartes et fig. mar. r. fil. tr. dor.

2045. Second voyage du P. Tachard et des jésuites envoyez par le Roy au royaume de Siam, contenant diverses remarques d'histoire, de physique, de géographie et d'astronomie. *Paris*, 1689, in-4, fig. v. br.

2046. The Mission to Siam, and Hué the capital of Cochin-China, in the years 1821-22; from the journal of the late G. Finlayson, with a Memoir of the author by sir Th. St. Raffles. *London*, 1826, in-8, dem. v. f.

2047. B. Vareni Descriptio regni Japoniæ et Siam. *Cantabrigiæ*, 1673, in-8, v. ant.

2048. Voyages de C. P. Thunberg au Japon, par le Cap de Bonne-Espérance, les îles de la Sonde, etc., traduits par L. Langlès, et revus, quant à la partie d'histoire naturelle, par J. B. Lamarck. *Paris*, 1796, 4 vol. in-8, fig., dem. v.

2049. The travels of Marco Polo, a Venetian, in the thirteenth century; being a description, by that early traveller, of remarkable places and things in the eastern parts of the world, translated with notes by W. Marsden. *London*, 1818, in-4, carte, v. f. fil.

2050. Il Milione di Marco-Polo, testo di lingua del secolo decimoterzo ora per la prima volta pubblicato ed illustrato dal conte G. B. Baldelli Boni. *Firenze*, 1827, 2 vol. — Storia delle relazioni vicendevoli dell' Europa e dell' Asia dalla decadenza di Roma fino alla distruzione del califfato, dal conte G. B. Baldelli. *Firenze*, 1827, 2 vol.; les 4 vol. in-4, cart. — Carte geografiche attenenti all' opera dei viaggi di Marco Polo comentati dal conte Baldelli.

2051. Di Marco Polo e degli altri viaggiatori Veneziani più illustri dissertazioni del P. ab. D. Placido Zurla: in Venezia, 1818-19, 2 vol. in-4, cartes, dem. v. f.

2052. Voyage à Péking, à travers la Mongolie, en 1820 et 1821, par M. E. Timkowski; publié avec des notes et des corrections, par M. J. Klaproth. *Paris*, 1827, 2 vol. in-8, dem. v., f. et atlas in-4, br.

2053. Account of the Foe Kue Ki, or travels of Fahian in India, translated from the Chinese by

M. Remusat, by H. H. Wilson, in-8, cart., dem. v. f., 32 pag.

2054. Divers voyages de la Chine et autres royaumes de l'Orient, du P. Alexandre de Rhodes. *Paris*, 1684, in-4, v. br.

2055. Thomas Coryate, traveller for the english wits, greeting, from the court of the Great Mogul, resident at the towne of Asmere, in Easterne India. 1616, pet. in-4, dem. mar. vert.

2056. A Voyage to Cochinchina, in the years 1792 and 1793, containing a general view of the valuable productions and the political importance of this flourishing kingdom. *London*, 1806, in-4, fig. col. br.

2057. Recueil de Voyages et de Mémoires publiés par la Société de Géographie. *Paris*, 1824-36, tom. 1-5, in-4, br. fig. et cartes.

2058. Esquisse générale de l'Afrique, par M. d'Avezac. *Paris*, 1837, in-12, br.

2059. Journal de l'expédition anglaise en Égypte, dans l'année mil huit cent, traduit de l'anglais du capitaine Th. Walls, par M. A. T. *Paris*, 1823, in-8, fig., dem. v. ant.

2060. Province de Constantine. Recueil de renseignemens pour l'expédition ou l'établissement des Français dans cette partie de l'Afrique septentrionale, par M. Dureau de La Malle. *Paris*, 1837, in-8, carte, br.

2061. Recherches sur la topographie de Carthage, par M. Dureau de la Malle, avec des Notes par M. Dusgate. *Paris*, 1835, in-8, cartes br.

2062. Examen critique de l'histoire de la géographie du nouveau Continent, et des progrès de l'astronomie nautique aux XVe et XVIe siècles, par A. de Humboldt. *Paris*, 1836-39, 5 vol. in-8 cartes, dem. v. f. (Avec une lettre d'envoi de l'auteur.)

2063. Voyages, relations et mémoires originaux pour servir à l'histoire de la découverte de l'Amérique, publiés pour la première fois en français, par M. Ternaux-Compans. — Histoire des Chichimiques ou anciens Rois de Tezcuco, par Don Fer. d'Alva Intlilxochitl, 2 vol. — Rapport sur les différentes classes de chefs de la Nouv. Espagne, par A. de Zurita, 1 vol. — Histoire du Pérou, par Mig. Cavello Balboa, 1 vol. *Paris*, 1840, 4 vol. in-8, br.

2064. Narrative of a tour through Owhyhee; with remarks on the history, traditions, manners, customs, and language of the inhabitants of the Sandwich islands, by W. Ellis. *London*, 1826, in-8, fig., cart.

2065. Polynesian researches, during a residence of nearly six years in the South Sea Islands, by W. Ellis. *London*, 1829. 2 vol. in-8, fig. cart.

HISTOIRE DES RELIGIONS.

2066. La porte ouverte, pour parvenir à la connaissance du paganisme caché, par le sieur Abraham Roger, trad. en françois par le sieur T. La Grue. *Amsterdam*, 1670, in-4, fig., vél.

2067. The Dabistan, or School of Manners, translated from the original Persian with notes and illustrations, by David Shea and A. Troyer. *Paris*, 1843, 3 vol. in-8, dem. v. f.

2068. Translation of several principal books, passages and texts of the Veds, and of some controversial works on brahmanical theology, by Rajah Rammohun Roy. Second edition. *London*, 1832, in-8, dem. cuir de R.

2069. A Discoverie of the sect of the Banians; containing their history, law, liturgie, casts, customes, and ceremonies, by Henry Lord. *London*, 1630. — The religion of the Perses. *London*, 1630, petit in-4, dem. mar. r.

2070. Historisch-Kritischer-Versuch uber di Lamaische Religion. Essai historico-critique sur la religion lamaïque, par K. D. Hullmann. *Berlin*, 1796, in-8, dem. v. f.

2071. Œuvres diverses contenant, 1° un essai sur l'histoire du Sabéisme; 2° un Mémoire historique sur le peuple Nomade, appelé en France Bohémien et en Allemagne Zigeuner, par M. le B. de Bock. *Metz*, 1788, 2 part. en 1 vol. in-12, dem. v. f.

2072. Allgemeine geschichte der christlischen religion und Kirche. Von Dr A. Neander. *Hamburg*, 1826-52, 6 tomes en 11 vol. in-8, br.

2073. Kirchengeschichte. Lehrbuch zunächst für Academische Borlesungen, von D. K. Hase. *Leipzig*, 1837, in-8, br.

2074. Histoire de l'Eglise, depuis Jésus-Christ jusqu'à présent, par M. Basnage. *Rotterdam*, 1699, 2 vol. in-fol., v. br.

2075. J. L. Moshemii Institutionum historiæ ecclesiasticæ antiquæ et recentioris libri IV. *Helmstadii*, 1764, in.4, vél.

2076. Histoire de l'Église, ecrite par Eusèbe, Socrate, Sozomene, Theodoret et Evagre, trad. par M. Cousin. *Paris*, 1686, 6 vol. in-12. v. br. fil.

2077. Mémoires pour servir à l'histoire ecclésiastique des six premiers siècles, par M. Lenain de Tillemont. *Paris*, 1693-1712, 16 vol. in-4, v. ant.

2078. Histoire générale de l'Église chrétienne, depuis sa naissance jusqu'à son dernier état triomphant dans le Ciel, tirée principalement de l'Apocalypse de saint Jean; trad. de l'anglais de Mgr Pastorini, par un religieux bénédictin de la congrég. de St-Maur. *Saint-Malo*, 1807, 3 vol. in-12, br.

2079. Eusebii Pamphili chronicorum canonum libri II. Opus ex Haicano codice a doctore J. Zohrabo diligenter expressum et castigatum; Angelus Maius et J. Zohrabus nunc primum conjunctis curis latinitate donatum notisque illustratum additis græcis reliquiis ediderunt. *Mediolani*, 1818. — Samuelis præsbyt. Aniensis, temporum usque ad suam ætatem ratio, è libris historicorum summatim collecta;... edid. J. Zohrabus et A. Maius. *Mediolani*, 1818. gr. in-4, dem. cuir de R. (Duplanil.)

2080. Tablas Chronologicas en que se contienen los sucesos eclesiasticos, y seculares de España, Africa, Indias Orientales, y Occidentales, desde su principio, hasta el año 1642; compuestas por el P. Cl. Clemente, ilustradas, y anudidas desde el año 1642 hasta el presente 1689, por V. J. Miguel. *Valence*, 1689, in-4, dem. v. f.

2081. Relazione de' felici successi della santa fede predicata da' Padri della compagnia di Giesù nel Regno di Tunchino, alla Santità di N. S. P. Innocenzio X, di Alessandro de Rhodes. *in Roma*, 1650, in-4, dem. v. ant.

2082. De Originibus et fatis ecclesiæ christianæ in India Orientali. Scripsit M. H. Hohlenberg. *Havniæ*, 1822, in-12, dem. v. f.

2083. Histoire du Christianisme des Indes, par M. V. La Croze. *La Haye*, 1758, 2 vol. in-12, fig. v. m.

2084. Brief view of the Baptist missions and translations: with specimens of various languages in which the Scriptures are printing at the mission press, Serampore. *London*, 1815, in-8, carte cart.

2085. An Essay on the sacred isles in the west, with other essays connected with that work, by capt. F. Wilford. S. L. N. D., in-4, fig., dem. v. rose.

2086. Histoire de l'Inquisition et son origine. *Cologne*, 1693, in-12, v. br.

2087. Histoire abrégée de l'inquisition d'Espagne, par L. Gallois. *Paris*, 1824, in-8, br.

2088. Histoire du Pape Pie VII, par M. le chevalier Artaud. *Paris*, 1837, 2 vol. in-8, br.

2089. Buhez Santez Nonn, ou vie de sainte Nonne, et de son fils saint Devy (David). Mystère composé en langue bretonne antérieurement au XIIe siècle, publié par l'abbé Sionnet, et accompagné d'une traduction littérale de M. Legonidec. *Paris*, 1837, in-8, br.

2090. Histoire du privilége de Saint-Romain, en vertu duquel le chapitre de la cathédrale de Rouen délivrait anciennement un meurtrier tous les ans, le jour de l'Ascension, par A. Floquet. *Rouen*, 1833, 2 vol. in-8, fig. br.

HISTOIRE ANCIENNE.

2091. Méthode pour étudier l'histoire, avec un catalogue des principaux historiens, par M. l'abbé Lenglet du Fresnoy. Nouvelle édition, revue par M. Drouet. *Paris*, 1772, 15 vol. in-12, dem. v. f.

2092. Réflexions critiques sur les histoires des anciens peuples, Chaldéens, Hébreux, Phéniciens, Égyptiens, Grecs, etc., jusqu'au tems de Cyrus, par M. Fourmont. *Paris*, 1735, 2 vol. in-4, v. marb.

2093. Tables chronologiques qui embrassent toutes les parties de l'histoire universelle, par J. Blair, traduites par Chantreau. *Paris*, 1795, gr. in-4, dem. v. ant.

2094. Ph. Labei, Chronologiæ historicæ. *Parisiis*, e Typ. R. 1670, 3 vol. — Concordia chronologica a Ph. Labbeo in technicam et historicam divisa. *Parisiis*, e T. R., 1670, 2 vol.; les 5 vol. en v. br.

2095. Lehrbuch der Chronologie von Dr L. Ideler. *Berlin*, 1831, in-8, dem. v. f.

2096. Précis de Chronologie ancienne, par M. Toulouzan. Tome I. *Marseille*, 1834, in-8, br.

2097. Dionysii Petavii Rationarium temporum. *Coloniæ*, 1720, 2 vol. pet. in-8, vél.

2098. Le grand Dictionnaire historique, ou le mélange curieux de l'histoire sacrée et profane, par L. Moréri. *Paris*, 1759, 10 vol. in-fol., v. j.

2099. Dictionnaire historique, ou Mémoires critiques et littéraires, par P. Marchand. *La Haye*, 1758, in-fol. gr. pap. v. f. fil.

2100. Dictionnaire historique des personnages célèbres de l'antiquité, avec l'étymologie et la valeur de leurs noms et surnoms, par Fr. Noël. *Paris*, 1806, in-8, cart.

2101. Thesaurus temporum, Eusebii Pamphili Cæsareæ Palæstinæ episcopi, chronicorum canonum omnimodæ historiæ libri II, interprete Hieronymo; item auctores omnes derelicta ab Eusebio et Hieronymo continuantes; ejusdem Eusebii utriusque partis chron. canon. reliquiæ græcæ quæ colligi potuerunt, opera et studio Scaligeri. *Amstelodami*, 1658, in-fol. v. br.

2102. Chronicon historiam catholicam complectens, autore Simson, recensuit P. Wesseling. *Lugd. Batav.*, 1729, in-fol., cart.

2103. Histoire universelle divisée en XXIV livres; ouvrage posthume de J. de Muller, traduit de l'allemand par J. G. Hess. *Genève*, 1826, 4 vol. in-8, dem. v. ant.

2104. Tytler's elements of general history, ancient and modern, to which are added a table of chronology, and a comparative view of ancient and modern geography; translated into Hindostanee under the patronage of the Bombay native education society, by Lewis da Costa. *Calcutta*, 1829-1830, 3 tom. en 1 vol. in-4, dem. v. f.

2105. Manuel de l'histoire ancienne, considérée sous le rapport des constitutions, du commerce et des colonies des divers États de l'antiquité, trad. de l'allemand de A. H. L. Heeren. *Paris*, 1823, in-8, dem. v. ant.

2106. Précis d'Histoire ancienne, depuis l'origine des empires jusqu'à l'établissement de la domination romaine, par Ph. Le Bas. *Paris*, 1837, 2 vol. in-12.—Précis d'Histoire romaine, depuis la fondation de Rome jusqu'à la chute de l'empire d'Occident, par le même. *Paris*, 1837, in-12; les 3 vol. br.

2107. A Sketch of ancient history, with a version of the same in Tamil, by P. Gnanapragasa, Moodaliar. *Madras*, 1828, in-8, dem. mar. r. fil.

2108. Cours d'Histoire ancienne professé à la Faculté des Lettres, par M. Ch. Lenormant. — Introduction à l'Histoire de l'Asie occidentale. *Paris*, 1837, in-8, cartes, br.

2109. De la politique et du commerce des peuples de l'antiquité, par A. H. L. Heeren, traduit de l'allemand sur la 4e édition par W. Suckau. *Paris*, 1830-32, Tom. I à IV, in-8, cartes et plans, d. v. f.

2110. Histoire du commerce et de la navigation des anciens, par Huet. *Paris*, 1716, in-12, bas.

2111. Ricerche storico-critico-scientifiche sulle origini, scoperte, invenzioni e perfezionamenti fatti nelle lettere, nelle arti e nelle scienze, opera dell' abate Don G. Amati. *Milano*, 1828-30, 5 vol. gr. in-8, fig. br.

2112. Essai historique et philosophique sur les noms d'hommes, de peuples et de lieux, considérés principalement dans leurs rapports avec la civilisation, par Eusèbe Salverte. *Paris*, 1824, 2 vol. in-8, br.

2113. Singularités historiques et littéraires, contenant plusieurs recherches, découvertes et éclaircissemens sur un grand nombre de difficultés de l'histoire ancienne et moderne. Ouvrage historique et critique, par dom Liron. *Paris*, 1738, 2 vol. in-12, v. br.

2114. Récréations historiques, critiques, morales et d'érudition, avec l'histoire des fous en titre d'office, par Dreux du Radier. *Paris*, 1767, 2 vol. in-12, v. marb.

2115. Danielis G. Morhofii Polyhistor literarius, philosophicus et practicus cum accessionibus virorum clarissimorum J. Frickii et J. Molleri; editio quarta, cui præfationem, notitiamque diariorum litterariorum Europæ præmisit J. Alb. Fabricius. *Lubecæ*, 1747, 2 vol. in-4, v. marb.

2116. Histoire des Juifs et des peuples voisins, depuis la décadence des royaumes d'Israël et de Juda jusqu'à la mort de Jésus-Christ, par M. Prideaux; trad. de l'anglois. *Paris*, 1732, 6 vol. in-12, v. br.

2117. Abrégé chronologique de l'Histoire des Juifs, jusqu'à la ruine de Jérusalem par Tite sous Vespasien. *Paris*, 1759, in-12, dem. mar. r.

2118. Annus et epochæ Syromacedonum in vetustis urbium Syriæ nummis præsertim Mediceis expositæ, auctore F. H. Norris. *Florentiæ*, 1691, in-fol. rel. en parch.

2119. Histoire ancienne des Égyptiens, des Carthaginois, des Assyriens, des Babyloniens, des Mèdes et des Perses, des Macédoniens, des Grecs, par

Rollin. *Paris*, 1788, 13 tomes en 14 vol. in-12, bas.

2120. J. Perizonii Ægyptiarum originum et temporum antiquissimorum investigatio. *Trajecti ad Rhenum*, 1736, 2 vol. in-12, dem. rel.

2121. Die Chronologie der Ægypter, bearbeitet von R. Lepsius. Einleitung un erstertheil Kritik der quellen. *Berlin*, 1849, in-4, cart.

2122. Examen analytique et Tableau comparatif des synchronismes de l'histoire des temps héroïques de la Grèce, par L. C. F. Petit-Radel. *Paris*, Impr. R., 1827. — Mémoires sur divers points de l'ancienne histoire grecque, par le même. *Paris*, 1820, 1 vol. in-4, dem, v. f.

2123. Histoire des expéditions d'Alexandre, rédigée sur les Mémoires de Ptolémée et d'Aristobule, ses lieutenants, par Flave Arrien, trad. nouvelle par P. Chaussard. *Paris*, 1802, 3 vol. in-8 et atlas in-4, dem. mar. r.

2124. Examen critique des anciens historiens d'Alexandre-le-Grand, par G. Sainte-Croix. Seconde édition. *Paris*, 1804, in-4, fig., v. r. fil.

2125. Voyage du jeune Anacharsis en Grèce, vers le milieu du IVe siècle avant l'ère vulgaire, par J. J. Barthélemy. *Paris*, 1809, 7 vol. in-12, bas.

2126. L'Italie avant la domination des Romains, par M. J. Micali; trad. de l'italien sur la deuxième édition par M. Raoul-Rochette. *Paris*, 1824, 4 vol. in-8 et atlas in-fol. dem. v. f.

2127. Roma antica di Famiano Nardini, ediz. quarta romana ricsontrata, ed accresciuta delle ultime scoperte, con note ed osservazioni critico-antiquarie di A. Nibby. *Roma*, 1818-20, 4 vol. gr. in-8, mout. v.

2128. Description abrégée de Rome ancienne, d'après Ligorius, Donati, Nardini, Nadler et des voyageurs modernes, par F. Schoell. *Paris*, 1811, in-18, fig. bas.

2129. J. Rosini Antiquitatum Romanarum corpus absolutissimum. *Lugd. Batav.*, 1663, in-4, v. br.

2130. Fasti consulares triumphalesque Romanorum, ad fidem optimorum auctorum recognovit et indicem adjecit Jo. G. Baiterus. *Turici*, 1838, 1 vol. gr. in-8, dem. v. f.

2131. La République romaine, ou plan général de l'ancien gouvernement de Rome, par M. de Beaufort. *Paris*, 1767, 6 vol. in-12, dem. rel.

2132. Essai sur la Constitution romaine, et sur les révolutions qu'elle a éprouvées jusqu'à l'établissement du despotisme militaire des empereurs, par A. Nougarède de Fayet. *Paris*, 1842, in-8, br.

2133. Histoire romaine, par Michelet. 1re partie. République. *Paris*, 1831, 2 vol. in-8, br. (Tom. I, II).

2134. Histoire romaine, par V. Duruy. *Paris*, 1848, in-12, br.

2135. Histoire romaine depuis la fondation de Rome jusqu'à la bataille d'Actium, par Rollin. *Paris*, 1782, 16 vol. in-12, v. rac. fil.

2136. Histoire des Romains et des peuples soumis à leur domination, par V. Duruy. *Paris*, 1843, 2 vol. in-8, br.

2137. Histoire des Progrès et de la Chute de la république romaine, par A. Fergusson; trad. de l'anglois. *Paris*, 1784, 7 vol. in-12, cartes, dem. v. ant.

2138. Mémoires de la Cour d'Auguste, tirés de l'anglois du Dr T. Blackwell, par Feutry. *Paris*, 1759-68, 6 part. en 3 vol. in-12 br. en cart.

2139. Histoire des Empereurs romains depuis Auguste jusqu'à Constantin, par Crevier. *Paris*, 1771, 12 vol. in-12, bas.

2140. Histoire des Empereurs et des autres princes

qui ont régné durant les six premiers siècles de l'Eglise, de leurs guerres contre les Juifs, des écrivains profanes et des personnes les plus illustres de leur temps, par Lenain de Tillemont. *Paris*, 1700-1738, 6 vol. in-4, v. ant.

2141. Examen critique des historiens anciens de la vie et du règne d'Auguste, par A. E. Egger. *Paris*, 1844, in-8, br.

2142. Discours historiques, critiques et politiques de Th. Gordon, sur Tacite et sur Salluste, traduits de l'anglais. Nouv. édit. *Paris*, an II. 3 vol. in-8, v. éc. fil.

2143. Études sur l'histoire romaine, par P. Mérimée. *Paris*, 1844, 2 vol. in-8, br.

2144. Essai sur la Guerre sociale, par P. Mérimée. *Paris*, 1841, in-8, fig. br.

2145. Des changemens opérés dans toutes les parties de l'administration de l'Empire romain, sous les règnes de Dioclétien, de Constantin et de leurs successeurs, jusqu'à Julien, par J. Naudet. *Paris*, 1817, 2 tom. en 1 vol. in-8, dem. rel.

2146. Economie politique des Romains, par M. Dureau de la Malle. *Paris*, 1840, 2 vol. in-8, fig. br.

2147. Histoire critique du passage des Alpes par Annibal, dans laquelle on détermine la route qu'il suivit depuis les frontières d'Espagne jusqu'à Turin, par J. L. Larauza. *Paris*, 1826, in-8, carte, dem. v. f.

2148. Histoire abrégée de la Littérature romaine, par F. Schœll. *Paris*, 1815, 4 vol. in-8, dem. v.

2149. Des Journaux chez les Romains. Recherches précédées d'un Mémoire sur les Annales des Pontifes, et suivies de fragmens des journaux de l'ancienne Rome, par J. V. Leclerc. *Paris*, 1838, in-8, br. (*Envoi de l'auteur.*)

2150. Explication abrégée des coutumes et cérémonies observées chez les Romains; trad. du latin de Nieupoort, par l'abbé Desfontaines. *Paris*, 1790, in-12, bas.

2151. Le Palais de Scaurus, ou description d'une maison romaine, par Mazois. Deux. édit. *Paris*, 1822, in-8, dem. v. ant.

2152. Histoire du Tribunat de Rome. *Amsterdam*, 1774, 2 vol. in-12, br.

2153. Histoire Romaine de Dion Cassius, traduite en français, avec des Notes critiques, historiques, etc., et le texte en regard, par E. Gros. Tom. I, II, III, 1re partie. *Paris*, 1845-49, 3 vol. in-8, br.

2154. H. Kippingii Antiquitatum romanarum libri IV, quibus continentur res Sacræ, Civiles, Militares, Domesticæ. Accesserunt rariora quædam Justi Lipsii opuscula. *Lugduni Batav.*, 1713, in-8, fig. v. br.

2155. Antiquitatum Romanarum Pauli Manutii liber de legibus; Index rerum memorabilium. Editio postrema. *Venetiis*, Aldus Manutius, 1569, petit in-8, vél.

2156. L'Antiquità di Roma di Pomponio Leto dalla latina alla volgar lingua tradotte. *In Venetia*, 1550, in-12, dem. mar. r.

2157. Idatii episcopi chronicon, et fasti consulares, opera et studio Jac. Sirmondi. *Lutetiæ Parisiorum*, 1619, in-8, vél.

2158. Justi Lipsi de militia Romana libri quinque, commentarius ad Polybium; editio nova aucta variè et castigata. Antuerpiæ, 1598, in-4. — Justi Lipsi Poliorceticon sive de machinis, tormentis, telis libri quinque ad historiarum lucem. *Antuerpiæ*, 1596, in-4, v. ant., rel. fatiguée.

2159. B. Brissonius, jc. et antiquarius celeberrimus de spectaculis et de feriis. *Lugd. Batav.*, 1697, in-18, mar. r. fil. tr. dor.

2160. J. Kirchmanni de funeribus Romanorum libri IV, cum appendice nitidissimis figuris illustrati, accessit et funus parasiticum Nicolai Rigaltii. *Lugd. Batav.*, 1672, in-12, fig. v. f. fil. tr. dor.

2161. Rituum, qui olim apud Romanos obtinuerunt, succincta explicatio; ad intelligentiam veterum Auctorum facili methodo conscripta a G. H. Nieupoort. *Argentorati*, 1738, in-12, fig. v. br.

2162. De Testium ratione quæ Romæ Ciceronis ætate obtinuit. Dissertatio inauguralis auctore J. H. A. Escher. *Turici*, 1842, in-8, br.

2163. Petrus Ciacconius Toletanus de Triclinio, sive de modo convivandi apud priscos Romanos, et de conviviorum apparatu. Accedit Fl. Ursini appendix et H. Mercurialis de Accubitus in cœna antiquorum origine, dissertatio. *Amstelaedami*, 1689, in-12, cart.

×2164. M. Cornelii Frontonis reliquiæ ab A. Maio, primùm editæ; edidit B. G. Niebuhrius. *Berolini*, 1816, in-8, dem. v. v.

HISTOIRE DE L'ASIE.

2165. Asia, sive historia universalis asiaticarum gentium et rerum domi forisque gestarum, a cujusque origine ad hæc tempora mixti passim sacri profanique ritus, auctore J. B. Gramaye. *Antuerpiæ*, 1604, in-4, parch.

2166. De l'Asie, ou Considérations religieuses, philosophiques et littéraires sur l'Asie, par Madame Victorine de Châtenay. *Paris*, 1832, 4 vol. in-8, cart. à la Bradel.

2167. Tableaux historiques de l'Asie, depuis la monarchie de Cyrus jusqu'à nos jours; accompagnés de recherches historiques et ethnographiques sur cette partie du monde, ouvrage dédié à

MM. G. et A. de Humboldt, par J. Klaproth. *Paris*, 1826, in-4, dem. cuir de R. et atlas in-fol., cart.

2168. Mémoires relatifs à l'Asie, contenant des Recherches historiques, géographiques et philologiques sur les peuples de l'Orient, par M. J. Klaproth. *Paris*, 1826-28, 2 vol. in-8, dem. m. bl.

2169. Recherches curieuses sur l'histoire ancienne de l'Asie, par J. M. Chahan de Cirbieb et F. Martin. *Paris*, 1806, in-8, dem.-rel. Avec des Notes de M. Saint-Martin.

2170. Lettres sur l'Atlantide de Platon et sur l'ancienne histoire de l'Asie. Pour servir de suite aux lettres sur l'origine des sciences, par M. Bailly. *Londres* et *Paris*, 1779, in-8, v. rac. fil.

2171. Historical account of discoveries and travels in Asia, from the earliest ages to the present time, by Hugh Murray. *Edinburgh*, 1820, 3 vol. in-8, cartes, dem. v. f.

2172. Da Asia de J. de Barros et D. de Couto nova edição. *Lisboa*, 1778, 24 vol. in-12, cartes et portraits, dem. v. f. (Hist. de l'Asie.)

2173. Observações sobre as principaes causas da decadencia dos Portuguezes na Asia. Escritas por D. Do Couto em forma de dialogo. Publicadas de ordem da Academia Real das Sciencias de Lisboa. *Lisboa*, 1790, in-8, br.

2174. Historia de cosas del Oriente, primera y segunda parte. Contiene una descripcion general de los Reynos de Asia : con las cosas mas notables dellos. La historia de los Tartaros, y su origen y principio. Las cosas del Reyno de Egipto. La historia y sucesos del Regno de Hierusalem. Traduzido y recopilado, par A. Centeno. *Cordova*, 1595, in-4, mar. vert. tr. dor.

2175. Historia Oriental de las peregrinaciones de

Fernan Mendez Pinto. Trad. en espagnol, par Herrera. *Madrid*, 1627, in-fol., vél.

2176. Asia Portuguesa, de M. de Faria y Sousa. *Lisboa*, 1675-1703, 3 vol. in-fol., bas.

2177. Tableau historique de l'Orient, par Mouradja D'Ohsson. *Paris*, 1804, 2 vol. in-8, fig. dem. rel.

2178. Oriental collections consisting of original essays and dissertations, translations and miscellaneous papers, illustrating the history and antiquities, the arts, sciences and literature of Asia (collected), by W. Ouseley. *London*, 1797-98, 2 vol. in-4, fig., v. br. fil.

2179. Lettres sur l'histoire des Arabes avant l'Islamisme, par F. Fresnel. *Paris*, 1836, 1 vol. in-8, cart.

2180. Histoire littéraire des Arabes ou des Sarrazins pendant le moyen âge, traduite de l'anglais de J. Berington, par A. M. H. Boulard. *Paris*, 1823, in-8, br.

2181. Histoire des Wahabis, depuis leur origine jusqu'à la fin de 1809, par L. A. *Paris*, 1810, in-8, carte, v. jas. fil.

2182. Chronological restrospect, or Memoirs of the principal events of Mahommedan history, from the death of the Arabian legislator, to the accession of the Emperor Akbar, and the establishment of the Moghul empire in Hindustaun, by major D. Price. *London*, 1821, 4 vol. in-4, carte dem. v. f.

2183. Tableau historique, géographique, ethnographique et politique du Caucase et des provinces limitrophes entre la Russie et la Perse, par M. Klaproth. *Paris*, 1827, in-8, dem. v. f.

2184. Relations nouvelles du Levant, ou Traités de la religion, du gouvernement, et des coûtumes des Perses, des Armeniens, et des Gaures, compozés par le P. G. de Chinon. *Lyon*, 1671, in-12, v. br. Mouillé.

2185. Persicarum rerum historia in XII libros descripta, totius gentis initia, mores, instituta, et rerum domi forisque gestarum veram atque dilucidam enarrationem continens. Auctore P. Bizaro Sentinate. *Antuerpiæ*, 1583, in-fol., cart.

2186. Histoire de Perse, depuis le commencement de ce siècle, par La Mamye Clairac. *Paris*, 1750, 3 vol. in-12, v. marb.

2187. Epitome of the ancient history of Persia, extracted and translated from the Jehan Ara, a persian manuscript, by W. Ouseley. *London*, 1799, in-12, pap. vél., fig. dem. cuir de R. fil.

2188. Histoire de Thamas Kouli-Kan, Roi de Perse. *Paris*, 1743, in-12, v. jasp.

2189. Annales Arsacidarum, auctore L. Dufour de Longuerue. *Argentorati*, 1732, in-4, v. f.

2190. Fragments d'une Histoire des Arsacides, ouvrage posthume de M. J. Saint-Martin. *Paris*, Impr. N., 1850, 2 vol. in-8, br.

2191. Mohammedi filii Condschahi vulgo Mirchondi historia Gasnevidarum persice edidit, latine vertit, annotationibusque historicis illustravit F. Wilkin. *Berolini*, 1832, in-4, dem. cuir de R.

2192. Histoire des Samanides par Mirkhond, texte persan traduit et accompagné de notes critiques, historiques et géographiques, par M. Defrémery. *Paris*, Impr. R., 1845, in-8, br.

2193. Mémoires historiques et géographiques sur l'Arménie, par M. J. Saint-Martin. *Paris*, Imp. R., 1818-19, 2 vol. in-8, v. rac. fil.

2194. De Ariana linguæ gentisque Armeniacæ indole prolegomena scripsit R. Gosche. *Berolini*, 1847, in-8, br. (77 pag.).

2195. Histoire d'Arménie, par le patriarche Jean VI

dit Jean Catholicos, traduite de l'arménien en français, par M. J. Saint-Martin. Ouvrage posthume publié sous les auspices du ministère de l'Instruction publique. *Paris*, Impr. R., 1841, in-8, br.

2196. Mémoires inédits, relatifs à l'histoire et à la langue géorgienne, composés ou traduits et écrits par Brosset jeune. *Paris*, 1833, in-8, lithographié.

2197. Chronique géorgienne, traduite par M. Brosset jeune. *Paris*, Impr. R., 1830. — Chronique géorgienne. Texte géorgien. *Paris*, 1829. (Lithographié.) 1 vol. in-8, cart.

2198. L'art libéral, ou Grammaire géorgienne, par Brosset jeune. *Paris*, 1834, in-8, cart. Lithographié.

2199. Vocabulaire et Grammaire de la langue géorgienne, par M. J. Klaproth. Ire part. contenant le Vocabulaire géorgien-français et français-géorgien. *Paris*, 1827, in-8, br. — Observations sur ce Vocabulaire, par M. Brosset. In-8, 31 pag., lithographié.

2200. Imperium Babylonis.... Auctore Schroeero. A. Borrichii de Persico imperio et recta numerandarum LXX Danielis hebdomadum ratione. *Hafniæ*, 1688, in-8, vel.

2201. Imperium Babylonis et Nini ex monumentis antiquis, auctore J. Fr. Schroeero. *Francofurti*, 1726. — Antiquæ et pervulgatæ de quatuor monarchiis Sententiæ contra recentiorum quorumdam objectiones plenior et uberior assertio, auctore J. G. Jano. *Francofurti*, 1728, in-12, vel.

2202. Forschungen im gebiete der alteren religiosen... Recherches dans le domaine de l'ancienne histoire religieuse, politique et littéraire des peuples de l'Asie centrale et principalement des Mongols et des Tibétains, par I. J. Schmidt. *Saint-Pétersbourg*, 1824, in-8, dem. mar. r.

2203. Geschichte der Ostmongolen... Histoire des Mongols orientaux et de leur maison souveraine, composée par Ssanang Ssetsen Chungtaidschi de l'Ordus, trad. du Mongol, et publ. avec le texte original et des Notes, par Is.-Jac. Schmidt. *Saint-Pétersbourg*, 1829, in-4, dem. mar. r.

2204. Histoire générale des Huns, des Turcs, des Mongols, et des autres Tartares occidentaux, etc., avant et depuis Jésus-Christ jusqu'à présent, par M. de Guignes. *Paris*, 1756-58, 5 vol. in-4, v. marb.

2205. Samlungen historischer Nachrichten über die Mongolischen Volkerschaften durch P. S. Pallas. *Saint-Pétersbourg*, 1776-1801, 2 tom. en 1 vol. in-4, dem. v. f.

2206. Dictionnaire Mongol-Russe-Français, dédié à S. M. l'Empereur de toutes les Russies, par J. E. Kowalewski. *Kasan*, 1844-49, 3 vol. in-4, dem. v. f.

2207. Observations historiques et géographiques, sur les Peuples barbares qui ont habité les bords du Danube et du Pont-Euxin, par M. de Peyssonnel. *Paris*, 1765, in-4, cartes et fig., dem. v. f.

2208. Histoire des Wandales, depuis leur première apparition sur la scène historique, jusqu'à la destruction de leur empire en Afrique, par L. Marcus. *Paris*, 1836, in-8, br.

2209. Histoire du grand Genghizcan, premier empereur des anciens Mogols et Tartares, traduite et compilée par M. Pétis de la Croix. *Paris*, 1710, in-12, carte v. gr.

2210. Histoire de Timur-Bec, connu sous le nom du grand Tamerlan, empereur des Mogols et des Tartares, traduite par M. Pétis de la Croix. *Paris*, 1722, 4 vol. in-12, cartes, v. br.

HISTOIRE DE L'INDE.

2211. Corpus scriptorum veterum qui de India scripserunt, edidit et commentationibus instruxit D. Fr. Schauffelberger. — Fascic. 1. Continens: Scylacem, Hecataeum, Herodotum, Ctesiam. *Bonnæ ad Rhenum*, 1845, in-8, cart., 52 pag.

2212. Palladius de gentibus Indiæ et Bragmanibus. S. Ambrosius de moribus Brachmanorum. Anonymus de Bragmanibus. *Londini*, 1665. — Theodosii Tripolitæ. De Diebus et Noctibus libri II de græca lingua in latinam conversi, à Josepho Auria. *Romæ*, 1591, in-4, vél.

2213. Glauben, Wissen und Kunst der alten Hindus in ursprunglischer gestalt und im gewande der Symbolik, von N. Müller. *Mainz*, 1822, in-8, fig., dem. v. f.

2214. Zur geschichte der griechischen und indoskythischen Könige in Baktrien, Kabul und Indien durch entzifferung der altkabulischen legenden auf ihren Müzen, von Ch. Lassen. *Bonn*, 1838, in-8, dem. cuir de R. fil. (Envoi de l'auteur.)

2215. Histoire universelle des Indes, Orientales et Occidentales, divisée en deux livres, le premier par Corneille Wyteliet; le second par Ant. M. et autres historiens. *Douay. Fr. Fabri*, 1604, in-fol., parch.

2216. Histoire des Indes Orientales, par M. Souchu de Rennefort. *Leide*, 1688, in-12, vél.

2217. Histoire des Indes Orientales, anciennes et modernes; avec des cartes géographiques, par M. l'abbé Guyon. *Paris*, 1744, 3 vol. in-12, v. ant.

2218. Essais historiques sur l'Inde, précédés d'un journal de voyages et d'une description géographique de la côte de Coromandel, par M. de la Flotte. *Paris*, 1769, in-12, bas.

2219. The history of Hindostan; translated from the persian, by A. Dow. A new edition. *London*, 1812, 3 vol. in-8, fig., dem. v. ant.

2220. Histoire de l'Inde ancienne et moderne, ou l'Indostan considéré relativement à ses antiquités, à sa géographie, etc., par M. Collin de Bar. *Paris*, 1814, 2 vol. in-8, carte col., dem. v. ant.

2221. Histoire générale de l'Inde ancienne et moderne, depuis l'an 2000 avant J.-C. jusqu'à nos jours, par M. de Marlès. *Paris*, 1828, 6 vol. in-8, cart. à la Bradel.

2222. The history, antiquities, topography, and statistics of Eastern India; comprising the districts of Behar, Shahabad, Bhagulpoor, Goruckpoor, Dinajepoor, Puraniya, Rungpoor and Assam; by Montgomery-Martin. *London*, 1838, 3 vol. in-8, fig. cart.

2223. A Key to the Chronology of the Hindus; in a series of letters, in which an attempt is made to facilitate the progress of christianity in Hindostan, by proving that the protracted numbers of all oriental nations, when reduced, agree with the dates given in the hebrew text of the Bible. *Cambridge*, 1820, 2 vol. in-8, dem. v. f.

2224. Des castes de l'Inde, ou Lettres sur les Hindous, à l'occasion de la tragédie du *Paria* de M. Casimir Delavigne, par Morénas. *Paris*, 1822, in-8, cart.

2225. Dissertation sur les mœurs, les usages, le langage, la religion et la philosophie des Hindous, trad. de l'anglois par M. Bergier. *Paris*, 1769, in-12, v. br.

2226. Mœurs, institutions et cérémonies des peuples de l'Inde, par M. l'abbé Dubois. *Paris*, Impr. R., 1825, 2 vol. in-8, dem. mar. r. fil.

2227. The commerce and navigation of the ancients in the indian Ocean, by W. Vincent. *London*, 1807, 2 vol. in-4, cartes et fig. dem. mar. viol.

2228. Useful tables, forming an appendix to the Journal of the Asiatic Society. Part the first, coins, weights, and measures of British India. *Calcutta*, 1834, in-8, fig., dem. mar. v.

2229. Notes of cases in the court of the recorder and in the supreme court of judicature at Madras; commencing in the year 1798, and ending in the year 1816. S. L., 1827, 2 vol. in-8, d. v. f.

2230. Lois mahométanes, ou Recueil des us et coutumes des Mahométans établis dans la presqu'île de l'Inde, par Fr. E. Sicé. *Pondichéry*, 1834, in-4, dem. mar. r. fil.

2231. Etudes sur le droit civil des Hindous. Recherches de législation comparée sur les lois de l'Inde, les lois d'Athènes et de Rome, et les coutumes des Germains, par E. Gibelin. *Pondichéry*, 1846-47, 2 vol. in-8, br.

2232. Résumé de l'histoire des Établissemens européens dans les Indes orientales, depuis la découverte du Cap de Bonne-Espérance jusqu'à nos jours, par A. J. Mérault. *Paris*, 1825, in-18, dem. v. f.

2233. Histoire philosophique et politique des établissemens et du commerce des Européens dans les deux Indes, par G. T. Raynal. *Genève*, 1780, 10 vol. in-8, v. marb.

2234. The History of Bengal, from the first Mohammedan invasion until the virtual conquest of that country by the English, *A. D.* 1757, by Ch. Stewart. *London*, 1813, in-4, carte, dem. cuir de R.

2235. A History of the military transactions of the British nation in Indostan (1745-1755), by Orme. *London*, 1763, in-4, cartes et plans, dem. v. f.

2236. An account of the war in India, between the English and French, on the coast of Coromandel, from the year 1750 to the year 1760; by R. Owen Cambridge. *London*, 1761, in-4, dem. v. ant.

2237. A Narrative of the transactions in Bengal, from the year 1760 to the year 1764, during the government of Mr Henry Vansittart. *London*, 1766, 3 vol. gr. in-8, v. gr.

2238. Événemens historiques intéressans, relatifs aux provinces du Bengale et à l'empire de l'Indostan, par J. Z. Holwell; trad. de l'anglois. *Amsterdam*, 1768, 2 part. en 1 vol. in-8, fig. et cartes, dem. v. vert.

2239. A short history of English transactions in the East-Indies. *Cambridge*, 1776, in-12, dem. rel.

2240. Narrative of the Burmese war, detailing the operations of major-general sir Archibald Campbell's army; by major Snodgrass. *London*, 1827, in-8, dem. v. f.

2241. Documents illustrative of the Burmese war with an introductory sketch of the events of the war, and an appendix; compiled and edited by H. H. Wilson. *Calcutta*, 1827, 1 vol. in-4, carte, cart.

2242. History of the political and military transactions in India during the administration of the Marquess of Hastings 1813-23, by H. T. Prinsep. *London*, 1825, 2 vol. in-8, fig. et cartes, dem. v. f.

2243. Histoire de la Conquête de l'Inde par l'Angleterre, par le baron Barchou de Penhoën. *Paris*, 1844, 6 vol. in-8, br.

2244. L'Inde sous la domination anglaise, par le baron Barchou de Penhoën. *Paris*, 1844, 2 vol. in-8, cart.

2245. The History of British India, by J. Mill. *London*, 1826, 6 vol. in-8, carte, dem. v. f.

2246. Historical and descriptive account of British India, from the most remote period to the present time, by H. Murray, J. Wilson, etc., etc. *Edinburgh*, 1833, 3 vol. in-12, carte et fig. cart.

2247. An Historical sketch of the Princes of India, stipendiary, subsidiary, protected, tributary and feudatory; with a sketch of the origin and progress of British power in India. *Edinburgh*, 1833, in 8, cart.

2248. A Summary of the history of Hindoosthan, from the Mahomedan invasion, with a tamil translation, by P. Gnanapragasa, Moodeliar. *Madras*, 1830, in-8, dem. mar. r. fil.

2249. History of the rise of the Mahomedan power in India, till the year A. D. 1612, translated from the original persian of Mahomed Kasim Ferishta, by J. Briggs. *London*, 1829, 4 vol. in-8, dem. cuir de R. fil.

2250. The History of India. The hindu and mahometan periods, by the Mountstuart Elphinstone. Third edition. *London*, 1849, in-8, carte, cart.

2251. History of the British colonies, by R. Montgomery-Martin. Vol. I. Possessions in Asia. *London*, 1834, in-8, cart.

2252. Mémoires sur l'Indoustan, ou Empire du Mogol, par M. Gentil. *Paris*, 1822, in-8, fig. cart.

2253. J. P. Maffeii Historiarum Indicarum libri XVI; selectarum item ex India epistolarum, eodem interprete, libri IV. Accessit Ignatii Loiolæ vita. *Coloniæ Agrippinæ*, 1593, in-fol. veau.

2254. Essai historique, géographique, politique, commercial, et Tableau du commerce de l'Indoustan, par M. Legoux de Flaix. *Paris*, 1806, 2 vol. in-8 et atlas, cart.

2255. État civil, politique et commerçant du Bengale, trad. de l'anglois de Bolts, par Demeunier. *La Haye*, 1775, 2 tom. en 1 vol. in-8, fig. v. mar.

2256. Notes historiques sur le général Allard et sur le Royaume de Lahore, par Cuvillier-Fleury. *Paris*, 1836, in-12, br. (*Cet ouvrage n'a pas été mis dans le commerce.*)

2257. Fragmens sur l'Inde, sur le général Lalli, sur le procès du comte de Morangiès, et sur plusieurs autres sujets. *Londres*, 1774, in-8, dem. v. f.

2258. Annuaire statistique des Établissemens français de l'Inde, par P[re] Const. et F. E. Sicé. *Pondichéry*, 1840, 1850, 1851 et 1852, 1 vol. in-12 et 3 vol. in-8, br. — Almanach de Pondichéry pour 1838 et 1839, 2 part. in-4, br.

2259. L'Inde française, ou Collection de dessins lithographiés représentant les divinités, temples, costumes, physionomies, meubles, armes et ustensiles des peuples hindous qui habitent les possessions françaises de l'Inde et en général la côte de Coromandel et le Malabar; publiée par M. J. J. Chabrelie, avec un texte explicatif par M. E. Burnouf. *Paris*, 1827, 2 vol. in-fol., dem. mar. r.

2260. Historia do descobrimento e conquista da India pelos Portugueses, por F. Lopez de Castanheda. *Lisboa*, 1833, 8 tom. en 7 vol. in-4, dem. v. f.

2261. Commentarios do grande A. D'Alboquerque, por Bl. d'Alboquerque. *Lisboa*, 1774, 4 vol. pet. in-8, dem. v. ant.

2262. Histoire des choses plus mémorables advenues tant ez Indes orientales, que autres païs de la descouverte des Portugais, en l'establissement de ce que les Religieux de la Compagnie de Jesus y ont faict et enduré pour la mesme fin, depuis qu'ils y sont entrez jusques à l'an 1600, par le P. P. de Dujarric. *Bourdeaus*, 1608-13, 3 vol. in-4, v. br.

2263. Lettres politiques, commerciales et littéraires

sur l'Inde, ou vues et intérêts de l'Angleterre relativement à la Russie, à l'Indostan et à l'Égypte, par le lieut.-col. Taylor; ouvrage traduit de l'anglais. *Paris*, 1801, in-8, dem. v. ant.

2264. Vies des Gouverneurs-généraux, avec l'abrégé de l'histoire des établissemens hollandois aux Indes orientales, par J. P. I. Du Bois. *La Haye*, 1763, in-4, fig. v. fil.

2265. Histoire de la Mission danoise dans les Indes orientales; trad. de l'allemand de M. J. L. Niecamp. *Genève*, 1745, 3 vol. in-8, dem. rel.

2266. De Imperio magni Mogolis sive India vera commentarius, ex variis auctoribus congestus. *Lugd. Bat.*, ex officina Elzeviriana, 1631, in-32, mar. r. f.

2267. Histoire générale de l'Empire du Mogol depuis sa fondation. Sur les Mémoires portugais de M. Manouchi, par le P. F. Castrou. *Paris*, 1705, in-4, carte, v. br.

2268. History of the Indian archipelago, containing an account of the manners, arts, languages, religions, institutions and commerce of its inhabitants; by J. Crawfurd. *Edinburgh*, 1820, 3 vol. in-8, fig. dem. cuir de R. fil.

2269. Essay the first, on the Kocch, bodo and dhimal tribes, in three parts; by B. H. Hodgson. *Calcutta*, 1847, in-8, cart.

2270. A History of the Mahrattas, by J. Grant Duff, *London*, 1826, 3 vol. in-8, fig. v. gauf. fil.

2271. Historical Sketches of the South of India, in an attempt to trace the history of Mysoor, by lieut. col. Mark Wilks. *London*, 1810-17, 3 vol. in-4, cartes, dem. cuir de R.

2272. Annals and antiquities of Rajast'han, or the central and western Rajpoot States of India, by lieut. col. James Tod. *London*, 1829-32, 2 vol. gr. in-4, fig., dem. cuir de Russie.

2273. The history of Java, by Thomas Stamford Raffles. *London*, 1817, 2 vol. in-4, figures et cartes, veau f. fil.

2274. The history of Sumatra, containing an account of the government, laws, customs, and manners of the native inhabitants, with a description of the natural productions, and a relation of the ancient political state of that Island. By W. Marsden. Third edition. *London*, 1811, in-4, fig. cart.

2275. Description du Pachalik de Bagdad, suivie d'une notice historique sur les Wahabis, et de quelques autres pièces relatives à l'histoire et à la littérature de l'Orient, par Rousseau. *Paris*, 1809, in-8, carte, v. gr. fil.

2276. Origine et progrès de la puissance des Sikhs dans le Penjab, et histoire du Maha-Radja Randjit Singh, par H. T. Prinsep, traduit de l'anglais par X. Raymond. *Paris*, 1836, in-8, fig. et carte br.

2277. On the Religious establishments of Mewar, by lieut. col. J. Tod. *London*, 1829, in-4, cart. (57 pag.) From the transactions of the Royal Asiatic society of Great Britain.

2278. A Collection of Memoirs on the various modes according to which the nations of the Southern parts of India divide time, by lieut. col. J. Warren. *Madras*, 1825, in-4, dem. mar. r.

2279. Indian recreations; consisting chiefly of strictures on the domestic and rural economy of the Mahomedans and Hindoos, by the rev. W. Tennant. *London*, 1804, 2 vol. in-8, dem. v. f.

2280. The history of the reign of Shah-Aulum, the present emperor of Hindostaun, with an appendix, by W. Francklin. *London*, 1798, in-4, fig. et cartes, dem. cuir de R.

2281. Origin of the Pindaries; preceded by historical notices on the rise of the different Mahratta States, by an Officer. *Calcutta*, 1819, in-8, dem. rel.

2282. Histoire civile et naturelle du Royaume de Siam, et des révolutions qui ont bouleversé cet Empire jusqu'en 1770, par M. Turpin. *Paris*, 1771, 2 vol. in-12, v. marb.

2283. Histoire naturelle, civile et politique du Tonquin, par M. l'abbé Richard. *Paris*, 1778, 2 vol. in-12, v. gr. fil.

2284. Histoire nouvelle et curieuse des Royaumes de Tunquin et de Lao, trad. de l'italien du P. de Marini. *Paris*, 1666, in-4, v. br.

2285. Histoire de ce qui s'est passé au Royaume du Tibet, tirée des lettres escriptes en l'année 1626, adressée au R. P. Mutio Vitelleschi, traduite d'italien en français, par A. *Paris*, 1629, in-12, v. br. (Signature d'Anquetil Duperron.)

2286. Histoire de ce qui s'est passé en Ethiopie, Malabar, Brasil, et les Indes Orientales. Tirée des lettres escrites les années 1620 jusques à 1624, traduit de l'italien en français, par J. Darde. *Paris*, 1628, in-12, parch.

2287. Collection des principales chroniques Malayes, publiée par M. Ed. Dulaurier. *Paris*, Impr. N., 1849, in-8, br.

2288. Recherches sur l'histoire de la partie de l'Afrique septentrionale connue sous le nom de Régence d'Alger, et sur l'administration et la colonisation de ce pays à l'époque de la domination romaine, par une commission de l'Acad. des Inscriptions et Belles-Lettres. Tom. 1. *Paris*, Impr. R., 1835, in-8, br.

2289. Histoire générale du moyen âge, par C. O. Des Michels. *Paris*, 1835-37, 2 vol. in-8, br.

2290. Recueil des historiens des Croisades, publié par les soins de l'Académie des Inscriptions et Belles-Lettres. — Historiens occidentaux. (Guillaume de Tyr, etc.) Tome Ier en 2 part. *Paris*, Impr. R., 1844, 2 vol. in-fol., gr. pap. br.

2291. Recueil des historiens des Croisades. — Assises de Jérusalem, ou Recueil des ouvrages de jurisprudence composés pendant le XIIIe siècle dans les Royaumes de Jérusalem et de Chypre. Tomes I-II, assises de la Haute-Cour, et assises de la Cour des Bourgeois, publiées par M. le comte Beugnot. *Paris*, Impr. R., 1841-43, 2 vol. in-fol., br.

2292. Notitia utraque dignitatum, cum Orientis, tum Occidentis, ultra Arcadii Honoriique tempora et in eam Guidi Panciroli commentarius. *Lugduni*, 1608, in-fol., fig. v. br.

2293. Zosimi historiæ Novæ libri VI, quibus additæ sunt historiæ Procopii Cæsariensis, Agathiæ Myrrinæi, Jornandis Alani. Leunclaius recensuit, Adiecimus et Leonardi Aretini rerum Gothicarum commentarios, de Græcis excerptos, omnia cum indicibus copiosis. *Basileæ*, S. D., in-fol., vél.

2294. Histoire de Constantinople depuis le règne de l'ancien Justin, jusqu'à la fin de l'Empire, trad. sur les originaux grecs par le Prés. Cousin. *Paris*, 1685, 8 tom. en 10 vol. in-12, v. br. fil.

2295. J. Meursi Creta, Cyprus, Rhodus sive de Nobilissimarum harum insularum rebus et antiquitatibus Commentarii posthumi, nunc primum editi. *Amstelodami*, 1675, in-4, v. br.

2296. Questions historiques (V^e^-IXe siècles). Cours

d'histoire moderne professé à la faculté des lettres par Ch. Lenormant. *Paris*, 1845, 2 part. en 1 vol. in-8, cart.

2297. Manuel historique du système politique des Etats de l'Europe, et de leurs colonies depuis la découverte des deux Indes, par M. Heeren, trad. de l'Allemand. *Paris*, 1821, in-8, v. ant.

2298. Atlas historique des états Européens, composé d'une suite de cartes géographiques et de tableaux chronologiques et généalogiques... rédigé d'après les meilleures sources, par Chr. et Fr. Kruse; trad. de l'allemand par Ph. Lebas et Félix Ansart. *Paris*, 1836, in-fol., pap. vél., dem. mar. r.

*2299. Die Etrusker, vier bücher von K. O. Müller. *Breslau*, 1828, 2 vol. in-8, br.

2300. Die Zigeuner in Europa und Asien, von Dr A. F. Pott. *Halle*, 1844-45, 2 vol. in-8, br.

2301. Histoire des Bohémiens, ou Tableau des mœurs, usages et coutumes de ce peuple nomade, par H. M. G. Grellmann, traduit de l'allemand, par M. J. *Paris*, 1810, in-8, dem. v. f.

2302. Lascaris, ou les Grecs du xve siècle; suivi d'un essai historique sur l'état des Grecs depuis la conquête musulmane jusqu'à nos jours, par M. Villemain. Troisième édition. *Paris*, 1826, 2 vol. in-8, br.

2303. Origine des découvertes attribuées aux modernes, par L. Dutens. *Paris*, 1812, 2 vol. in-8, dem. v. f.

2304. Tableaux synchroniques de l'histoire moderne, 1453-1648, par M. Michelet. *Paris*, 1826, 4 obl., br.

2305. Mémoires de Luther écrits par lui-même, trad. et mis en ordre par M. Michelet. *Paris*, 1835, 2 vol. in-8, br.

2306. Abrégé de l'histoire générale des temps modernes, depuis la prise de Constantinople par les Turcs (1453), jusqu'à la mort de Louis XIV (1715), par F. Ragon. Deuxième édit. *Paris*, 1829, 2 vol in-8, dem. v. f.

2307. Histoire de l'Europe au XVIe siècle, par A. Filon. *Paris*, 1838, 2 vol. in-8, br.

2308. Histoire de la littérature de l'Europe, pendant les XVe, XVIe et XVIIe siècles; trad. de l'anglais de H. Hallam, par A. Borghers. *Paris*, 1839-40, 4 vol. in-8, br.

2309. Histoire critique de la République des Lettres tant ancienne que moderne (par Masson). *Amsterdam*, 1717-18, 15 vol. in-18, br.

2310. Histoire générale du XVIIIe siècle, par F. Ragon. *Paris*, 1836, in-8, dem. v. f.

2311. Gallia Orientalis sive Gallorum qui linguam hebræam vel alias Orientales excoluerunt Vitæ. Variis hinc inde præsidiis adornatæ labore et studio P. Colomesii. *Hagæ-Comitis*, 1665, in-4, v. f.

2312. Mélanges d'Histoire moderne : Recherches sur l'origine des peuples du nord et de l'occident de l'Europe; les Ibères, par M. Darttey. *Paris*, 1839, 64 pag. — Mémoire sur la dénomination et sur les règles de l'architecture dite Gothique, par M. T. B. Emeric-David. *Caen*, 1839, 22 pag. — Lettre à M. le comte de Blois de La Calande sur la colonisation de la Bretagne Armoricaine, par A. de Courson. *Kemper-Corentin*, 1841, 16 pag. — Lettre à M. le Rédacteur en chef de la revue de la Législation, par A. de Courson. *Saint-Brieuc*, 1843, 20 pag. — A Messieurs les Membres de l'Académie des Inscriptions et Belles-Lettres, par Berger de Xivrey. La Charte aux Normands, par A. Floquet. *Rouen*, 1841, 31 pag. — Statistique routière de Normandie, par M. de Caumont; 1er fragment, *Caen*, 1842, 59 pag. — Embellissements de la ville de Caen. Notes historiques sur ses établissements universitaires, par l'abbé Daniel. *Caen*, 1842, 35 pag. — Sur l'origine et la signification des Romans du Saint-Graal, par M. F. G. Bergmann. *Strasbourg*, 1842, 24 pag. — Deux Notes sur d'anciennes cartes historiées manuscrites de l'Ecole Catalane, par M. d'Avezac. *Paris*, 1844, 24 pag. — Die Slawen in den altesten Zeiten bis Samo (623); von Roman Saint-Kaulfuss. *Berlin*, 1842, 104 pag. — De la Diplomatie française sous Louis XIV, par M. A. Filon. *Paris*, 1843, 40 pag. — Rapport à M. le ministre des travaux publics sur la découverte faite à la Sainte-Chapelle d'un cœur, par M. Letronne. *Paris*, 1843, 11 pag. — Lettre de M. Letronne au rédacteur en chef du Moniteur. *Paris*, 1843, 4 pag. 1 vol. in-8, cart. à la Bradel.

2313. Histoire de Nicolas Rienzy, chevalier, tribun et sénateur de Rome, par M. de Boispréaux. *Paris*, 1743, in-12, v. f.

2314. La Chronique de Nestor, traduite en français d'après l'édition impériale de Pétersbourg, par L. Paris. *Paris*, 1834-35, 2 tom. en 1 vol. in-8, dem. v. f.

2315. Abrégé de l'histoire de Russie, depuis son origine jusqu'à nos jours par l'abbé Périn. *Paris*, 1804, 2 vol. in-12, dem. v. v.

2316. Histoire de la Russie, depuis l'origine de la nation Russe, jusqu'à la mort du grand-duc Jaroslaws premier, par M. Lomonossow, traduit de l'allemand, par M. E. Deuxième édit. *Paris*, 1774, in-12, v. marb.

2317. Précis historique de la guerre des Turcs contre les Russes, depuis l'année 1769 jusqu'à l'année 1774, tiré des annales de l'historien turc Vassif-Efendi, par P. A. Caussin de Perceval. *Paris*, 1822, in-8, br.

2318. Suède et Norwége, par M. Ph. Le Bas. *Paris*, 1838, in-8, fig. br. (de l'univers Pittoresque.)

2319. Histoire des Révolutions d'Angleterre, depuis le commencement de la monarchie, par le P. d'Orléans. *Paris*, 1762, 4 vol. in-12, fig. v. marb.

2320. Lettres historiques et critiques sur l'Italie, de Ch. de Brosses. *Paris*, an VII, 3 vol. in-8, dem. rel.

2321. De M. Polain : Henri de Dinant. Histoire de la révolution communale de Liége au XIIIe siècle (1252-1257). Liége, 1843. — Notice sur un Diplôme de Louis le Débonnaire, avec un fac-simile. — Notice sur un fragment de manuscrit de la fin du VIIe siècle, fac-simile. — Analyse de la collection de documents inédits sur l'histoire de France; La Renaissance des Arts à la Cour de France, par M. de La Borde; Correspondance de Philippe II sur les affaires des Pays-Bas, par M. Gachard; Essai historique sur l'organisation judiciaire et administrative de la Justice, depuis Hugues Capet jusqu'à Louis XII, par M. Pardessus. — Notice sur la Vie et les Ouvrages de M. Raynouard, par M. Walckenaer, in-8, br.

2322. Histoire de l'ancien pays de Liége, par M. L. Polain. *Liége*, 1844-47, 2 vol. in-8, br.

2323. Italie, par M. le chevalier Artaud. *Paris*, 1835, in-8, fig., dem. v. f. (Univers pittoresque.)

2324. Histoire d'Espagne, depuis l'invasion des Goths jusqu'au commencement du XIXe siècle, par M. Rosseeuw Saint-Hilaire. *Paris*, 1837-38, 3 vol. in-8, br.

2325. Histoire de la destruction des républiques démocratiques de Schwitz, Uri et Unterwalden, par H. Zschokke, trad. de l'allemand par J. B. Briatte. *Paris* et *Berne*, 1802, in-8, dem. v. ant.

2326. Relacion anual de las cosas que han hecho los

padres de la compañia de Jesus en la India oriental y Japon, en los años de 600 y 601, y del progresso de la conversion y christiandad de aquellas partes; traduzida de portugues en castellano por el Padre A. Colaco. En *Valladolid*, 1604, pet. in-4, v. ant. fers à froid.

2327. Histoire des découvertes et conquestes des Portugais dans le Nouveau-Monde, par le R. P. J. F. Lafitau. *Paris*, 1734, 4 vol. in-12, fig., v. br.

2328. Histoire de la conqueste du Mexique, ou de la Nouvelle-Espagne, par Fernand Cortez, trad. de l'espagnol de Solis. *Paris*, 1714, 2 vol. in-12, fig., v. br.

2329. Lettres pour servir d'introduction à l'histoire primitive des nations civilisées de l'Amérique septentrionale, par M. l'abbé E. Ch. Brasseur de Bourbourg. *Mexico*, 1851, gr. in-4, br. (en espagnol et en français), 75 pag.

HISTOIRE DE LA GAULE ET DE LA FRANCE.

2330. Histoire de la Gaule sous l'administration romaine, par Amédée Thierry. *Paris*, 1840-47, 3 vol. in-8, br.

2331. Histoire de la Gaule méridionale sous la domination des conquérants germains, par Fauriel. *Paris*, 1836, 4 vol. in-8, br.

2332. Histoire des Gaulois, depuis les temps les plus reculés jusqu'à l'entière soumission de la Gaule à la domination romaine, par Amédée Thierry. *Paris*, 1845, 3 vol. in-8, br.

2333. The celtic Druids; or, an attempt to shew, that the druids were the priests of oriental colonies who emigrated from India, and were the introducers of the first or cadmean system of letters, and the builders of stone hence, of Carnac, and other cyclopean works, in Asia and Europe, by G. Higgins. *London*, 1829, in-4, dem. mar. r.

2334. Notice de l'ancienne Gaule, tirée des monumens romains, par D'Anville. *Paris*, 1760, in-4, dem. mar. r.

2335. Histoire des origines et des institutions des peuples de la Gaule armoricaine et de la Bretagne insulaire, depuis les temps les plus reculés jusqu'au ve siècle, par A. de Courson. *Paris*, 1843, in-8, br.

2336. Histoire des peuples Bretons dans la Gaule et dans les îles Britanniques, langue, coutumes, mœurs et institutions, par Aur. de Courson. *Paris*, 1846, 2 vol. gr. in-8, br.

2337. Études germaniques pour servir à l'histoire des Francs, par A. F. Ozanam. *Paris*, 1847, 2 vol. in-8, br.

2388. Indication des principaux ouvrages propres à faciliter les travaux relatifs à l'histoire de France, par J. Desnoyers. *Paris*, 1836, in-8, br.

2339. Traité des matériaux manuscrits de divers genres d'histoire, par A. A. Monteil. *Paris*, 1835, 2 vol. in-8, br.

2340. Abrégé chronologique de l'histoire de France, par Fr. de Mezeray. *Amsterdam*, 1701, 6 vol. in-12, v. br.

2341. Histoire de France, par Michelet. *Paris*, 1833-44, 6 vol. in-8, br.

2342. Mémoires historiques et critiques sur divers points de l'histoire de France, et plusieurs autres sujets curieux, par F. E. de Mezeray. *Amsterdam*, 1753, 2 vol. in-12, br.

2343. Collection des Mémoires relatifs à l'histoire de France, depuis la fondation de la monarchie française jusqu'au XIIIe siècle; avec une introduction, des supplémens, des notices et des notes, par Guizot. *Paris*, 1823-35, 31 vol. in-8, br.

2344. Histoire de France, depuis les Gaulois jusqu'à la fin de la monarchie, par Anquetil. *Paris*, 1805, 14 vol. in-12, bas.

2345. Histoire de France, depuis les temps les plus reculés jusqu'en 1789, par Henri Martin. *Paris*, 1838-51, in-8, br. Tom. I - XVII).

2346. Abrégé des révolutions de l'ancien gouvernement françois; ouvrage élémentaire extrait de l'abbé Dubos et de l'abbé de Mably, par Thouret. *Paris*, 1820, in-8.

2347. Recueil des historiens des Gaules et de la France. Tome XXe, contenant la 1re livraison des monumens des règnes de saint Louis, de Philippe-le-Hardi, de Philippe-le-Bel, de Louis X, de Philippe V et de Charles IV, depuis 1226 jusqu'en 1328; publié par Daunou et Naudet. *Paris*, Impr. R., 1840, in-fol., br.

2348. Histoire des Maires du Palais, par G. H. Pertz, trad. de l'allemand par Th. Derome. *Haguenau*, *S. D.*, in-12, br.

2349. Histoire de Charlemagne par Gaillard, par Dreux du Radier. *Paris*, 1819, 2 vol. in-8, cart.

2350. Polyptique de l'abbé Irminon, ou dénombrement des manses, des serfs et des revenus de l'abbaye de Saint-Germain-des-Prés sous le règne de Charlemagne; publié par M. B. Guérard. *Paris*, 1836-44, 2 tom. en 3 vol. in-4, br.

2351. Essai sur le système des divisions territoriales de la Gaule, depuis l'âge romain jusqu'à la fin de la dynastie carlovingienne, par B. Guérard. *Paris*, 1832, in-8, br.

2352. De l'État des personnes en France sous les rois de la première race, par Naudet. — Pacta Naulorum, des années 1246, 1268 et 1270, par

M. Jal. — Notices sur les Collections historiques qui se publient à Turin, par Libri. — Plan d'Auxerre, Carte d'une partie de l'ancienne Gaule, Gravure de la cathédrale, et Recueil de fac-simile, par M. L... et autres. — 10 br. in-4.

2353. Histoire de la vie privée des Français, depuis l'origine de la nation jusqu'à nos jours, par Le Grand d'Aussy. *Paris*, 1782, 3 vol. in-8, v. marb.

2354. Histoire comparée de France et d'Angleterre, par Filon. *Paris*, 1832, in-8, br.

2355. Mémoires historiques, critiques, et Anecdotes des Reines et Régentes de France. *Amsterdam*, 1766, 6 vol. in-12, br.

2356. Recherches et Matériaux pour servir à une histoire de la domination française aux XIIIe, XIVe et XVe siècles dans les provinces démembrées de l'Empire Grec à la suite de la quatrième croisade, par J. A. C. Buchon. *Paris*, 1840, gr. in-8, fig., br.

2357. Nouvelles Recherches historiques sur la Principauté française de Morée et ses hautes baronnies fondées à la suite de la quatrième croisade, par Buchon. Vol. I, part. 1re; vol. II, part. 1re. *Paris*, 1843, 2 vol. gr. in-8, br. et atlas cart.

2358. Histoire des Ducs de Bourgogne de la maison de Valois (1364-1477), par M. de Barante. *Paris*, 1824-27, 13 vol. in-8, br

2359. Œuvres historiques inédites de sir George Chastellain, avec une Notice par J. A. C. Buchon. *Paris*, 1836, 1 vol. gr. in-8, br. (Panthéon littéraire).

2360. Histoire de saint Louis, roi de France, par le marquis de Villeneuve-Trans. *Nancy*, 1839, 3 vol. in-8, br.

2361. Preuves de la découverte du cœur de saint Louis, rassemblées par Berger de Xivrey, A. Deville, Ch. Lenormant, A. Le Prévost, P. Paris et le baron Taylor. *Paris*, 1846, in-8, br.

2362. Mémoire de messire Philippes de Mornay. *Amsterdam*, Louys Elzevier, 1652, 2 vol. in-4, vél.

2363. Mémoires de la Ligue, contenant les événemens les plus remarquables depuis 1576 jusqu'à la paix accordée entre le roi de France et le roi d'Espagne, en 1598. *Amsterdam*, 1758, 6 vol. in-4, v. m.

2364. Histoire de la Ligue, par le P. Maimbourg. *Paris*, 1683, 2 vol. in-12, v. f.

2365. Satyre Menippée. De la vertu du catholicon d'Espagne, et de la tenue des Etats de Paris, à laquelle est ajouté un discours sur l'interprétation du mot de Higuerio del Infierno, et qui en est l'auteur. *Ratisbonne*, 1752, 3 vol. in-8, fig. v. marb.

2366. Histoire de Henri-le-Grand, par messire Hardouin de Perefixe. *Paris*, 1816, in-8, dem. v. vert.

2367. Mémoires de Condé, servant d'éclaircissement et de preuves à l'histoire de de Thou; enrichis d'un grand nombre de pièces. *Londres* et *Paris*, 1743-45, 6 vol. in-4, fig. v. marb.

2368. L'Intrigue du Cabinet, sous Henri IV et Louis XIII, terminée par la Fronde, par Anquetil. *Paris*, 1809, 4 vol. in-12, bas.

2369. Mémoires authentiques de Jacques Nompar de Caumont, duc de la Force, publiés par le marquis de La Grange. *Paris*, 1843, 4 vol. in-8, br.

2370. Discours politiques des Rois; dédiez à monseigneur le cardinal Mazarin, par de Scudery. *Paris*, 1647, in-4, v. br. (*Taché à la marge du bas.*)

2371. Mémoires du cardinal de Retz, de Guy-Joli et de la duchesse de Nemours; contenant ce qui s'est passé de remarquable en France pendant les premières années du règne de Louis XIV. *Paris*, 1817, 6 vol. in-12, dem. rel.

2372. Histoire des Ducs de Guise, par René de Bouillé. *Paris*, 1849-50, 4 vol. in-8, br.

2373. Les Avantures du baron de Foeneste, par Théodore Agrippa d'Aubigné. *Cologne*, 1729, 2 vol. in-12, v. f.

2374. Histoire amoureuse des Gaules, par le comte de Bussi-Rabutin. 1754, 5 vol. in-12, v. marb.

2375. Mémoires complets et authentiques du duc de Saint-Simon sur le siècle de Louis XIV et la Régence. *Paris*, 1840, 40 vol. in-12, portr., br.

2376. Jugement de tout ce qui a esté imprimé contre le cardinal Mazarin, depuis le 6 janvier jusqu'à la Déclaration du 1er avril 1649, par Naudé. In-4, v. br.

2377. De l'administration de Louis XIV (1661-1672), d'après les Mémoires inédits d'Olivier d'Ormesson, par Chéruel. *Paris*, 1850, in-8, br.

2378. Le Gouvernement de Louis XIV, ou la cour, l'administration, les finances et le commerce, de 1683 à 1689, par P. Clément. *Paris*, 1848, 1 vol. in-8.

2379. Histoire de la vie et de l'administration de Colbert, par P. Clément. *Paris*, 1846, in-8, br.

2380. Histoire de la rivalité de la France et de l'Espagne, par G. H. Gaillard. *Paris*, 1808, 8 vol. in-12, bas.

2381. La vie de Philippe d'Orléans, petit-fils de France, Régent du Royaume pendant la minorité de Louis XV. (par La Mothe, dit de la Hode, ex jésuite). *Londres*, 1736, 2 vol. in-12, v. br.

2382. Mémoires de la régence de M. le duc d'Orléans (par le chevalier de Piossens). Edition considérablement augmentée (par Lenglet Du Fresnoy). *Amsterdam*, 1749, 5 vol. in-12, v. granit.

2383. Les Historiettes de Tallemant des Réaux. Mémoires pour servir à l'histoire du XVIIe siècle, publiés sur le manuscrit autographe de l'auteur, par Monmerqué. *Paris*, 1840, 10 vol. in-12, portraits br.

2384. OEuvres de l'abbé de Saint-Réal. *Paris*, 1722. 5 vol. in-12, fig. v. br.

2385. Mémoires de l'abbé Morellet sur le XVIIIe siècle et sur la Révolution, précédés de l'éloge de l'abbé Morellet, par Lemontey. *Paris*, 1821, 2 vol. in-8, br.

2386. Revue chronologique de l'Histoire de France, depuis la première convocation des Notables jusqu'au départ des troupes étrangères 1787-1818, (par M. de Montgaillard). *Paris*, 1820, dem. v. ant.

2387. Histoire de l'Assemblée Constituante par J. B. Buchez. Deux. édition. *Paris*, 1846, 5 vol. in-12, br.

2388. Histoire de la Révolution française, par J. Michelet. *Paris*, 1847-50, tom. I, II, III, p. I, IV, V. 5 vol. in-8, br.

2389. Histoire de la Révolution Française depuis 1789 jusqu'en 1814, par F. A. Mignet. *Paris*, 1824, 2 vol. in-8, br.

2390. Journal d'un déporté non jugé, ou déportation en violation des lois, décrétée le 18 fructidor, an V. *Paris*, 1834, 2 vol. in-8, br.

2391. Histoire de Napoléon et de la Grande Armée pendant l'année 1812, par le général comte de Ségur. *Paris*, 1825, 2 vol. in-8. br.

2392. Mémoires du général Rapp. *Paris*, 1823, in-8, br.

2393. Périgueux et les deux derniers comtes de Périgord, ou histoire des querelles de cette ville avec Archambaud V et Archambaud VI, par L. Dessalles. *Paris*, 1847, in-8, br.

2394. Versailles ancien et moderne, par le comte A. de Laborde. *Paris*, 1841, gr. in-8, fig. cart.

2395. Mémoires sur la ville et le port de Fréjus, par Ch. Texier. *Paris*, I. R. 1847, in-4, fig. br. (extr. des mémoires présentés par divers savants à l'Académie des inscriptions).

2396. Histoire de Saint-Martin-du-Tilleul, par un habitant de cette commune (Aug. Le Prévost). *Paris*, 1848, gr. in-8, cart. br.

2397. Metz depuis dix-huit siècles, son peuple, ses institutions, ses rues, ses monuments; récits chevaleresques, religieux et populaires, par E. Begin. *Metz*, 1845, 3 vol. in-8, fig. br.

2398. Histoire du château de Blois, par L. de La Saussaye, 3e édit. *Blois*, 1850, in-12, fig. br.

2399. Histoire du château de Blois, par L. de La Saussaye. *Blois*, 1840, gr. in-4, pap. vel. dem. v. f.

2400. Chronique d'Arras et de Cambrai, par Balderic, chantre de Térouane au XIe siècle, trad. en français, par Faverot et Petit. *Valenciennes*, 1836, in-8, fig. br.

2401. Histoire du Berry depuis les temps les plus anciens jusqu'en 1789, par L. Raynal. *Bourges*, 1845-46, 4 t. en 8 vol. in-8, cartes et fig. br.

2402. Recherches historiques et statistiques sur Auxerre, ses monuments et ses environs, par M. L... *Auxerre*, 1830, 2 vol. in-12, br.

2403. Histoire archéologique du Vendomois, texte par J. Pétigny, dessins, plans et descriptions des monuments par Launay. *Vendôme*, 1846-49, 2 vol. in-4, fig. br.

2404. Annales des Cauchois depuis les temps celtiques jusqu'à 1830, par Ch. Juste Houël. *Paris*, 1847, 4 vol. in-8, br.

2405. Histoire de la commune de Montpellier,

depuis ses origines jusqu'à son incorporation définitive à la monarchie française, par A. Germain. *Montpellier*, 1851, 3 vol. in-8, br.

2406. Histoire physique, civile et morale de Paris, par J.-A. Dulaure. *Paris*, 1842-43, 4 vol. in-8, fig. et atlas br.

2407. Supplément du Mercure de may 1722, contenant une dissertation historique du sacre et couronnement des rois de France, depuis Pépin jusqu'à Louis-le-Grand. *Paris*, 1722, in-12, fig. v. br.

2408. Epoques de l'histoire de France en rapport avec le théâtre français, dès la formation de la langue jusqu'à la renaissance, par Onésime Leroy. *Paris*, 1843, in-8, br.

2409. Nouveaux mémoires d'histoire, de critique et de littérature, par d'Artigny. *Paris*, 1749-56, 7 vol. in-12, v. m. fil.

2410. Mémoires historiques de B. F. Mahé de la Bourdonnais, gouverneur des Iles de France et de Bourbon, recueillis et publiés par son petit-fils. *Paris*, 1828, in-8, dem. rel.

ARCHÉOLOGIE.

2411. Real-Encyclopädie der Classischen. — Encypédie de la Science de l'antiquité classique, par A. Pauly. *Stuttgart*, 1839-47, 5 vol. in-8, br. et le 6e en 17 livr.

2412. Antiquités asiatiques. — Cours professé à la Bibliothèque du Roi, par M. Raoul-Rochette, in-8, cart.

2413. Th. S. Bayeri opuscula ad historiam antiquam, chronologiam, geographiam, et rem numariam spectantia : edidit Ch. A. Klotzius. *Halae,* 1770, in-8, fig. dem. v. f.

2414. Selectæ antiquitatis libri XII. De gestis primævis, item de origine gentium nationumque migrationibus, atque præcipuis nostratium dilocationibus. A Ch. Ph. de Waldenfels. *Norimbergæ*, 1677, in-4, v. f.

2415. Monuments anciens et modernes de l'Indoustan, par L. Langlès. *Paris*, 1821, 2 vol. in-fol. pap. vél. fig. dem. mar. vert.

2416. Monumenti indici del museo Naniano illustrati dal P. Paolino da S. Bartolomeo. In Padova, 1799, in-4, fig. cart.

2417. Observations on a Gold Ring of hindu fabrication found at Montrose, by Tod. *London*, 1830, in-4, cart.

2418. Mélanges d'antiquités sémitiques, in-8, cart. : Mémoires géographiques sur la Babylonie ancienne et moderne, par M. Quatremère. — Mémoire sur Darius le Mède et Balthasar, rois de Babylone, par le même. — Vie du kalife fatimite Moezz-Li-Din Allah, par le même. — Mémoire sur le goût des livres chez les Orientaux, par le même. — Proverbes arabes de Meïdani, par le même, 1838. — Ueber die Himjaritische Sprache und Shcrift. par W. Gesenius. — Inscription phénicienne de Marseille, trad. et commentée par M. S. Munk. *Paris*, 1848. — Nouvelles observations sur l'inscription latino-punique de Leptis, par M. l'abbé Arri, 17 pag. — Eclaircissements tirés des langues sémitiques sur quelques points de la prononciation grecque, par Renan. 1849, 36 pag.

2419. Remarks on certain sculptures in the cave temples of Ellora, by J. Tod. *London*, 1829, in-4. fig. cart.

2420. Sculptured metopes discovered amongst the ruins of the temples of the ancient city of Selinus in Sicily, by W. Harris and S. Angell, described by S. Angell and T. Evans. *London*, 1826, in-fol. fig. col. cart.

2421. Account of an ancient Arabic grave-stone, found at Dhalac-el Kibeer, near Massowah, Abyssinia. Decyphered by Graves, Chamney Haughton. *London*, 1830, in-4, fig.

2422. Eclaircissements sur le cercueil du roi Memphite Mycérinus, trad. de l'anglais par Ch. Lenormant. — Mémoire sur le monument d'Osymandyas de Thèbes, par M. Letronne. — Sur l'origine des zodiaques prétendus Egyptiens, par le même. — Récompense promise à qui découvrira ou ramènera deux esclaves échappés d'Alexandrie; annonce contenue dans un papyrus grec, traduit par le même. — Fragments inédits d'anciens poëtes grecs, tirés d'un papyrus appartenant au Musée royal, avec la copie entière de ce papyrus, par le même. — Notice sur sept esquisses de Rubens représentant la vie d'Achille, par Collot et autres. 8 br. in-4.

2423. Antiquités étrusques, grecques et romaines, gravées par F. A. David, avec leurs explications, par d'Hancarville. *Paris*, 1785-88, 5 vol. in-8, fig. col. cart.

2424. Monuments d'antiquité figurée, recueillis en Grèce par la commission de Morée, et expliqués par M. Ph. Le Bas. *Paris*, 1835-37, 1er et 2e cahiers en 1 vol. in-8, fig. cart.

2425. Lettre à M. Th. Panofka sur les peintures des Grottes Marzi et Querciola, et sur deux vases peints de la collection de M. Durand, par M. F. Lajard. *Paris*, 1833, in-8, fig. cart.

2426. Observations sur les noms des vases grecs, à l'occasion de l'ouvrage de M. T. Panofka, intitulé : Recherches sur les véritables noms des vases grecs et sur leurs différents usages. *Paris*, I. R. 1833, in-4, br.

2427. Antiquités romaines, ou tableau des mœurs, usages et institutions des Romains, par A. Adam, traduit de l'anglais. *Paris*, 1818, 2 vol. in-8, dem. rel.

2428. Nouveau recueil historique d'antiquités grecques et romaines, en forme de dictionnaire, pour faciliter l'intelligence des auteurs grecs et latins, par M. Furgault. *Paris*, 1809, in-8, bas.

2429. Mélanges d'archéologie et d'histoire. — Lettre à M. Letronne sur un abacus Athénien, par A. J. H. Vincent. — Des notions scientifiques à l'école d'Alexandrie, par A. J. H. Vincent. — Etudes sur les anciennes notations musicales de l'Europe, par Th. Nisard. — Du caractère de la musique grecque d'après les derniers travaux de M. A. J. H. Vincent, par H. Michal. — Le château de Chenonceaux (Indre-et-Loire), par T. Pinard. — Eloge de la pomme et du nombre six, au sujet d'un envoi de six pommes : fragment inédit d'une lettre de l'empereur Julien, communiqué par M. A. J. H. Vincent, 4 pag. en grec. — Recherches comparées des témoignages topographiques qu'ont laissés sur le territoire du diocèse de Rieti, les anciens peuples Aborigènes, Pelasges, Equicoles, par Petit-Radel, 42 pag. et 2 pl. — Economie politique des Romains, de M. Dureau de la Malle, par Bernard-Jullien. — Examen des nouvelles fables de Babrius, publiées par M. Boissonnade, par M. E. Egger, 16 pages. – Paraphrases inédites de deux fables de Babrius, par M. Piccolos, 11 pag. — Quelques observations sur le texte de Babrius, par N. Piccolos, 24 pag. — Hécatée et Hérodote, par M. Guigniaut, 14 pag. — La mythologie considérée dans son principe, dans ses éléments et dans son histoire, par le même, 16 pag. — Le paganisme a-t-il eu quelque influence sur la morale publique des nations anciennes? et quelle a été cette influence? par M. de Brière. —

Traces de l'histoire dans l'Algérie, par M. B. de Xivrey, 19 pag. — Examen des Perses d'Eschyle, par Boyer, 77 pag. — Faculté des lettres, cours de M. Rosseuw-Saint-Hilaire, 8 pag. — Discours prononcé à l'ouverture du cours d'histoire ancienne, le 1er décembre 1835, par M. Ch. Lenormant, 35 pag. — Résumé d'un voyage médico-littéraire en Angleterre, par Ch. Daremberg, 18 pag. — De l'autorité historique de Flavius-Josèphe, par Philarète Chasles. *Paris*, 1841. — Réclamation au sujet d'un article inséré dans la Revue archéologique, 1 vol. in-8, cart.

2430. Memoria sobre os vasos Murrhinos, por J. J. da Costa de Macedo. *Lisboa*, 1842, in-fol. fig. col. br.

2431. Xanthian marbles : the nereid monument; an historical and mythological essay, by William Watkins Lloyd. *London*, 1845, in-8, fig. cart.

2432. Explication d'un vase de la galerie de Florence, par Ch. Lenormant. *Paris*, 1850. — Ueber die hieroglyphen-entzifferung; von Jos. L. Saalschütz. Königsberg, 1851. — Zur kritik Manetho's; von Dr J. L. Saalschütz. Königsberg 1851. — Rapport à M. le directeur des musées nationaux sur l'exploration scientifique des principales collections égyptiennes, renfermées dans les musées publics de l'Europe, par M. de Rougé. — Fragments du livre de Chérémon, sur les hiéroglyphes, par S. Birch. — Lettre à M. Hase sur des tablettes grecques trouvées à Memphis, par M. Fr. Lenormant. — Nouvelles recherches sur l'époque à laquelle a été composé l'ouvrage connu sous le titre d'Evangile de Nicodème, par A. Maury. — Réponses des Falasha, dits juifs d'Abyssinie, aux questions faites par M. Lusato. — La tradition indienne du déluge dans sa forme la plus ancienne, par F. Nève. — Tiruvalluvar Tcharita, extraït concernant Aovaé et sa généalogie, par M. Ariel. — Sur les inscriptions assyriennes de Ninive, par M. de Saulcy. — Lettre à M. Letronne sur les noms propres des anciens Perses, par M. Oppert. — Mahomet et les origines de l'Islamisme, par M. Renant. — De l'Inde et de sa littérature, par M. C. Schœbel.

2433. Di un busto colossale di Caio Cilnio Mecenate scoperto e posseduto dal cavaliere P. Manni. Illustrazioni dei signori P. E. Visconti, L. Cicognara, M. Missirini, R. Rochette. *Parigi*, 1837, in-8, fig. br.

2434. Essais d'appréciations historiques ou examen de quelques points de philologie, de géographie d'archéologie et d'histoire, par J. Berger de Xivrey, *Paris*, 1837, 2 vol. in-8, br.

2435. Recueil de lettres de M. Winckelmann sur les découvertes à Herculanum, à Pompei, etc. trad. de l'allemand. *Paris*, 1784, in-8, dem. v. ant.

2436. De M. de Witte. Explication de trois bagues d'or de travail Etrusque. — Le géant Valens. — L'expiation d'Oreste; explication d'un vase peint. — Le Monstre, gardien de l'oracle de Delphes. 4 br. in-8, br.

2437. Die religion der Römer nach den quellen dargestellt von J. A. Hartung. *Erlangem* 1836, 2 vol. in-8, br.

2438. Antiquarische Abhandlungen, von D. F. Münter. *Kopenhagen*, 1816, in-8, fig. dem. v. f.

2439. Die Münzen der griechischen, parthischen und indoskythischen Könige von Baktrien und den Ländern am Indus von Dr. C. L. Grotefend Hanover, 1839, in-8, fig. cart.

2440. Quæstionem cur Plato Aristophanem in convivium induxerit tentavit C. Lenormant. *Parisiis*, 1838. — Recherches sur l'origine, la destination chez les anciens, et l'utilité actuelle des hiéroglyphiques d'Horapollon, par Ch. Lenormant. *Paris*, 1838. in-4, cart.

2441. Rudimenta linguæ umbricæ ex inscriptionibus antiquis enodata. Scripsit Dr G. F. Grotefend. *Hannoveræ*, 1835-39. Fasc. 1 à 8, in-4, fig. br. En double, fasc. 3 à 7.

2442. Rudimenta linguæ Oscæ ex inscriptionibus antiquis enodata. Scripsit Dr G. F. Grotefend. *Hannoveræ*, 1839, in-4, fig., br.

2443. Grammatica Daco-Romana sive Valachica latinitate donata, aucta ac in hunc ordinem redacta, opera et studio J. Alexi. *Viennæ*, 1826, in-8, dem. v. f.

2444. Rapport de la commission mixte instituée à Rome pour constater les dégâts occasionnés aux monuments ou établissements artistiques par les parties belligérantes pendant le siége de cette ville. *Paris*, Impr. N., 1850, id-4 (Plan de Rome), br.

2445. Archéologie navale, par A. Jal. *Paris*, 1840, 2 vol. gr. in-8, fig. sur bois, br.

2446. Mémoires de la Société royale des Antiquaires du Nord. *Copenhague*, 1844, 2 part. in-8, br.

2447. Commission d'archéologie d'Aix. Rapports sur les fouilles d'antiquités qui ont été faites à Aix en 1841, 42, 43 et 44, par M. Rouard. *Aix*, 1841-44, 3 part. in-4, fig. br.

2448. Traditions tératologiques, ou récits de l'antiquité et du moyen âge en Occident sur quelques points de la fable, du merveilleux et de l'histoire naturelle, par J. Berger de Xivrey. *Paris*, Impr. R., 1836, in-8, br.

2449. Essai sur les Argentiers et les Émailleurs de Limoges, par M. l'abbé Texier. *Poitiers*, 1843, 1 vol. gr. in-8, fig. br. (Extrait des Mémoires de la Société des antiquaires de l'Ouest.)

2450. Conjectures sur la signification d'Exania-

Magnalorum, ancienne dénomination de la commune de Mignalon, par M. Cardin. — Bas-reliefs gaulois trouvés à Entremont près d'Aix en Provence, par M. Rouard. — Inscriptions en vers du Musée d'Aix, suivies d'un Appendice sur une statue antique récemment découverte aux environs de cette ville. — Des Bains et Thermes chez les anciens, des bains romains de Nîmes et du temple de Diane, extr. du grand ouvrage de M. J. Teissier-Rolland sur les eaux de Nîmes. — Mémoire sur les vestiges des thermes de Bayeux, par M. Surville.

2451. Mémoire sur une urne cinéraire du Musée de la ville de Rouen, par M. F. Lajard. *Paris*, Impr. R., in-4, pap. vél. fig. cart. (Extr. des Mém. de l'Acad. des Inscriptions et Belles-Lettres. (*Envoi de l'auteur.*)

2452. Lettres archéologiques sur Marseille, par Lautard. Deuxième édition. *Marseille*, 1844, 1 vol. in-8, br.

2453. De M. de Caumont : — Annuaire des cinq départements de l'ancienne Normandie, publié par l'Association normande, 1836, deuxième année. *Caen*, 1835, in-8, br. — Congrès archéologiques de France. Séances générales tenues à Metz, à Trèves, à Autun, à Châlons et à Lyon, en 1846, par la Société française pour la conservation des monuments historiques. *Paris*, 1847, in-8, br. — Bulletin monumental ou Collection de Mémoires sur les monuments historiques de France. Vol. IX, livr. 7, 8 ; vol. X, livr. 3, 4, 5, 6, 7, 8 ; vol. XI, livr. 1, 2, 4, 6, 7, 8. *Caen*, 1843-45, in-8, br. — Revue Normande, vol. II, 1re et 2e part. *Caen*, 1833, in-8, br. — Statistique routière de Normandie, 1er fragment. *Caen*, 1842, in-8, br. — Matériaux pour servir à la statistique du département de l'Orne, in-8, br.

2454. Archéologie celto-romaine de l'arrondissement de Châtillon-sur-Seine (Côte-d'Or), par J. B. Leclerc et J. Gaveau. *Paris*, 1843, in-4, fig. br.

2455. Nouvelles recherches sur la ville gauloise d'Uxellodunum, par M. Champollion-Figeac. — Relation des voyages de Sæwulf à Jérusalem et en terre Sainte, pendant les années 1102 et 1103, par M. d'Avezac. — Rapports à l'Académie des Inscriptions, sur les Recherches géographiques, historiques, archéologiques à entreprendre dans l'Afrique septentrionale et autres. 8 br. in-4.

2456. Notice sur le fauteuil de Dagobert, par M. Lenormant. *Paris*, 1849, in-4, fig. — Remarques sur la 2e écriture cuneiforme de Persepolis, par J. Löwenstern. — Numismatique de la Géorgie au moyen âge, par V. Langlois. *Paris*, 1852. — Tableau général des monnaies ayant cours en Algérie, par J. J. Marcel. *Paris*, 1844. — Recueil de quelques inscriptions Romaines, encore inédites, ou peu connues, ou perdues aujourd'hui, par Alex. du Mège. *Toulouse*, 1850. — Chroniques d'Abou-Djafar Mohammed Tabari, trad. par L. Dubeux; article de M. de Sacy, extr. du Journal des Savants de 1837. — Les tribunaux vert et rouge d'Athènes, par M. Raoul Rochette (extr. du Journal des Savants de 1837), 7 br., in-4.

2457. Grundzuge einer neuen Gaktheorie, in beziehung auf die theorie des hern prof. Herling, dargstellt von A. Grotefend. *Hannover*, 1827. — Kurze und grundliche anleitung zur richtigen betonnung lateinischer Worter. Von Dr H. W. Bensen. *Heilbronn*, 1842. — Essai sur l'histoire de l'érudition Orientale, par L. Dussieux. *Paris*, 1842. — De Ædilibus Romanorum scripsit Dr F. Hofmann. *Berolini*, 1842. — Abrégé Chronologique de la vie de Platon, par M. le marquis de Fortia d'Urban. — Méthode pour étudier l'accentuation grecque, par Egger et Galusky. *Paris*, 1844. — Essai sur l'origine des noms de Polichinelle et d'Arlequin, par Lorin. *Soissons*, 1844, le tout en 1 vol. in-12, cart.

2458. Cours d'Antiquités monumentales, par M. de Caumont. Tomes 1 à 6 in-8, br., et atlas in-4 oblong, br., *Caen*, 1831-41.

NUMISMATIQUE.

2459. Traité élémentaire de Numismatique Ancienne, Grecque et Romaine, composé d'après celui d'Eckhel, par Gérard Jacob K. *Paris*, 1825. 2 vol. in-8, dem. v. f.

2460. Manuel de Numismatique ancienne, contenant les éléments de cette science et les nomenclatures, avec l'indication des divers degrés de rareté des monnaies et médailles antiques, et des tableaux de leurs valeurs actuelles, par M. Hennin. *Paris*, 1830, 2 vol. in-8, dem. cuir de R.

2461. Description de Médailles antiques, grecques et romaines, avec leur degré de rareté et leur estimation, par T. E. Mionnet. — Recueil des planches. Deuxième édit. *Paris*, 1837, in-8, dem. mar. r.

2462. De la rareté et du prix des Médailles romaines, ou Recueil contenant les types rares et inédits des médailles d'or, d'argent et de bronze, frappées pendant la durée de la République et de l'Empire romain, par T. E. Mionnet. Deuxième édit. *Paris*, 1827, 2 vol. in-8, fig., dem. mar. r.

2463. Description des Médailles antiques, grecques et romaines, avec leur degré de rareté et leur estimation, par T. E. Mionnet. Tables générales. *Paris*, 1837, in-8, dem. mar. r.

2464. Considérations générales sur l'évaluation des monnaies Grecques et Romaines, par M. Letronne. *Paris*, 1817, in-4, dem. v. f.

2465. Notice sur la rareté des Médailles antiques, leur valeur, et leur prix, calculés par approximation, d'après J. Pinkerton et J. G. Lipsius, avec les Notes et observations du traducteur C. Jacob. Deuxième édit. *Paris*, 1828, in-8, dem. v. f.

2466. J. F. Gronovii de Sestertiis seu subsecivorum pecuniæ veteris græcæ et romanæ libri IV. *Lugd. Batav.*, 1691, 1 vol. in-4, v. br.

2467. Numismata Orientalia illustrata. The Oriental Coins, ancient and modern, of his collection, described and historically illustrated, by W. Marsden. *London*, 1823-25, 2 vol. in-4, fig., dem. mar. r.

2468. Mémoires sur diverses antiquités de la Perse, et sur les médailles des Rois de la dynastie des Sassanides : suivis de l'histoire de cette dynastie, traduite du persan de Mirkhond, par A. J. Silvestre de Sacy. *Paris*, 1793, in-4, fig., dem. mar. r.

2469. Essai sur les médailles des Rois perses de la dynastie Sassanide, par A. de Longpérier. *Paris*, 1840, in-4, fig., dem. mar. r. (Envoi de l'auteur.)

2470. Seleucidarum imperium, sive historia regum Syriæ ad fidem Numismatum accomodata, per J. Foy-Vaillant. *Lutetiæ Parisiorum*, 1681, in-4, v.

2471. Arsacidarum imperium, sive regum Parthorum historia, ad fidem numismatum accomodata, per J. Foy-Vaillant. *Parisiis*, 1725, 2 vol. in-4, v.

2472. Classes generales seu moneta vetus urbium, populorum et regum ordine geographico et chronologico descripta. Auctore Sestini, editio secunda. *Florentiæ*, 1821, in-4, fig., dem. mar. r.

2473. Ariana antiqua. — A descriptive account of the antiquities and Coins of Afghanistan, by H. H. Wilson. *London*, 1841, in-4, carte et fig. cart.

2474. Observations on lieut. Burnes's collection of Bactrian aud other coins, by M. H. H. Wilson and J. Prinsep. in-18, br., fig. (16 pag. et 2 pl.)

2475. Ed. Corsini de Minnisari aliorumque Armeniæ regum nummis et Arsacidarum epocha dissertatio. *Liburni*, 1754, in-4, cart.

2476. Th. S. Bayeri Historia Osrhoena et Edessena ex numis illustrata. *Petropoli*, 1734, in-4, fig., bas.

2477. On the coins of the kings of Ghazni, by Ed. Thomas. *London*, 1848, in-8, fig. cart.

2478. The Epoch of the Sah Kings of Surashtra, illustrated by their coins, by Ed. Thomas. *London*, 1848, in-8, fig., br.

2479. Notice sur quelques médailles grecques inédites, appartenant à des Rois inconnus de la Bactriane et de l'Inde, par M. Raoul-Rochette. — Premier et deuxième Supplément à cette Notice. *Paris*, 1834-36, 3 part. in-4, fig. — Compte-rendu de cet ouvrage dans le Blätter für Münzkunde. (Envoi de l'auteur.)

2480. Contributions to the Numismatic history of the early Mohammedan Arabs in Persia, by Ed. Thomas. *London*, 1849, in-8, br.

2481. Considérations nouvelles sur la Numismatique Gauloise par A. Breulier. — Supplément aux Considérations nouvelles sur la Numismatique Gauloise. — Recherches sur l'attribution au Poitou de quelques tiers de sol d'or Mérovingiens, par B. Fillon et A. de Chasteigner. — Observations introductory to the explanation of the Oriental legends to be found on certain imperial Arsacidan and Partho-Persian Coins, by Ed. Thomas. — On the coins of the Kings of Ghazni. — On a discovery of Roman coins, the Parish of little Malvern Worcestershire, by W. S. W. Vaux. — A brief notice of the Bute collection of medals and coins, by J. Rashleigh. — Remarks on four rare coins of Afghanistan, lately acquired, by the British museum, by W. S. W. Vaux. — On the discovery of cufic Coins in Sweden and on the Shores of the Baltic, by W. S. W. Vaux. — Essai sur les monnaies des Rois Arméniens de la dynastie de Roupène, par V. Langlois. — Programme d'un ouvrage intitulé : Documents Numismatiques pour servir à l'histoire des Arabes d'Espagne, par A. de Longpérier.

2482. Numismatique des Rois latins de Chypre. 1192-1489, par M. E. de Rozière. *Paris*, 1847, in-4, fig., br. (40 pag.)

2483. Recherches sur les monnaies des Ducs héréditaires de Lorraine, par F. de Saulcy. *Metz*, 1841, in-4, fig., br.

2484. Essai sur les aspres Comnénats, ou blancs d'argent de Trébisonde, par M. de Pfaffenhoffen. *Paris*, 1847, in-4, fig., br.

2485. Gisb. Cuperi Harpocrates, sive explicatio imagunculæ argenteæ perantiquæ; quæ in figuram Harpocratis formata representat Solem, ejusdem monumenta antiqua inedita, edidit S. Lemoine. *Trajecti ad Rhenum*, 1687, in-4, fig. parch.

2486. Saggio sopra alcune monete fenicie delle isole Baleari del Cav. A. della Marmora. *Torino*, 1834, in-4, fig., cart. (40 pag.)

2487. Numismatique de la Gaule Narbonnaise, par L. de la Saussaye. *Blois*, 1842, in-4. fig., br.

2488. Revue de la Numismatique françoise, dirigée par MM. C. Cartier et L. de la Saussaye. *Blois*, 1836 à 1851, 16 vol. in-8, les 14 1ers, dem. v. f., les 15e et 16e br.

2489. Essai de classification des monnaies autonomes de l'Espagne, par F. de Saulcy. *Metz*, 1840, in-8, fig. br.

2490. Description des médailles du cabinet de M. de Magnoncour, par Ad. de Longpérier. *Paris*, 1840, gr. in-8, fig., dem. v. f. (Closs.)

2491. Notice des monnaies françaises composant la Collection de M. J. Rousseau; accompagnée d'indications historiques et géographiques, par A. de Longpérier. *Paris*, 1848, in-8, fig., br.

2492. Die Pehlewî-Ledenden auf den Münzen der letzten Sasaniden, au f den ãltesten Münzen arabischer Chalifen, auf den Münzen der ispehbed's von Taberistan und auf Indo-Persischen Münzen des Ostlichen Iran, zum ersten male gelesen und erklärt, von D. J. Olshausen. *Kopenhagen*, 1843, in-8, fig., br. (82 pag.)

2493. Introduction à l'étude des vases peints, par Ch. Lenormant. — Essai sur le texte grec de l'inscription de Rosette, par le même. — Mémoire sur le classement des médailles qui peuvent appartenir aux XIII premiers Arsacides, par le même. — Mémoire sur une inscription phénicienne déterrée à Marseille en juin 1845, par M. de Saulcy. — Lettre à M. Guigniaut sur le texte démotique du décret de Rosette, par le même. — Recherches sur l'écriture cunéiforme Assyrienne. Inscriptions de Van, par le même. — Sulla inscrizione cuneiforme persiana di Behistun. Memoria di Filosseno Luzzato. — On the first, second and the third kinds of Persepolitan writing, by the Rev. Ed. Hincks. 2 br. in-4°. — Sur les noms des vases grecs, à l'occasion de l'ouvrage de M. Panofka, par M. Letronne. — Mémoire sur des fragments de papyrus écrits en latin, par M. de Wailly et autres.

2494. Gesenii disputatio de inscriptione punica libyca. *Lipsiæ*, 1836, in-4, fig. br. 18 pages.

2495. H. Arentii Hamaker. Miscellanea phoenica, sive commentarii de rebus phoenicum, quibus inscriptiones multae lapidum ac nummorum, nominaque propria hominum et locorum explicantur, item punicae gentis lingua et religiones passim illustrantur. *Lug. Batav.*, 1828, in-4, fig. cart.

2496. An account of an inscription found near Trincomalee in the island of Ceylon., by sir A. Johnston. *London*, 1827, ni-4, cart. (6 pag. extr. de la Sociéte asiatique de Londres).

2497. Inscriptions grecques et latines recueillies en Grèce par la Commission de Morée, et expliquées par Ph. Lebas. *Paris*, 1835-39, 2 vol. in-8, cart. (Ces deux vol. contiennent les cahiers 1, 2, 3, 4, 5.)

2498. Veteris Mediae et Persiae monumenta. Descripsit et explicuit. C. F. C. Hoeck. *Gottingae*, 1818, in-4, fig. cart.

2499. Beiträge zur erklärung der persischen Keilinschriften, von A. Holtzmann-Erstesheft. *Carlsruhe*, 1845, in-8, br.

2500. Monumenta veteris Antii, hoc est inscriptio M. Aquilii et tabula solis Mithræ variis figuris et symbolis exsculpta, auctore Philippo A' Turre. *Romæ*, 1700, in-4, fig. bas.

INSCRIPTIONS CUNÉIFORMES.

2501. Mémoire sur deux inscriptions cunéiformes trouvées près d'Hamadan, et qui font partie des papiers du Dr Schulz, par M. E. Burnouf. *Paris*, Impr. Roy, 1836, in-4, fig., dem. mar. r.

2502. Das lautsystem des Altpersischen, von D. J. Oppert. *Berlin*, 1847, in-8, br. (56 pag.)

2503. Lassen, article PERSEPOLIS de l'Encyclopédie de Ersch et Gruber, in-4, br.

2504. Die dritte Gattung der Achämenischen Keilinschriften, erläutert von M. A. Stern. *Gottingen*, 1850, in-8, br.

2505. Remarks on the nature and language of the cuneiform inscriptions of ancient Persia, by B. Ed. Pote. *London*, 1837, in-8, dem. v. f. (*Envoi de l'auteur.*)

2506. Die Persischen Keilinschriften mit Uebersetzung und Glossar, von T. Benfey. *Leipzig*, 1847, in-8, br. (97 pag.)

2507. Olai G. Tychsen de cuneatis inscriptionibus persepolitanis lucubratio. *Rostochii*, 1798, in-4, fig., cart.

2508. Neue Beiträge zur Erläuterung der persepolitanischen Keilschrift nebst einem Anhange über die Vollkommenheit der ersten Art derselben bei der ersten Secularfeier der Georgia Augusta in Göttingen, herausgegeben von Dr G. F. Grotefend. *Hannover*, 1837, in-4, fig. br. en cart.

2509. Exposé des éléments constitutifs du système de la troisième écriture cunéiforme de Persépolis, par J. Löwenstern. *Paris*, 1847, gr. in-8, br.

2510. Études sur les inscriptions assyriennes de Persépolis, Hamadan, Van et Khorsabad, par Philoxène Luzzato. *Padoue*, 1850, in-8, br.

2511. Inscriptions from the ruins of Persepolis copied from casts taken on the spot, and now in the Museum of the royal Dublin Society. *Dublin*, 1835, in-fol. br. 4 planches.

2512. Examen critique de l'ouvrage intitulé : Die Altpersischen Keilinschriften von Persepolis, etc., von D[r] Ch. Lassen ; suivi de nouvelles recherches sur le système graphique des caractères persépolitains, par M. E. Jacquet. *Paris*, Impr. R., 1838, in-8, dem. v. f.

2513. Ueber die Bildung der Schriftsprache und den Ursprung der keilförmigen Inschriften zu Persepolis, ein philosophisch-geschichtlicher Versuch von S. S. Witte. *Rostock* und *Leipzig*, 1799, in-8, cart.

2514. Versuch über die keilförmigen Inschriften zu Persepolis, von D[r] Fr. Munter. *Kopenhagen*, 1802, in-8, fig. cart.

2515. Die altpersischen Keilinschriften von Persepolis. Entzifferung des Alphabets und Erklärung des Inhalts, von Dr Chr. Lassen. *Bonn*, 1836, in-8, fig. cart.

2516. Die assyrische Keilschrift, erläutert durch zwei noch nicht bekannt gewordene Jaspis-Cylinder aus Niniveh und Babylon; herausgegeben von Dorow. *Wiesbaden*, 1820, in-4, fig., 62 pag.— Die indische Mythologie, erläutert durch drei noch nicht bekannt gewordene Original, gemälde aus Indien; herausgegeben von Dorow. *Wiesbaden*, 1821, in-4, fig. cart.

2517. Tentamen Palæographiae Assyrio-Persicae, sive simplicis compendii ad explicandum antiquissima monumenta populorum, qui olim circa mediam Asiam habitarunt, præsertim vero cuneatas quas vocant inscriptiones, auctore D. A. A. H. Lichtenstein. *Helmstadii*, 1803, in-4, fig. cart.

2518. On the rock inscriptions of Kapur di Giri, Dhauli and Girnar, by H. H. Wilson. — Narrative of an excursion from Peshawer to S'hah-Báz Ghari, by C. Masson, in-8, fig. br.

2519. A Dissertation on the newly discovered Babylonian inscriptions, by J. Hager. *London*, 1801, in-4, fig., dem. v. f.

2520. Memoir on the ruins of Babylon, by Cl. J. Rich. Third edition. *London*, 1818, gr. in-8, fig. dem. v. f.

2521. Neue Beiträge zur Erläuterung der babylonischen Keilschrift, nebst einem Anhange über die Beschaffenheit der Erfindung des Bücherdrucks von Gutenberg, herausgegeben von Dr G. F. Grotefend. *Hanover*, 1840, in-4, br. 72 p.

2522. Lettres de M. Botta sur ses découvertes à Khorsabad, près de Ninive, publiées par M. J. Mohl. *Paris*, 1845, 1 vol. in-8, fig. pap. vél. dem. mar. r.

2523. Inscriptions in the cuneiform character from Assyrian monuments discovered by A. H. Layard. *London*, 1851, in-fol. cart.

2524. Recherches sur l'Ecriture cunéiforme assyrienne. — Inscriptions de Van. *Paris*, 1848, in-4, fig. br.

2525. Le Sanscritisme de la langue assyrienne. — Etudes préliminaires au déchiffrement des inscriptions assyriennes, par P. Luzzato. *Padoue*, 1849, in-12, br.

2526. Nachträge zu den Bemerkungen über ein ninivitisches Thongefäss, von G. F. Grotefend. *Gôttingen*, 1850, in-4, br. (15 pag.)

2527. Bemerkungen zur Inschrift eines Thongefässes mit ninivitischer Keilschrift, von G. F. Grotefend. *Góttingen*, 1850, in-4, fig. br. 21 pag. — Autre br. avec le même titre, de 18 pag. et fig. *Gottingen*, 1848.

2528. Recherches analytiques sur les inscriptions cunéiformes du système médique, par M. F. de Saulcy. *Paris*, I. N. 1850, in-8, br. (extr. du Journal asiatique).

2529. Recherches sur l'écriture cunéiforme assyrienne. — Inscriptions des Achéménides, par M. de Saulcy. — 2e et 3e Mémoires in-4 (lithographiés), br.

2530. Études sur Ninive et Persépolis, par F. G. Eichhoff. *Lyon*, 1852. — Essai sur la Mythologie du Nord, par le même. *Lyon*, 1851, 1 vol. gr. 8, br.

MÉLANGES D'ANTIQUITÉ

2531. Monuments antiques inédits ou nouvellement expliqués; collection de statues, bas-reliefs, bustes, peintures, mosaïques, gravures, vases, inscriptions, médailles, et instruments tirés des collections nationales et particulières, et accompagnés d'un texte explicatif, par A. L. Millin. *Paris*, 1802, 2 vol. in-4, fig. v. éc. fil.

2532. Mithras, eine vergleichende Uebersicht der berühmteren mithrischen denkmäler und Erklärung des Ursprungs und der Sinndeute ihrer Symbole, mit besonderer Beziehung auf die reiche Ausbeute des Mithrâum von Heddernheim, und mit einer erlâuternden lithographirten Mithrasgallerie. Von Niklas Müller. *Wiesbaden*, 1833, in-8, cart.

2533. Das Mithreum von Neunheim bei Heidelberg erläutert von Dr F. Creuzer. *Heidelberg*, 1838, in-8, fig. br.

2534. Mithriaca ou les Mithriaques. Mémoire académique sur le culte solaire de Mithra, par J. de Hammer, publié par Spenser Smith. *Caen* et *Paris*, 1833, in-8 et atlas in-4, dem. mar. r. fil.

2535. Nouvelles observations sur le grand bas-relief Mithriaque de la collection Borghèse, actuellement au Musée royal de Paris, par M. F. Lajard. *Paris*, 1828, in-4, fig. cart.

2536. Mémoire sur deux bas-reliefs Mithriaques qui ont été découverts en Transylvanie par M. F. Lajard. *Paris*, I. R. 1840, in-4, pap. vél. fig. cart. (*Envoi de l'auteur.*)

2537. Mémoire sur un bas-relief Mythriaque qui a été découvert à Vienne (Isère), par M. F. Lajard. *Paris*, 1843, in-4, pap. vél. fig. cart. (*Envoi de l'auteur.*)

2538. Introduction à l'étude du culte public et des mystères de Mithra, en Orient et en Occident. *Paris*, 1847, in-fol. dem. mar. r.

2539. Histoire de l'art chez les anciens, par M. J. Winkelmann, ouvrage trad. de l'allemand. *Amsterdam*, 1766, 2 vol. in-8, dem. rel.

2540. Mélanges de philosophie Indienne. — Gymnosophista sive indicae philosophiae documenta, collegit, edidit, enarravit Chr. Lassen. Vol. 1, fasc. 1. Isvaracrishnae sankya-caricam tenens. *Bonnæ ad Rhenum*, 1832. — Die Philosophie der Hindu-Vaedanta-Sara von Sadananda des Rama-Krihsna Tirtha, begleitet von Dr O. Franck, *München*, 1835. — Ujasa über Philosophie, Mythologie, Literatur und Sprache der Hindu, von O. Frank. *Munchen*, 1826-30, 3 part. — Le Nyâya, par M. Barthélemy-Saint-Hilaire (extrait des Mémoires de l'Académie des sciences morales), 1 vol. in-4, dem. mar. r.

2541. The annals of the college of fort William from the period of its fondation, to the present time, published by T. Roebuck. *Calcutta*, 1819, in-8, dem. v. f.

2542. Analecta Anglo-Saxonica; a Selection, in prose and verse, from Anglo-Saxon authors of various ages; with a glossary, by B. Thorpe. *London*, 1834, in-8. cart.

2543. King Alfred's Anglo-Saxon version of Boethius de consolatione philosophiæ : with an english translation and notes, by J. S. Cardale. *London*, 1829, in-8, cart.

2544. Histoire de la langue et de la littérature des Slaves, Russes, Serbes, Bohêmes, Polonais et Lettons, par F. G. Eichhoff. *Paris*, 1839, in-8, br.

2545. Celtica I. Sprachliche Documente zur Geschichte der Kelten; zugleich als Beitrag zur Sprachforschung überhaupt von Dr Lor. Diefenbach. *Stuttgart*, 1839, in-8, dem. v. f.

2546. Poëmes des bardes bretons du VIe siècle, traduits pour la première fois, avec le texte en regard revu sur les plus anciens manuscrits, par Th. Hersart de la Villemarqué. *Paris*, *Rennes*, 1850, in-8, br.

2547. Barzaz-Breiz. Chants populaires de la Bretagne, recueillis et publiés avec une traduction française, par Th. Hersart de la Villemarqué, quatr. édit. *Paris*, 1846, 2 vol. in-12.

2548. Neues Real-Schul-Lexicon... Nouveau dictionnaire universel des écoles, contenant les sciences auxiliaires nécessaires pour l'éclaircissement des classiques anciens, par C. P. Funke. *Brunswig*, 1800-5, 6 vol. in-8, veau rac.

2549. Zeitschrift für die Wissenschaft der Sprache, herausgegeben von Dr A. Hoefer. *Berlin*, 1846-50, 2 t. en 1 vol. in-8, dem. v. f., et du t. 3 les nos 1, 2.

2550. J. G. Eccardi, historia studii etymologici linguæ germanicæ hactenus impensi. *Hanoveræ*, 1711. — J. G. Betulii ad Irenaeum Philalethem epistola. *Hannoveræ*, 1711. — Epistola ad amicum qua ea, quæ C. H. E. D. in relatione de itinere suo Anglicano et Bavaro, annis 1706 et 1707, facto, etc. *Hanoveræ*, S. D. — Chr. A. Heumanni de libris anonymis ac pseudonymis Schediasma complectens. Observationes generales et spicilegium ad V. Placcii theatrum anony. et pseudon. *Jenae*, 1711, en 1 vol. pet. in-8, vel.

2551. Gottfried's von Strassburg Werke aus den be 3 ten Handschriften mit Einleitung und Wörterbuch, herausgegeben durch Fr. Heinr. von der Hagen. *Breslau*, 1823, 2 vol. in-8, fig., dem. v. f.

2552. Geschichte der romischen Literatur, von

Dr J. C. F. Bœhr. *Carlsruhe*, 1838-40, 5 vol. in-8, le 1er en dem. v. ant., les autres br.

2553. Thèse de littérature sur les vicissitudes et les transformations du Cycle populaire de Robin Hood, par Edw. Barry. *Paris*, 1832, in-8, br.

2554. Chefs-d'Œuvre des théâtres étrangers, Allemand, Anglais, Danois, Espagnol, Hollandais, Italien, Polonais, Portugais, Russe, Suédois, traduits en Français. *Paris*, 1821-23, 25 vol. in-8, br.

2555. Contes et Fables indiennes de Bidpaï et de Lokman; trad. d'Ali Tchelebi-ben-Saleh, auteur Turc. Ouvrage commencé par Galland, continué et fini par Cardonne. *Paris*, 1778, 3 vol. in-12, br.

2556. Fables et contes Indiens nouvellement traduits, avec un discours préliminaire et des notes sur la religion, la littérature, les mœurs, etc., des Hindoux, par L. Langlès. *Paris*, 1790, in-18, dem. v.

2557. Bytal-Puchisi; or the twenty-five tales of Bytal, translated from the brujbhakha into english, by Rajah Kalee-Krishen Behadur. *Calcutta*, 1834, in-8, dem. v. f.

2558. The Neeti Sunkhulun or collection of the sanskrit slokas of enlightened moonies, etc., with a translation in english, by Muha Raj Kalee Krishen Bahadur o shoba bazar. *Serampore*, 1831, in-8, cart.

2559. Miscellaneous moral maxims collected from various authors, and drawn up alphabetically, by Muha Raja Kalee Krishun Bahadoor. *Serampore*, 1830, in-12, br. (38 pag.)

2560. The Miscellaneous works of Hugh Boyd, the author of the letters of Junius, with an account of his life and writings, by Lawrence

Dundas Campbell. *London*, 1800, 2 vol. in-8, dem. v. f.

2561. The works of sir W. Jones. *London*, 1799-1800, 6 vol. — Supplemental volumes to the works of sir W. Jones. *London*, 1801, 2 vol. — Memoirs of the life, writings, and correspondence, of sir W. Jones, by Lord Teignmouth. *London*, 1804, 1 vol. En tout 9 vol. gr. in-4, fig. et cartes, v. rac. fil.

2562. Miscellaneous works of W. Marsden. *London*, 1834, in-4, cart.

BIOGRAPHIE.

2563. Biographie universelle, ancienne et moderne, ou histoire, par ordre alphabétique, de la vie publique et privée de tous les hommes qui se sont fait remarquer par leurs écrits, leurs actions, leurs talents, leurs vertus ou leurs crimes. Ouvrage entièrement neuf, rédigé par une société de gens de lettres et de Savants. *Paris*, 1811-49, 82 vol. in-8, les tom. 1 à 67 en dem. v. f., les autres br.

2564. Biographie universelle et portative des Contemporains ou Dictionnaire historique des hommes vivants, et des hommes morts depuis 1788 jusqu'à nos jours. Publié sous la direction de MM. Rabbe, Vieilh de Boisjolin et Sainte-Preuve. *Paris*, 1834, 5 vol. in-8, dem. rel. v. f.

2565. Biographie universelle, nouv. édit. *Paris*, 1838, t. 4 gr. in-8, dem. v. ant.

2566. Biographie universelle ou Dictionnaire historique..... depuis le commencement du monde jusqu'à nos jours. *Paris*, 1838, gr. in-8, 6 vol. dem. v. ant.

2567. Les Œuvres du P. Rapin qui contiennent les comparaisons des grands hommes de l'antiquité, qui ont le plus excellé dans les Belles-Lettres. *Amsterdam*, 1709, 2 vol. in-12, bas.

2568. Les Durfé, souvenirs historiques et littéraires du Forez au XVIe et XVIIe siècle, avec fac-simile, par Aug. Bernard. *Paris*, Impr. R., 1839, in-8, br.

2569. The Chhutru prukash; a Biographical account of Chhutru Sal, Raja of Boondelkhund, by Lal Kuvi, edited by capt. W. Price. Published under the authority of the general committee of public instruction. *Calcutta*, 1829, in-8, dem. v. f.

2570. Vida de D. Joâo de Castro, quarto Viso Rei de India, escrita por J. Freire de Andrada. *Paris*, 1818, in-12, dem. v. f.

2571. Histoire de Dante Alighieri, par M. le chevalier Artaud de Montor. *Paris*, 1841, in-8, portrait, br.

2572. Vita di G. Boccacci scritta dal conte G. B. Baldelli. *Firenze*, 1806, gr. in-8, br.

2573. Sopra la Vita, le opere ed il sapere di Guido d'Arezzo. Dissertazione di L. A. Frusinate. *Parigi*, 1811, in-8, br.

2574. Caractères des auteurs anciens et modernes, et les jugemens de leurs ouvrages, par de La Bizardière. Deuxième *édit. Paris*, 1705, in-12, mar. r. fil. tr. dor.

2575. Les hommes illustres qui ont paru en France pendant ce siècle, avec leurs portraits au naturel, par Perrault. *Paris*, 1696, 2 vol. in-fol., figures, vél.

2576. Analyse raisonnée des travaux de G. Cuvier, précédée de son éloge historique, par P. Flourens. *Paris*, 1841, in-12, br.

2577. Biographies et Nécrologies des hommes marquants du XIXe siècle, publiées par V. Lacaine et Ch. Laurent. *Paris*, 1844-45, 2 vol. in-8, br.

2578. Villers. — Madame de Rodde et madame de Staël, par E. A. Begin. *Metz*, S. D. gr. in-8, portrait, br.

2579. Notice historique sur J. D. Lanjuinais, par V. Lanjuinais. *Paris*, 1832, in-8, br. (*Envoi de l'auteur.*)

2580. A Brief Memoir of the life and writings of the late Will. Marsden, written by Himself. *London*, 1838, in-4, cart.

BIBLIOGRAPHIE.

2581. Bibliographie instructive, ou traité de la connaissance des livres rares et singuliers, par G. F. de Bure. *Paris*, 1763-68, 7 vol. in-8. bas.

2582. Hoffmann's bibliographisches Lexicon der gesammten Litteratur der Griechen. *Leipzig*, 1838-45, 3 vol. in-8, dem. rel. v. f.

2583. J. A. Fabricii Bibliographia antiquaria sive introductio in notitiam scriptorum qui antiquitates hebraicas, græcas, romanas et christianas scriptis illustrarunt. Editio tertia, studio et opera Pauli Schaffshausen. *Hamburg*, 1760, in-4, dem. v. f.

2584. Bibliothèque curieuse, historique et critique, ou catalogue raisonné des livres difficiles à trouver, par David Clément. *Göttingen*, 1750-60, 9 vol. in-4, dem. rel.

2585. Les bibliothèques françoises de La Croix-du-Maine et Du Verdier. Nouv. édit., par Rigoley de Juvigny. *Paris*, 1772-73, 6 vol. in-4. v. éc. fil.

2586. Dictionnaire des ouvrages anonymes et pseudonymes, composés, traduits ou publiés en français et en latin, avec les noms des auteurs, traducteurs et éditeurs, accompagné de notes historiques et critiques, par M. Barbier. Deux. édit. *Paris*, 1822-27, 4 vol. in-8, dem. rel. v. f.

2587. Revue bibliographique, journal de bibliologie, d'histoire littéraire, d'imprimerie et de librairie, rédigé par J. M. Quérard, 1re année, 1839, nos 1 à 10, in-8, br.

2588. Bibliothèque orientale, ou Dictionnaire universel, contenant généralement tout ce qui regarde la connoissance des peuples de l'Orient, par d'Herbelot, avec le supplément de Visdelou et Ant. Galand. *Maestricht*, 1776, 2 vol. in-fol., bas.

2589. Bibliotheca orientalis Clementino-Vaticana in qua manuscriptos codices, Syriacos, Arabicos, Persicos, Turcicos, Hebraicos, Samaritanos, Armenicos, Æthiopicos, Græcos, Ægyptiacos, Ibericos et Malabaricos, jussu et munificentia Clementis XI, recensuit, digessit, et genuina scripta à spuriis secrevit, addita singulorum auctorum vita, J. S. Assemanus. *Romæ*, 1719-28, 3 part. en 4 vol. in-fol., dem. v. r. fil.

2590. Bibliothèque asiatique et africaine, ou catalogue des ouvrages relatifs à l'Asie et à l'Afrique qui ont paru depuis la découverte de l'imprimerie jusqu'en 1700, par H. Ternaux-Compans. *Paris*, 1841, in-4, br.

2591. Catalogue of the library of the royal Asiatic Society of London, in-4, cart.

2592. Bibliographical index to the historians of Muhammedan India, by H. M. Elliot, vol. 1. General histories. *Calcutta*, 1849, in-8, cart.

2593. Bibliothecæ sanskritæ sive recensus librorum sanskritorum hucusque typis vel lapide exscriptorum critici specimen. Concinnavit J. Gildemeister. *Bonnæ ad Rhenum*, 1847, in-8, br.

2594. A Catalogue of books in every department of oriental literature, by Howell and Stewart. *London*, 1826, in-8, cart.

2595. A Catalogue and detailed account of a very valuable and curious collection of manuscripts collected in Hindostan, by S. Guise; including all those that were procured by Anquetil-Duperron. *London*, 1800, in-4, dem. v. f., 15 pag.

2596. Verzeichniss der orientalischen Handschriften der Universitäts Bibliothek zu Tübingen. — Hebraïsche und aramaïsche Handschriften. *Tübingen*, 1839, in-4, dem, v. f., 32 pag.

2597. Mackenzie collection; a descriptive catalogue of the Oriental manuscripts, and other articles illustrative of the literature, history, statistics and antiquities of the south of India; collected by the late Lieut. Gol. Colin Mackenzie, by H. H. Wilson, 2 vol. in-8, dem. mar. r.

2598. Codices Orientales bibliothecæ Regiæ Havniensis jussu et auspiciis regis Daniæ augustissimi Christiani octavi enumerati et descripti. Pars prior codices indicos continens. *Havniæ*, 1846, in-4, br. en cart.

2599. Catalogo de' codici manoscritti Orientali della bibliotheca Naniana compilato d'all' abate Sim. Assemani. Delle monete cufiche del Museo Naniano. *Padova*, 1787, in-4, bas.

2600. Catalogues de manuscrits orientaux. — Bericht uber eine im Asiatischen Museum der Kaiserlichen Akademie der Wissenschaften zu St-Petersburg deponirte Sammlung sanskrit-manuscripte, von Dr R. Lenz. *St-Petersburg*, 1833. — Supplément au Catalogue des manuscrits sanscrits du Musée asiatique de l'Académie impériale de Saint-Pétersbourg, par M. P. Petroff. — Verzeichniss der auf Indien bezüglichen Handschriften und Holzdrücke im asiatischen Museum der kaiserlichen Akademie der Wissenschaften, von Otto Böhtlingk. — Verzeichniss der tibetischen Handschriften und Holzdrücke im Asiatischen Museum der kaiserlichen Akademie der Wissenschaften. Verfasst von I. J. Schmidt und O. Böhtlingk. *St-Petersbourg*. S. D. — Ueber die Walkershe Sanscrit-Handschriften sammlung in Oxford, von Al. Weber. — Catalogue of the highly valuable and important collection of Sanskrit manuscripts of the late Sir R. Chambers. *London*, 1842. — Verzeichniss von Sanskrit-Werken, welche bei H. B. König in Bonn vorräthig sind. Ausgegebean, 1846. — Catalogue of the valuable library and choice collection of oriental manuscrips, by M. Sotheby and Son. *London*, 1834. — A Catalogue of an extensive collection of oriental and other manuscripts which will be sold, by auction, by M. Hodgson. *London*, 1840. — Catalogue of the highly interesting and valuable collection of European and Asiatic manuscripts of the late Dr Adam Clarke, F. S. A. M. R. I A. *London*, 1836. — A Catalogue of a valuable collection of oriental manuscripts, with a selection of books in oriental literature on sale, by W. Straker. — Catalogue de livres et manuscrits orientaux de M. J. Staples Harriot. *Paris*, 1843, 32 pag. — Précis de l'introduction et des progrès de l'enseignement des langues orientales, à Casan, par le professeur Kovalewsky, traduit par A. de Plagny. *Casan*, 1842. — J. Madden et C's. Oriental catalogue for 1843. *London*, in-8. — A rare et valuable collection of oriental manuscripts, drawings, etc. The property of a gentleman, who has long resided in the East Indies. 8 pag. — Straker's catalogue of a collection of oriental manuscripts. — Notice sur les imprimeries qui existent ou ont existé hors de l'Europe.

2601. Catalogue of the Asiatic Society's library. *Calcutta*, 1835, in-8, cart.

2602. Bibliotheca Marsdeniana philologica et orientalis. — A Catalogue of books and manuscripts collected with a view to the general comparison of languages and to the Study of oriental literature, by W. Marsden. *London*, 1827, in-4, cart.

2603. Catalogue des livres de A. H. Anquetil-Duperron. *Paris*, 1805, 1 vol. in-8, dem. rel. v. f.

2604. Catalogue des livres de la bibliothèque de Guilhem de Clermont Lodève de Sainte-Croix. *Paris*, 1809. — Catalogue des livres de la bibliothèque de feu l'abbé Barthélemy. *Paris*, 1800, 1 vol. in-8, dem. rel. v. f.

2605. Catalogue des livres imprimés et manuscrits, composant la bibliothèque de M. L. Langlès. *Paris*, 1825, 1 vol. in-8, dem. rel.

2606. Catalogue des livres imprimés et manuscrits composant la bibliothèque de Saint-Martin. *Paris*, 1832, 1 vol. in-8, br.

2607. Catalogue des livres composant la bibliothèque de feu M. Klaproth. *Paris*, Merlin, 1839, 1 vol. in-8, br.

2608. Catalogue de la bibliothèque de M. le baron Silvestre de Sacy, rédigé par Merlin. *Paris*, Impr. R., 1842-47, 3 vol. in-8, br.

2609. A Catalogue of books of Henry G. Bohn. *London*, 1841, 1 vol. in-8, dem. rel. mar. r.

2610. Catalogue of several hundred manuscript works in various language, collected by sir W. Ouseley. *London*, 1831, in-4, fig. (24 pag.)

2611. Oriental manuscripts purchased in Turkey. in-4, de 22 pages, cart.

2612. Examen historico-criticum codicum indicorum bibliothecae sacrae congregationis de propaganda fide, auctore P. Paulino a S. Bartholomaeo. *Romae*, 1792, in-4, dem. v.

2613. A historical and descriptive catalogue of the European and Asiatic manuscripts in the library of the late Dr Adam Clarke, by B. B. Clarke. *London*, 1835, in-8, cart.

2614. Sur la Bibliothèque royale. — Lettres 1re, 2e et 3e des Conservateurs de la Bibliothèque royale sur l'ordonnance du 22 février 1839, relative à cet établissement. *Paris*, 1839, in-8. — La Bibliothèque du Roi, par Ch. Dunoyer, br. in-8. — Rapport sur le chauffage des salles de la Bibliothèque royale destinées à l'étude, par M. Letronne, br. in-8. — De la Bibliothèque royale et de la nécessité de publier le catalogue général des livres imprimés, par M. Paulin Pâris, in-8. — Lettre à M. P. Pâris sur le projet de mettre en direction la Bibliothèque royale, par M. Raoul-Rochette, 1847, in-8. — Réflexions impartiales sur le catalogue des livres imprimés de la Bibliothèque royale, par R. Merlin, 1847, in-8. — Etat actuel des catalogues des Mss. de la Bibliothèque royale, 1847, in-8.

2615. Observations sur les catalogues de la collection des Estampes, par Duchesne aîné. — Réponse à une incroyable attaque de la Bibliothèque nationale, touchant une lettre de Michel de Montaigne, par F. Feuillet de Conches. *Paris*, 1851, in-8. — Rectification indispensable adressée à mes collègues les Membres du conservatoire, au sujet de la réponse de la Bibliothèque nationale à M. Feuillet de Conches, par M. Naudet; par M. Paulin Pâris, in-4 (4 pag.).— Réponse de la Bibliothèque nationale à M. Feuillet de Conches, par M. Naudet, *Paris*, 1851, in-8.

2616. Catalogue général des cartulaires des archives départementales, publié par la Commission des archives départementales et communales. *Paris*, I. R. 1847, in-4, br.

2617. Catalogue général des manuscrits des bibliothèques publiques des départements, publié sous les auspices du ministre de l'Instruction publique, tome 1er. *Paris*, I. N. 1849, in-4, cart.

2618. Verzeichniss der orientalischen Handschriften der Universität. — Bibliothek zu Tübingen. *Tübingen*, 1839, in-4, br. 31 p.

2619. Rapports au ministre de l'Instruction publique sur les bibliothèques des départements de l'ouest, suivis de pièces inédites, par M. F. Ravaisson. *Paris*, 1841, in-8, br.

2620. Lettre à M. Carnot, et post-scriptum à ma lettre à M. Carnot, par M. Raoul-Rochette. — Réponse à M. Raoul-Rochette, par M. Carnot (2 brochures). — Lettre à un ami sur l'article de M. Paulin Pâris, inséré dans la bibliothèque de l'École des Chartes. 5 br. in-8.

2621. Affaire de M. Libri. — Réponse de M. Libri au rapport de M. Boucly. — Lettre à M. de Falloux, par le même. — Lettre à M. Barthélemy Saint-Hilaire. Réponse à M. Libri, par M. Naudet. — Lettre au Bibliophile Jacob, par G. Brunet. — Lettre à M. Paul Lacroix, par A. Jubinal. — Les cent et une lettres bibliographiques à M. l'administrateur de la Bibliothèque nationale, par M. Paul Lacroix, 1re et 2e livraisons. — Lettres à M. Hatton, par M. Paul Lacroix. — 10 pièces in-8.

MÉMOIRES ACADÉMIQUES.

2622. Histoire et Mémoires de l'Académie des Incriptions et Belles-Lettres. *Paris*, 1736-1808, 50 vol. in-4. — Tableau général, raisonné et méthodique des ouvrages contenus dans le Recueil des mémoires de l'Académie royale des Inscriptions et Belles-Lettres, depuis sa naissance jusques et compris l'année 1788, par de l'Averdy. *Paris*, 1791, in-4; les 51 vol. en v. marb. — Académie des Inscriptions. Table des tomes 45 à 50. *Paris*, 1843, in-4, br.

2623. Mémoires de l'Institut national des sciences et arts. Littérature et Beaux-Arts. *Paris*, an VI-XII, 5 vol. in-4, br. en cart. — Recueil des Discours, Rapports et pièces diverses lus dans les séances publiques et particulières de l'Académie française, 1803-19, 1re part., et 2e part. 1820-29. 1830-39, 4 vol. in-4, br.

2624. Mémoires de l'Institut. — Académie des Sciences, tome XIII. — Académie des Inscriptions et Belles-Lettres, tom. I à XVII; tom. XVIII, 2e part.; tom. XIX, 1re part. Mémoires présentés par divers savants à l'Académie des Inscriptions et Belles-Lettres. *Paris*, 1843-49, tom. I à III. — Académie des Sciences morales et politiques, tom. VI et VII. Mémoires présentés par divers savants à l'Académie des Sciences morales et politiques. *Paris*, 1841-47, tom. I et II.

2625. Comptes-Rendus hebdomadaires des séances de l'Académie des Sciences. Années 1836 (2e semestre), 1837, 1838, 1839, 1840, in-4 en numéros. — Institut royal de France (Annuaires de l'), années 1832 à 1843, 3 vol. in-18, v. f., et 1844 à 1851, br.

2626. Notices et Extraits des manuscrits de la Bibliothèque royale et autres Bibliothèques. *Paris*, Impr. R., 1813-47, tom. IX, X, XI, XII, XIII, XIV, XVI, 2e part., et XVII, 2e part., 8 tom. en 9 vol. in-4, br. et cart.

2627. Verhandelingen van het Bataviaasch genootschap der Konsten en Welenschappen. *Batavia*,

1779-1833, 15 vol. in-8, fig.; les tom. 1 à 5 dem. rel. n. rogn., les autres br.

2628. Sitzungsberichte der kaiserlischen Akademie der Wissenschaften. *Wien*, 1848, 4 part. in-8, fig.; 1849, 9 part. in-8, fig.; 1850, 7 part. in-8, fig. et atlas in-fol. obl.; 1851, 7 part. in-8, fig. et atlas in-fol. obl.; 1851 (Mathematisch-Naturwissenschaftliche Classe), 9 part. in-8. — Archiv für Kunde Osterreichischer Geschichts-Quellen, 1850, 2 Bänd. 3 et 4 heft.; 1851, 1 band. 1, 2, 3, 4 heft.; — 7 bänd. 1, 2 heft. — Fontes rerum Austriacarum. Osterreichische Geschichts-Quellen, herausgegeben von der Historischen Commission, 1 vol. in-8, br. — Notizenblatt. Beilage zum Arch. für kunde Osterreichischer Geschichts-Quellen, 1851, n°s 1 à 24; 1852, n°s 1 et 2.

2629. Recueil des actes des séances publiques de l'Académie impériale des sciences de Saint-Pétersbourg, tenues en 1844, 1845, 1847. *Saint-Pétersbourg*, 1844-47, 3 vol. in-4, br. — Mémoires de l'Académie impériale des sciences de Saint-Pétersbourg. 6e série, Sciences politiques, histoire et philologie. *St.-Pétersbourg*, 1832-48, 7 vol. in-4. Tom. I à VII dem. v. f. — Bulletin scientifique publié par l'Académie des sciences de Saint-Pétersbourg. Tom. II, n°s 1, 2. Tom. IV, n°s 1 à 24. Tom. VIII, n°s 18 à 24, in-4 en numéros.

2630. Transactions of the literary Society of Madras; part. 1. *London*, 1827, in-4, fig. cart. — Transactions of the literary Society of Bombay. *London*, 1819-23, 3 vol. in-4, fig., v. gr.

2631. Transactions of the Royal Asiatic society of Great Britain and Ireland. *London*, 1827-35, 3 vol. in-4, fig., dem. mar. r.

2632. Transactions of the Americain Ethnological Society. Vol. 1. *New-York*, 1845, in-8, br.

2633. Mémoires de l'Académie Royale des Sciences,

Arts et Belles-Lettres de Caen. *Caen*, 1825-51, 8 vol. in-8, br. — Rapports sur les travaux de l'Académie des Sciences, Arts et Belles-Lettres de Caen, pour les années 1811 à 1815, par M. Delarivière. *Caen*, S. D., in-8, br.

2634. Mémoires de l'Académie des Sciences, Agriculture, Commerce, Belles-Lettres et Arts du département de la Somme. *Amiens*, 1835, 1837 et 1839, 3 vol. in-8, fig. br.

JOURNAUX ET RECUEILS.

2635. Journal Asiatique ou Recueil de mémoires, d'extraits et de Notices relatifs à l'histoire, à la philosophie, aux langues et à la littérature des peuples Orientaux, publié par la Société Asiatique. *Paris*, 1822-1852, 61 vol. in-8, les années 1822 à 42 (41 vol.) dem. v. f. Les années suivantes br. — Table alphabétique du journal Asiatique (Ire série), par M. Jules Klaproth. *Paris*, 1829, in-8, dem. v. f. — Rapports annuels faits à la Société Asiatique, 1822 à 1851. 4 vol. in-8, les 3 prem. en dem. v. f., le dernier en numéros.

2636. Magasin asiatique ou Revue géographique et historique de l'Asie centrale et septentrionale, par J. Klaproth. *Paris*, 1825-26, 2 tom. en 1 vol. in-8, cartes, dem. v. f.

2637. The Asiatic journal and monthly register for British India and its dependencies. *London*, 1816-44, 56 vol. in-8, les 28 premiers vol. (années 1816 à 1829), cart., les autres en numéros.

2638. Oriental repertory, by Dalrymple. *London*, 1808, 2 vol. gr. in-4, cuir de R.

2639. The Asiatic annual register, or a view of the history of Hindustan, and of the politics, commerce and literature of Asia. *London*, 1801-12, 12 vol. in-8, dem. v. f.

2640. The journal of the Royal Asiatic society of great Britain and Ireland. *London*, 1834-41, 6 vol. in-8, fig., dem. cuir de R. VII, VIII, IX, X, XI, 1re p. XII, XIII, p. 1. XIV, p. 1. en 17 cahiers brochés.

2641. Zeitschrift fur die Kunde des Morgenlandes herausgegeben, von H. Ewald, C. v.D. Gabelentz, J. G. L. Kosegarten, Ch. Lassen, C. F. Neumann, E. Rödiger und F. Ruckert. *Göttingen*, 1837-50, 7 vol. in-8, dem. v. f.

2642. Zeitschrift der deutschen morgenlandischen Gesellschaft herausgegeben, von den geschäftsführern Dr Arnold, Dr Hupfeld, Dr Anger, Dr Fleischer, unter der verantwortlichen Redaction des Prof. Dr R. Anger. *Leipzig*, 1847-52, tom. 1-4 in-8, dem. v. f. Tom. 5, 1er cahier. T. 6, cahier 1 à 4 in-8, br.

2643. The journal of the Asiatic society of Bengal, edited by J. Prinsep. *Calcutta*, 1832-39, 8 tom. en 11 vol. in-8, fig., dem. cuir de R. 1840-51. — 126 cahiers in-8.

2644. Journal of the Bombay branch Royal asiatic Society. *Bombay*, 1841-1851, nos 1, 3, 5, 6, 12, 13 et 14. 7 cahiers in-8, br.

2645. The journal of literature and Science published under the auspices of the Madras literary Society. Nos 1 à 25. *Madras*, 1834-39, les 2 prem. vol. en dem. rel., les nos 10 à 25, br.

2646. The Ceylon magazine. Colombo, 1840, 3 cahiers (septembre, octobre, novembre).

2647. The Oriental magazine and Calcutta review. *Calcutta*, 1823-27, 10 vol. in-8, dem. v. f.

2648. The friend of India (quarterly series). *Serampore*, 1820-21, in-8, dem. v. f.

2649. Journal of the American oriental Society. *New-York* et *London*, 1851, tomes 1. 2. in-8, cart.

2650. Journal of the American Oriental Society. Vol. I, n° 2. *Boston*, 1844, in-8, br.

2651. Zeitschrift für die Alterthumswissenschaft, 1836, 1er mai (nos 53 à 157) au 30 décembre 1837, complet (156 nos) 1838, 3 janvier au 29 juin (nos 1 à 77). 2 vol. in-4, br.

2652. Asiatick Researches, or Transactions of the Society instituted in Bengal, for inquiring into the History and Antiquities, the arts, sciences, and literature of Asia. *Calcutta*, tomes I, II, VI-XX, plus Index des tomes I à XVIII. *Calcutta*, 1788-1839, in-4, dem. v. f.; les vol. 17 à 20 et l'Index br.

2653. Asiatick Researches; or, transactions of the society instituted in Bengal, for inquiring into the history and antiquities, the arts, sciences and literature of Asia. *London*, 1801. 6 vol. in-8, fig. dem. v. f.

2654. Recherches asiatiques ou Mémoires de la Société établie au Bengale pour faire des recherches sur l'histoire et les antiquités, les arts, les sciences et la littérature de l'Asie, traduits de l'anglois par A. Labaume. *Paris*, 1805, 2 vol. in-4, fig. dem. v. f.

2655. Mines de l'Orient exploitées par une société d'amateurs, sous les auspices du comte Venceslas Rzewusky. *Vienne*, 1809-18, 6 vol. in-fol. dem. v. f.

2656. Altdeutsche Blätter von Moriz Haupt und Heinrich Hoffmann. *Leipzig*, 1835-40, 2 tom. en 8 part. in-8, br.

2657. Allgemeine deutsche Real-Encyclopœdie fur die gebildeten Stande (Conversations-Lexicon)... Encyclopédie universelle pour les gens lettrés. *Leipzig*, 1830, 12 vol. in-8, dem. v. rose. — Dictionnaire de la conversation du temps moderne et de la littérature. *Leipzig*, 1832-34, 4 vol. in-8, dem. v. rose.

2658. Dictionnaire du Commerce et des Marchandises, contenant tout ce qui concerne le commerce de terre et de mer. *Paris*, 1841, 2 vol. gr. in-8, dem. v. f.

2659. Bibliothèque de l'école des Chartes. *Paris*, 1839-52, 12 vol. in-8, br. et du 13e les nos 1 à 4.

2660. L'Institut, journal général des sociétés et travaux scientifiques de France et de l'Etranger. IIe Section. Sciences historiques, archéologiques et philosophiques, de 1838 à 1850, in-fol. broch. et en numéros.

2661. Le Globe, journal littéraire, 1824, nos 14, 35 à 200, moins les nos 148, 4 août, 158, 15 septembre, 22 décembre, 1825, tome III, nos 1 à 100; 24 décembre 1825 au 12 août 1826, t. IV, nos 1 à 10, t. V, nos 1 à 100; t. VI, no 1 à 44 (26 mars 1828).

2662. Archiv. für kunde Osterreichischer Geschichts-Quellen, 1848, 2 cahiers; 1849, 6 cahiers; 1850, 2 cahiers, in-8, br.

2663. Revue de l'Instruction publique, du 15 avril 1842 au 15 décembre 1845, 1 vol. in-fol. br. et divers numéros de 1848 à 1850.

2664. Gazette spéciale de l'Instruction publique, du 2 juillet 1840 au 30 décembre 1845, 4 vol. in-fol., br. et divers numéros de 1846 et 1847.

2665. Journal général de l'Instruction publique, années 1835 à 1842, 4 vol. in-fol.

2666. Recueil de lois et réglemens concernant l'instruction publique depuis l'édit de Henri IV, en 1598, jusqu'à ce jour. *Paris*, 1814-28, 8 vol. in-8, br.

2667. Miscellaneous translations from oriental languages. *London*, 1831-34, 2 vol. in-8, dem. v. ant.

2668. Mélanges Asiatiques, ou Choix de morceaux de critique et de mémoires relatifs aux religions, aux sciences, aux coutumes, à l'histoire et à la géographie des nations orientales. *Paris*, 1825, 2 vol. in-8. — Nouveaux Mélanges asiatiques, par M. Abel-Rémusat. *Paris*, 1829, 2 vol. in-8; les 4 vol. dem. v. f.

2669. Δημητρίου Γαλανοῦ Ἰνδικων μεταφράσεων πρόδρομος, περιέχων συλλόγην γνωμικῶν καῖ ἠθικῶν ποιήτων, δαπάνῃ μεν Ἰωαννοῦ Δουμὰ, επιμελειᾳ δὲ Γ. Κ. Τυπάλδου. Ἐν Ἀθήναις, 1845. — Recueil d'opuscules de morale et de politique, trad. du sanscrit en grec par Démétrius Galanos, publ. par G. Typaldos. *Athènes*, 1845, in-8.

2670. Ἰτιχασασα μουτσαῖα, τούτἐστιν Ἀρχαιολογίας συλλόγη, μεταφρασθεῖση ἐκ τοῦ βραχμανικοῦ παρὰ Δημητρίου Γαλανου, δαπάνῃ καὶ μελέτῃ Γεωργίου Κ. Τυπάλδου. Ἐν Ἀθήναις, 1851. — Itihasasamoutchaia, trad. en grec par Démétrius Galanos, publié par G. Typaldos. *Athènes*, 1851, in-8.

2671. Zeitschrift für vergleichende Sprachforschung auf dem gebiete des deutschen, griechischen und lateinischen, herausgeben von Dr T. Anfrecht und Dr A. Kuhn. *Berlin*, 1851-52, numéros 1 à 6, in-8, br.

2672. Benares illustrated, in a series of Drawings, by J. Prinsep, lithographed in England by eminent artists. *Calcutta*, 1831, in-fol., dem. mar. r.

2673. Sketches of field sports as followed by the natives of India with observations on the animals, by D. Johnson. *London*, 1822, in-8, fig., dem. mar. r.

2674. Essai historique sur les Contes orientaux et sur les Mille et une Nuits, par A. Loiseleur-Deslongchamps. *Paris*, 1838, in-18, br. — Essai sur les Fables indiennes et sur leur introduction en Europe, par A. Loiseleur-Deslongchamps. *Paris*, 1838, in-8, dem. v. f.

2675. Mélanges de littérature orientale, traduits de différens manuscrits turcs, arabes et persans de la Bibliothèque du Roi, par M. Cardonne. *Paris*, 1770, 2 vol. in-12, v. marb.

2676. De M. E. Jacquet : Considérations sur les alphabets des Philippines. — Extraits d'une lettre de M. G. de Humboldt à M. Jacquet, sur les alphabets de la Polynésie asiatique. — Bibliothèque malaye. — Mode d'expression symbolique des nombres employé par les Indiens, les Tibétains et les Javanais. — Conjectures sur les marches d'Alexandre dans la Bactriane. — Examen critique de l'ouvrage intitulé : Die Altpersischen Keilinschriften von Persepolis, etc., von Dr Chr. Lassen. — Observations sur la traduction d'un fragment chinois. — 1 vol. in-8, dem. v. fauve.

2677. Mélanges sur l'Inde et l'Océanie, 1 vol. in-8, cart. — Discours prononcé à la Cour royale de Pondichéry, le 1er mars 1845, par M. Gibelin. *Pondichéry*, 1845. — Traité des lois mahométanes, par M. E. Sicé. *Paris*, 1841. — Duchatellier : Commerce et industrie des anciens Indous. — Panthéon indien. Prospectus de la vente d'une collection d'antiquités bouddhiques et brahmaniques, etc. — A. Lenoir : Rapport sur la Collection des antiquités indiennes de M. Lamare-Piquot. — Notice des principaux souverains de l'Asie et de l'Afrique septentrionale pour l'année 1833. — Report made by sir H. Wilmot Seton, one of the judjes of the supreme court of Bengal, on the criminal and statute law of India. — Mémoires, lettres et rapports sur le Cours de langues malaye et javanaise, par E. Dulaurier. *Paris*, 1843. — Bibliothèque malaye, par M. E. Jacquet. — Idiomologie des îles Marquises, par P. de Gembloux.

TEXTES IMPRIMÉS DANS L'INDE.

ÉDITIONS AUTOGRAPHIÉES ET LITHOGRAPHIÉES A CALCUTTA, BOMBAY, ETC.

Zend.

2678. Vendidad Sadé. Texte zend, avec titre persan et commentaire Guzarati de la première partie des livres des Parsis, autographié à Bombay par les soins de Manakchi Cursetji, d'après l'édition de M. Burnouf. L'édition n'a été tirée qu'à un très-petit nombre d'exemplaires, et l'on ne connaît en Europe que celui-ci, qui fut offert à M. Burnouf par Manakchi Cursetji. La conférence des deux éditions est portée en marge.

Sanscrits.

2679. Siddhânta Kaumoudî, Grammaire sanscrite de Bhattôdji-Dikchita imprimée à Calcutta, 1811, 506 feuillets in-fol. long, dem. v. ant... Editée par Bâbou Râma.

2679 *bis*. Le même ouvrage. Calcutta, 1811, 256 feuillets. 1 vol. in-fol., v. gr. fil.

2680. Hematchandra, Dictionnaire sanscrit de Calcutta, par les soins de M. Colebrooke, avec un index par Vidyâkaramiçra; édit. de Bâbourâma, 1807, in-8 mouton.

2681. Smritiçâshâni. — 19 fascicules oblongs, imprimés à Calcutta, sur papier jaune en caractères bengalis.

Traités sanscrits savoir : 1. Angira sanhitêyam; 2. Atri; 3. Apastamba; 4. Ouçana; 5. Kâtyayana; 6. Dakcha; 7. Parâçava; 8. Yama; 9. Yâdjña-valkya; 10. Likhita; 11. Vichnou; 12. Vrihaspati; 13. Vyăsa; 14. Çaukha; 15. Sanwartta; 16. Hârita; 17. Vaçichtha; 18. Çâtâtapa; 19. Gôtama.

2682. Raghunandana Battâtchâryatatvâni. Traité de religion et de jurisprudence, imprimé à Calcutta, sur papier jaune, caractères bengalis. 1re partie, 7 livres; 2e part., 19 livres; en tout, 26 fascicules, savoir : 1. Sanskâratattvãm; 2. Çrâddhatattvãm; 3. Prayatchtchitatattvam; 4. Mâlayasatattvam; 5. Tilhitattvam; 6. Djyôtitattvam; 7. Krĭtamâbikatattvam; 8. Vyavahâratattvăm; 9. Dâyatattvam; 10. Vratattvam; 11. Çuddhitattvam; 12. Ekadaçîtattvãm; 13. Krĭtyatattvãm; 14. Vâtchayâna; 15. Yadjourvêdiçrâddhatattvam; 16 Dêvapratichthatattvam; 17. Divyatattvam; 18. Yadjourvêdivrĭchô Margatattvam (?); 19. Dîkchatattvam; 20. Vrĭchô Sarga; 21. Çûtrakrĭtyavitchâratattvam; 22. Mathapratichthatattvam; 23. Çripourouchôttamatattvam; 24. Djalâçayasargatattvam; 25. Indôpavrichô-Largatattvam; 26. Oudvâhatattvam.

2683. Bhagavata Pourana, édition de Bombay, 1839, autographiée. (Voy. Burnouf, *Bhag-Pour*; II, p. 3.) 1 v. in-fol. cart.

2684. Tchandî Pat; fragments du Markandeya Pûrâna, 38 fol. *Calcutta*, 1813. gr. in-8.

2685. Bhagavadgîtâ. *Calcutta*, 1809, édit. de Babourâma. 60 feuillets. Grand in-8, v. ant. fers à froid.

× 2686. Gîtâ Govinda. *Calcutta*, 1808, 34 feuillets. Grand in-8, v. ant. fers à froid.

2687. Prabodha tchandra Udaya; le lever de la lune de l'intelligence, drame allégorique avec commentaire de Maheçvarangâyan lan Kâra; édité par Bhavânîtchara. *Calcutta*, 1838. Caractères bengalis, 54 fol. 1 v. in-fol., long dem. mar. r. fil.

2688. Trîvidjâ Trigounandikâ. *The Threefold*

Science. Bombay, 1833, 60 pages sanskrites et 50 pages en anglais, in-4, dem. mar. r.

2689. Naïchadhiya tcharitam; aventures de Nala, radja de Naïchadha, poème sanscrit de Çrî Htarcha de Cachemire, avec commentaire perpétuel de Prêmatchandra Pandita, profes. de rhétorique au collége du fort William. *Calcutta*, 1835 et 1836. (S'arrête à la page 648.) —

2690. Commentaire sur le Nala. *Calcutta*, 86 feuillets in-4, demi-cuir de R. tr. dor. fil.

2691. Maghakâvya, Ciçupâla badha. L'Epopée de Magha, ou la mort de Sisupala, avec la glose de Mallinâtha. Texte sanskrit en caractères telougous. Les 5 premiers chants sont reliés, le 6e est broché. (Notes de la main de M. E. Burnouf.) 200 pages in-8, dem. mar. r.

2692. Kiratârdjouniya. Poème sanscrit de *Bharavi*, imprimé à Calcutta par Babou Râma, en 1814, avec un commentaire *de Çrimallinatha*. 232 feuillets avec les erratas. 1 vol. in fol. v. ant. fers à froid.

2693. Abhidjnâna Sakuntalà Nâtaka, ou la Reconnaissance de Sakuntala. Caractères bengalis, édité par Prêmatchandra. *Calcutta*, 1839. 159 p. in-8, dem. mar. r.

2694. Amaroûsataka, avec commentaire. 117 pages, Puis : Ghatakarpara, avec commentaire, 15 pages. *Calcutta*, 1808. Grand in-8, v. ant. fers à froid.

2695. Cumàra Guru Para Tambiram, Containing ahundred and two stanzas on moral subjects with an english translation, vocabulary and notes illustrative and explanatory. By Stokes esq. of the Madras civil service. *Madras*, 1830. in-8, dem. C. de R. fil.

2696. Petit traité sur les dix incarnations de Vischnou. 16 pages; puis : Un poème intitulé La Voix du Ciel. 10 pages. *Bombay*, 1837, in-8, dem. mar. r.

Droit hindou.

2697. Lois de Manou, avec le commentaire de Kulluka. *Calcutta*, 1813. 1 vol. gr. in-4, v. gra. fil. Edition devenue rare, surtout en Europe.

2698. Vîramitrôdaya. Traité de droit Hindou, par *Mitramiera*, édité par Bâbou Râma. 1 vol. in-4, imprimé à Khidirpur, 1815, 229 fol. dem. C. de R. fil.

2699. Mitâkcharâ, traité sur le droit Hindou par Yâdjnavalkya, avec un comment. de Vidjnanêcvarabhatta, édité par Bâbou Râma. 1 vol. 4, imprimé à Calcutta en 1812, dem. mar. r. fil.

2700. Dâya Kômûdî, ou Dattakakômûdî, ou Vyavamhâsa Kômûdî. Traité sur le droit hindou, publié par Râmadjnya. *Calcutta*, 1827, 316 pages.

2701. Volume imprimé à Calcutta par les soins de Colebrooke, renfermant : 1° l'Amarakocha; 2° le Trikandasecha; 3° le Hâravâli; 4° le Medinikarakocha. *Calcutta*, 1807, in-4, bas.

2702. Vivâda tchinta mani. Traité des procès, par Vatchaspatimiçra. *Calcutta*, in-8, dem. v. f.

2703. Dattaka Mimâmsâ, par Mandapandita; et Dattaka tchandrikâ, par Çrikuvera. Deux traités sur le droit d'adoption. *Calcutta*, 1817, 83 pages. (Titre de la main de M. Burnouf), in-8, dem. c. d. R.

2704. Daya Bhaga, ou loi des successions, avec un commentaire de Krîchnatarkâlankâra; provenant de la Bibliothèque de M. Chézy. On lit sur le titre : « J'ai comparé cette édition avec celle « qui a été publiée à Calcutta, 1829. L'édition « in-4 est en général beaucoup plus correcte que « l'in-8. Terminé le 9 nov. 1835. E. Burnouf. » 102 f[os]. in-fol. dem. c. d. R. fil.

2705. Vìdja Ganita, traité d'algèbre, 2e partie du Siddhanta Ciromani, par Bhaskarâtcharya. *Calcutta*, grand in-8, dem. mar. v. fil.

2706. Tchikitsitasthânam, ouvrage de médecine en vers, publication de la Société Asiatique de Calcutta. (Incomplet.) 376 pages in-8, en feuilles.

2707. Pâpamôtchana. Petit Dialogue sur la doctrine chrétienne en çlokas sanscrits, avec une glose en hindi, caract. devanagaris. Imprimé à Agra, in-8, dem. mar.

2708. Sankhya pravatchana. Exposé de la philosophie Sankhyâ. *Serampore*, 1821 ; ouvrage fort rare. (*Voy*. Bibliotheca sanscrita de Gildemeister, page 116.) 220 pag. in-8, dem. c. d. R. fil.

Bengalis.

2709. Vidyanmada Tarangini, ou la Source du plaisir des gens instruits, de Crirandjîvabhatta, en Bengali, in-8, dem. mar. r.

2710. Batris sinhasan, recueil de Contes traduits en Bengali de l'ouvrage sanscrit intitulé : Sinhâsana dvâtrinçatî ou Vikramatcharitram. Londres, 1816. 124 p. in-8, dem. v. ant.

2711. Tota Itihâsa, traduction du Tuti Nameh en Bengali. *Londres*, 1825. Caractères bengalis, 140 pages. In-8, dem. mar. r. fil.

Mahratte.

2712. Abécédaire mahratte, en caractère dêvanâgari. *Bombay*, 1836, 16 pages, in-8, br.

2713. Les livres historiques de la Bible, en Mahratte, savoir : Josué, les Juges, Ruth, Samuël, les Rois, Paralipomènes, Esdras, Esther. 1 vol. in-8 de 783 pages, imprimé à Sérampore, en caractères vulgaires, dem. v. f.

2714. Singhâsan battisî, en mahratte, caractère vulgaire. *Pounah*, 1814, 183 p., in-8, dem. mar. r. fil.

2715. Hitopadesa, en mahratte. *Pounah*, 1815, 249 pages in-8, dem. mar. r. fil.

2716. The lady and Herr Ayah, Dialogue en hindoustan sur la doctrine chrétienne, en caractère arabe, 150 pages. *Bombay*, 1837, gr. in-8, br.

Tamoul.

2717. Quatre pièces en tamoul et une en français, imprimées à Pondichéry, et relatives aux événements de 1848; l'une de ces pièces contient la Constitution de 1848.

2718. Dialogues tamouls imprimés à Madras, 1 vol. in-8, dem. mar. r. fil.

2719. Nouveau Testament en tamoul, dédié au roi de Danemark Frédérik IV. Von Barth. Zingenbalg und J. E. Gründler, imprimé à Trangbar, 1714, très-belle impression, 1 vol. in-4, dem. v. ant.

2720. Abdu-z-Razzaq's Dictionary of the technical terms of the sufies, edited in the Arabic original, by Dr Aloys Sprenger. *Calcutta*, 1845, in-8, dem. v. f.

Persan.

2721. Lilavati; a treatise on Algebra and geometry, by Sri Bhaskara Acharya. *Calcutta*, 1832, gr. in-8, dem. mar. gr.

Singhalais.

2722. Singaleesch Gebeede Boek; livre de prières en Singhalais; imprimé à Colombo, en 1737, 36 pages. Caractères Singhalais très-nets et très-lisibles, 1 vol. in-4, mar. r. fil. tr. dor., ornem. sur les plats, reliure orientale.

2723. Specimen des langues et des écritures Zend, pehlvi, Persanne et guzarati, ancienne et moderne. *Bombay*, 1 vol. lithographié, cart., 9 feuilles.

2724. Quarta parte da Grammatica portugueza, hum Vocabulari em portuguezo e malabar. *Tranquebar*, 1731, in-8, v. br.

Tibétain, Mongol, etc.

2725. Dor-djé-tchod-pa. « Le coupeur de diamant. » Traité tibétain sur la perfection de la sagesse; extrait du Kanjour. (Les Tibétains ont un respect particulier pour ce livre.) 1 vol. oblong, imprimé au Tibet, 33 fol. A été édité par I. J. Schmidt, et traduit en allemand dans le tome IV, 6e série des Mémoires de l'Académie de Saint-Pétersbourg. L'original sanscrit du même livre a été transcrit de la main de M. Burnouf.)

2726. 1 vol. oblong, imprimé en Chine. 95 fol. (Mongol). Molon toin eke dour yen atschi Khari ghouluksan. (Livre buddhique.)

2727. Inscription gravée, reproduisant l'inscription d'Eléphanta. Une grande feuille, très-lisible, tirée de l'ouvrage de Murphy sur le Portugal.

2728. Om mâni padmê hum, 3 feuilles imprimées en rouge, par ordre du baron Schilling de Canstad, à l'usage des sujets russes qui suivent la religion de Buddha, et répétée 5,000 fois sur quatre bandes de papier. Fait à Saint-Pétersbourg en 1835.

2729. Catalogue des livres imprimés et manuscrits en langue sanscrite de la Société Asiatique de Calcutta. *Calcutta*, 1838, 1 vol. in-4, long. dem. c. de R. fil.

2730. Catalogue des ouvrages arabes, turcs et persans, traitant de l'art militaire, dont lord Munster désirerait faire l'acquisition. (Adressé par lord Munster à M. Burnouf.) 109 pages, in-8, broché.

FIN DES IMPRIMÉS.

DEUXIÈME PARTIE.

MANUSCRITS.

Manuscrits Zends.

1. TexteZ end et Sanscrit du Yaçna. Msc. ancien. Les deux premières parties.

2. Iescht en Zend et en Sanscrit, à deux colonnes, caractère zend et devanagari, avec une lettre de Manakji Cursetji, datée de Bombay, 8 septembre 1838. 112 pages. 1 vol. in-4, dem. mar. r. fil. Magnifique copie avec un titre en Persan.

3. Scheken Gumàni, en Pazend et en Sanskrit. Donné par Manakjî Cursetjî. Caractère zend et devanagari. 125 feuillets. 1 vol. in-8, dem. c. de R. fil.

4. Fragments Zends et Parsis, contenant le Livre de la Bénédiction et de la Prière, etc. Caractères zend et devanagari, et le titre en Persan. 240 pag. 1 vol. in-4, dem. mar. r. fil. Ces deux manuscrits sont d'une belle écriture et en bon état de conservation.

5. Fragments Zends et Parsis, donnés par Manakjî Cursetjî en 1841. Caractère zend et devanagari, 183 feuillets, beau manuscrit d'une très-belle écriture, 1 vol. in-4, dem. mar. r. fil.

6. Minokhered en Parsi ancien et traduit en sanskrit. Donné par Manakjî Cursetjî en 1841. Avec une préface en Guzarati et en Persan; très-beau

manuscrit. 357 feuillets, 1 vol. in-4, dem. mar. r. fil.

7. Fragmens de textes Zend, trad. par M. Burnouf : — 1° Fragment du Scheken-Goumani, en Pazend et en Sanscrit : — 2° Afergan de Daman : — 3° Fragment des Ieschts en Zend et en Gouzarati : — 4° *Id.* en Zend, Sanscrit et Gouzarati : — 5° *Id.* Zend et Gouzarati : — En tout, 170 feuillets.

Manuscrits sanscrits en caractère dévanagari.

8. Rigvêdapada, manuscrit copié avec soin, 1794. Caractères devanagaris, mots séparés. 8 vol. in-4, format allongé, dem. mar. r. fil.

9. Rigvêda. En deux parties; manuscrit oblong. Caractère dêvanagari, écriture fine et très-soignée, faite en 1754.

10. Rig vêda brahmana pañtchika. Copie faite avec le plus grand soin dans le nord de l'Inde en 1744. En 6 parties, 1 vol. in-4 long, dem. mar. r. fil.

11. Rig vêda Çâkala Anukramanî, manuscrit oblong, copié par M. Max Müller. Table des hymnes du Rigvêda.

12. Rig-veda Bhashya, commentaire sur le Rig-veda de *Sayana Atcharya*, copié à Bombay pour M. Burnouf, 1833, bonne écriture, 3 forts vol.

13. Yadjour vêda Vâdjasanêyî Samhitâ Padapâtha. 1 vol. obl., en 2 parties, 72 fol. caractère dêvanagari, vieux et excellent manuscr., où tous les mots sont séparés.

14. 1 vol. oblong manuscr. Le même que le précédent. Yadjurvêda vadjasanêyi samhitâ Kramapâtha. Copie ancienne dans l'ordre des mots nommée Krama.

15. Yadjurvêda Kanvaçâkhâ, 1 vol. oblong. Vieux et excellent manuscrit. Caractère dêvanagari. Acheté à M. Stevenson pour la somme de 10 liv. sterling.

16. Yadjur veda. Caractère dêvanagari, les mots séparés; copié avec beaucoup de soin, 1809, 7 tomes en 5 vol. in-4 long, dem. cuir de R. fil.

17. 7 fascicules du Yadjourvêda, manusc. oblong complet. Belle écriture Dêvanagari. Copie très-soignée faite en 1789.

18. Yadjourvêda brâhmana. Caractère Dêvanagari, copie très-soignée, 3 vol. in-4 longs, dem. mar. r. fil.

19. Yadjour Vêda Sanhita. 202 feuillets, in-4, dem. mar. r. fil. Les deux parties du Kanva sont complètes; l'Uttaravicitcha n'est pas achevé. Belle copie.

20. Yadjourvêda Arana. Car. Dêvanàgari, 134 feuillets, in-8 long, dem. mar. r. fil.

21. Mahîdara. Commentaire sur le *Yadjour-Veda*, copié par les soins du R. Stevenson. *Bombay*, 1840; très-belle copie sur papier, titre de la main de M. Burnouf, in-fol. dem. c. d. R. très-beau vol. fil.

22. Commentaire de *Madhava* sur le Çatapatha-brâhmana, 2 volumes, l'un de 143, l'autre de 127 feuillets. 2 vol. in-fol. long. dem. mar. r. fil.

23. Atman. Traité sur la doctrine védique, copié à Bombay par les soins de M. Stevenson. 82 feuillets, in-8, long, dem. mar. r. fil.

24. Nighantu. Dictionnaire des mots anciens qui sont d'un fréquent usage dans les Védas, 12 feuillets. Car. Dêvanagari. In-8, long. dem. mar. r.

25. Nighantu, transcrit en caractères européens par M. Rosen, pour M. Burnouf, in-8, cart.

26. Nirukta, l'un des Vedantâs, collection de mots anciens appartenant aux Vedas. Deux vo-

lumes, l'un de 63 feuillets, l'autre de 75 feuillets. 2 vol. grand in-4 long, dem. mar. fil.

27. Nirukta, glossaire qui contient et explique les mots obscurs des *Védas*. Deux volumes, l'un de 65 feuillets, l'autre de 73 feuillets. In-8, longs, dem. mar. r.

28. Nairuktaçabdasamgraha, ou collection de mots anciens appartenant au dialecte des Védas. Copié d'après une copie que M. Poley avait faite à Londres sur le ms. original. 30 pages in-4, dem. mar. r. filet.

29. Nirukta vritti; commentaire sur le Nirukta, par Dourgâtchârya. Une très-belle copie faite à Bombay en 1841, 252 pages in-fol. dem. c. de R. fil.

30. Le Bhagavatapurana complet, avec le commentaire de Çridharasvamin. Magnifique manuscrit exécuté à Bénarès, gros caractère Dêvanagari.

31. Vratarâdja, extrait du Skanda Pourâna, relatif aux pratiques religieuses et aux avantages qu'elles procurent. 38 feuillets, in-8, long, dem. mar. r. fil.

32. Harivança, ou histoire de la famille de *Hari*. Poème sanscrit formant un appendice du Mahabharata, corrigé par le Brahmane Gopal Gosayn. 1 fort. vol. de 646 p. in-4, dem. mar. viol. Très-belle copie.

33. Tchitrakûta Mâhâtmyam, ouvrage en prose sur les lieux de pèlerinage consacrés à Vischnou, copié dans le nord de l'Inde. 27 feuillets. In-fol. long, dem. mar. r. fil.

34. Djaiminîya Nyâyamâlavistâra. Commentaire sur les axiomes fondamentaux de la philosophie Mimâmsâ de Djâymini, par Mâdhavâtchârya. Voir Colebrooke, *Trans. of the R. Asiat. Society*, I, 443. (Avec des corrections de M. Burnouf.) 333 feuillets. in-fol, dem. mar. r. fil.

35. Djâyminî Sutra. Collection des axiomes de la Mîmâmsâ. V. Colebrooke, *Trans. of the R. Asiat. Society*, I, 440. (Avec des corrections de M. Burnouf.) In-fol. dem. mar. fil. 27 feuillets.

36. Jaimini-Sutra. Les aphorismes de Jaimini sur la philosophie *Mimamsa*, 1770, très-beau ms. 40 pages. 1 vol. in-fol. long. mar. r. fil. tranche dorée, dans un étui.

37. Siddhanta Tchandrika, commentaire sur le Çâstra Dîpikâ, par Râma Krichna, fils de Mâdhava. V. Colebrooke, *Trans. of the R. Asiat. Society*, I, 442. Avec des corrections de M. Burnouf. In-fol. dem. m. r. fil. 91 feuillets.

38. Dialogue entre Çiva et Pârvatî, sur le système Vedanta, écrit en mahratte prakrit, copié à Bombay. 23 feuillets. In-4, oblong. dem. cuir de R. fil.

39. Nârâyana Siromani. (Abrégé de la doctrine Vêdanta, rédigé d'après les Brahmasûtras ou axiomes de Vyâsa, par Nârâyana Siromani; in-8, de 74 pag. sans titre, caract. Dévanagaris (en sanscrit). Ce traité fort court n'est qu'un extrait des Brahmasoutras publiés au commencement de notre siècle, en 1 vol. in-4. Une note de M. Harriot nous apprend que l'auteur a travaillé sous la direction du célèbre Ram-Mohun-Roy; c'est à ce dernier que M. Harriot devait cet exemplaire.

40. Çârîraka Mîmâmsa Bhâchya, commentaire sur les axiomes de la philosophie Vedânta de Bada Râyana, par Râmâmidja. V. Colebrooke, *Trans. of the R. Asiat. Society*. II, 7 et 8. 1 vol. in-4 de 385 pages. (*Notes de M. E. Burnouf.*) Belle copie faite à Bombay en 1841.

41. Vrihat Samhita. Traité d'astronomie et d'astrologie, par Varâhamihira. 34 feuillets, in-fol, long, dem. mar. r. fil.

42. Sourya Siddhanta. Ouvrage d'astronomie, caractère dèvanagari. 37 pages, in-4, dem. c. d. R.

fil. Très-belle copie faite en 1789; avec un titre en persan.

43. Panini sutra, ou grammaire de Panini. Caractère dêvanagari, copié à Bombay. 50 feuillets, in-4, dem. mar. r. fil.

44. Paniniyacikcha. Traité sur la grammaire, 17 feuillets, in-8, long, dem. mar. r. fil.

45. Ambhutisvarupâtchârya. Traité de grammaire sanscrite; d'une belle écriture dévanagari, 41 fol. 1 vol. oblong, provenant de la bibliothèque de M. Harriot.

46. Upalêkha. Petit traité sur la grammaire sanscrite, 31 feuillets, belle écriture devanagari, in-8, dem. mar. r. fil.

47. Sankchipta Sâra. Traité de grammaire sanscrite, avec la première page du commentaire de Çrî Tchandîdîvaçarman. 31 feuillets, in-fol., cart. (Inachevé.)

48. Trikandacêcha. Dictionnaire sanscrit. 1 petit vol. oblong de 52 fol. Caractères dèvanagaris; ancienne copie, avec un *errata.*

49. Pantchatantra ou les cinq Ruses, en car. dévanâgari, belle écriture du nord. 203 feuillets, in-4, long, dem. mar. r.

50. Hasy ârnava. L'Océan de la raillerie, comédie indienne. 23 feuillets, papier jaune, caractères bengalis, in-fol. long, dem. mar. r. fil.

51. Samgîta Ratnâka. Traité sur le chant et la danse, par Sarggi Dêva. (*Voy.* Wilson, *Theatre of the Hindus*, t. 1, p. 22, deuxième édition.) Notes de M. E. Burnouf. Deux parties, l'une de 48 pages, l'autre de 135, in-4, dem. mar. r. fil.; copie très-soignée et très-lisible.

52. Inscriptions indiennes. Caractères dêvanagaris du nord de l'Inde. 4 grandes feuilles, copie faite avec le plus grand soin, in-fol, cart.

53. 9 fac-simile d'inscriptions recueillies dans le nord de l'Inde, en caractère maghadi.

54. Copie du catalogue des manuscrits sanskrits de la Bibliothèque Nationale, par S. Munck, 1844, in-8 de 158 pages, rel., dem. mar. r. fil. tr. dor.

55. Transcription en caractères romains d'un texte sanscrit, écrit en Landza, en caractères tibétains vulgaires, et accompagné d'une traduction tibétaine. Manuscrit faisant partie de la collection du baron Schilling de Constadt, n° 196. Titre sanscrit : Vadjrachtchhedika, 45 fol. Le tout copié par M. Burnouf, suivi de la transcription en tibétain du titre, de la première phrase et de la fin du même ouvrage.

Manuscrits sanscrits en caractère Tamoul.

56. Vêda Sâmhitâ. Collection des Samhitâs du Yadjurveda.

Ce grand et beau manuscrit est sans contredit le plus précieux de cette collection, si l'on pense à la rareté des exemplaires des Vêdas, même dans l'Inde.

57. Smrîtimuktâvali. Traité de jurisprudence en sanscrit et en caractères tamouls; ouvrage rempli de citations des anciens législateurs de l'Inde et accompagné d'un ample et excellent commentaire.

L'ouvrage est donné comme le *Vâidyanâ-Thadîkchita* et il ne comprend que les règles relatives aux castes et aux âcramas.

58. Amarakocha. En sanscrit et en caractères tamouls. Manuscrit complet, écrit avec soin, et dans lequel tous les mots sont régulièrement divisés.

59. Smrititchandrika. Traité de jurisprudence, relatif à la procédure, en sanscrit et en caractères tamoul.

Manuscrit écrit avec beaucoup de soin. L'ouvrage est donné comme ayant été composé par Çrikêçavâditya-Batta, surnommé Upâdhyâya Somayadjin.

60. Pantchatantra ou les cinq Ruses. En sanscrit et en caractères tamouls. Manuscrit très-lisiblement écrit, d'un ouvrage dont la célébrité est connue et dont il n'existe pas un second exemplaire en France.

61. Vyavahâratattva. Traité de procédure. Second livre de la Mitakcharâ, en sanscrit et en caractères tamouls. L'ouvrage même, encore non traduit, a été publié à Calcutta, en un vol. in-8, 1829.

62. Bhôdjaprabandha. Histoire du célèbre Râdja Bhôdja, en sanscrit et en caractères tamouls. Manuscrit beau et complet, d'un ouvrage souvent cité dans l'Inde, et dont il n'existe pas, à ma connaissance, un autre manuscrit en France.

63. Bâlarâmâyanâm. Premier chapitre du premier livre du Râmâyanâ, en sanscrit. Manuscrit qui répond aux quatorze premières pages de l'édition du Ramayana de W. de Schlegel. Le texte du Râmâyana est précédé d'invocations longues et assez curieuses en l'honneur de Nârada et de Sarasvatî.

Le manuscrit se compose de 14 olles, en y comprenant la feuille du titre. Il est écrit avec soin, et offre cette particularité que presque tous les mots sont séparés les uns des autres par un trait.

64. Dâçarathiçatakam. Collection de cent stances en l'honneur de Râma, fils de Daçaratha, en sanscrit et en caractères telingas.

Ce manuscrit, qui est écrit avec le plus grand soin, se compose de dix olles, y compris la feuille du titre.

65. Raghuvamçavyâkhyâyám Chachtasargah. Com-

mentaire sur le sixième chant du *Raghuvamça*.

Ce manuscrit se compose de 25 olles, en y comprenant le feuillet du titre, sur lequel on lit : *Raghuvâmçâm* 6 *Sargavyâkhyânam*. « *Raghuvâmça*, commentaire sur le sixième chant. » A droite de ce titre se trouve le suivant d'une écriture plus grosse : « *Raghuvâmçê Chachtussargah Râmasya prustakam*, sixième chant du *Raghuvâmça*, volume appartenant à Râma ; » ce manuscrit est ancien et d'une bonne écriture telinga.

66. Collection de *Smrîti* attribués à d'anciens Sages. La première page du manuscrit donne l'énumération suivante des Sages qui passent pour les auteurs des traités contenus dans ce volume :

Vichnusmrîti, Bharadvâdjasmrîti, Brîhaspatismrîti, Dakchasmrîti, Yamasmrîti, Likchitasmrîti, Amginasmrîti (leg. Anggirassmrîti), Nâradasmrîti, Yâdjnâvalkyasmrîti.

67. Premier et second livre de l'Amarakôcha. Manuscrit de 28 olles, en y comprenant la feuille du titre conçu comme il suit : *Amarasimhamu Prakthama Kâmda dvitiyakâmda*.

Ce manuscrit s'étend jusqu'au premier *pâda* du 27e Shloka du liv. II, chap. VI, sect. II de l'édition de Colebrooke (*Voy*. Am. Cosh., p. 148). D'une très-belle main.

Sanscrits en caractères singhalais.

68. Distiques sanscrits attribués à Vyâsa, et littéralement commentés en Singhalais. Ce manuscrit se compose de 22 feuillets d'une écriture élégante. Il est suivi de 7 feuillets, dont l'écriture n'a pas été noircie ; je n'ai pu en déterminer le contenu.

69. Fragments d'un ouvrage poétique en sanscrit, commenté en singhalais, dont je crois que le titre

et la fin manquent. Le manuscrit est ancien; mais l'écriture est inégale en quelques endroits. Il se compose de 23 feuillets.

70. *Varâhamihiram.* Traité d'astronomie en sanscrit, qui est attribué à *Varâhamihîra.* Le texte est littéralement commenté en singhalais. Je ne connais pas en Europe un second exemplaire de ce curieux Traité. Ce manuscrit contient 162 feuillets.

71. Yogaçataka. Court Traité de médecine en sanscrit et en vers, commenté littéralement en singhalais. Ce manuscrit est écrit avec la plus grande élégance en beau singhalais, et contient 33 feuillets.

72. *Setumâhâtmyam.* « La grandeur du pont de Râmaçvaram, en sanscrit. Ouvrage étendu et curieux qui contient les traditions relatives à l'extrémité de la presqu'île indienne et aux îlots et rochers connus sous le nom de pont d'Adam. Ce manuscrit paraît ancien, il porte sur la couverture le titre *Irâmechuvara-Purânam*, en caractères tamouls.

Manuscrits Bouddhiques Népalais.

73. Daçabhûmîçvara, l'un des 9 Dharmas (livres canoniques) des Bouddhistes. Oblong, 142 fol. Caractères sanscrits du Népâl.

74. Pruchñâ pâramitâ; recueil philosophique qui renferme la partie spéculative du Buddhisme; l'un des neuf livres canoniques de Buddhistes, 423 fol. Avec une vignette servant de frontispice. — 1 gros vol. oblong. belle écriture. Caractères Devanagaris Népalais.

75. Samadhirâdja, le Roi de la Contemplation. Ouvrage narratif, l'un des 9 Dharmas ou livres canoniques des Buddhistes. Caractères sanscrits du Népâl. — 1 vol. oblong.

76. Le même que le précédent. Caractères sanscrits du Népal. — 1 vol. oblong, 205 fol.

77. Tathâgata gouhyaka, l'un des neuf Dharmas (ouvrages canoniques) des Bouddhistes. 1 vol. oblong, belle écriture sanscrite du Népâl, 255 fol.

78. Gaudhavyûha. L'un des neuf Dharmas (livres canoniques) Bouddhiques. Ouvrage narratif. Oblong. Caractère sanscrit du Népâl, 362 fol.

79. Le même que le précédent. Obl. Caract. Dévanagaris Népalais, 295 fol. provenant de la vente de M. E. Jacquet, à qui M. Hogdson l'avait envoyé en 1835.

80. Le même que le précédent. Très-beau manusc. oblong. Caractère sanscrit Népâlais, 427 fol.

81. Lankâvatara. Descente à l'île de Lanka. L'un des neuf Dharmas, ou livres canoniques des Buddhistes. Caractères sanscrits du Népâl, 159 fol. — 1 petit vol. oblong.

82. Suvarnaprabhasa, la splendeur de l'éclat de l'or, Traité philosophique considéré comme l'un des neuf livres canoniques des Buddhistes. Caract. sanscrits Dêvanagaris, 120 fol. — 1 vol. oblong.

83. Pradjnâpâramitâ ou la perfection de la Sagesse. L'un des livres fondamentaux du Buddhisme Népalais, ouvrage écrit en sanscrit, avec les caractères Dénavagaris du Népal. Ce beau et précieux manuscrit m'a été donné par M. Hodgson en 1837. (Note de M. E. Burnouf), 302 fol. — 1 vol. oblong.

84. Mêghasûtra. Traité Buddhique, l'un de ceux qui sont considérés comme révélés par Çàkyamunî lui-même. Caractère Devanagari. — 1 petit vol. oblong, 39 fol.

85. Sukhavatîvyûha. Traité Buddhique, du genre de ceux que l'on nomme Mahâyânasutras, servant de grand véhicule; très-vénéré des Buddhistes

Népalais. *Voir* l'introd. à l'histoire du Buddhisme indien, p. 99 et suiv. Caract. sanscrits Dévanagaris. — 1 vol. oblong, 64 fol.

86. Lalitavistara. Histoire de Çakyamuni, depuis sa naissance jusqu'à sa mort. L'un des ouvrages réputés sacrés au Népal. Il est écrit en sanscrit, en prose mêlée de vers; les gâthâs ou stances portent de nombreuses traces de prâkrit.

Ce beau manuscrit, qui a été écrit avec le devanagari du Népal, m'a été envoyé de Katmandou par M. Hodgson, en avril 1836. (*Note de M. E. Burnouf.*). — 1 vol. obl. 232 fol.

87. Le même que le précédent. Caractères sanscrits du Népâl. — 1 vol. obl. 262 fol.

88. Dîpamkarâvadana. Légende du Buddha futur nommé Dipam-Kara. Belle écriture dêvanagari. — 1 vol. obl. 51 fol.

89. Vasantatilaka. Caractères sanscrits du Népal. Petit traité en l'honneur de Vadjra Sattva, le sixième des Buddhas surhumains, selon les Népalais. — Un petit vol. obl. 16 fol.

90. Bôditcharyâvatâra. Caractères sanscrits du Népâl. Légende de Bodhi-Tchârya; livre buddhique. — 1 vol. obl. 55 fol.

91. Mahâvastu. Grande Collection d'histoires. Recueil de légendes relatives au fondateur du buddhisme et à ses contemporains. Caractères sanscrits du Népal. — 1 vol. obl. 398 fol. Envoyé par M. Hodgson, mai 1841.

92. Kâranda Vyâha ou Gunakarandavyûha. Construction de la Corbeille des Qualités. Poème à la louange d'Avaloki Têçvara, le plus vénéré des Bodhisattvas. Caractères sanscrits du Népal. — 1 vol. obl. 63 fol.

93. Même titre que le précédent, mais écrit en prose. Paraît être le récit primitif qui a servi de

texte au poème. (*Voir* l'Introduction à l'Histoire du Buddhisme indien, p. 220 et 221.) Caractères sanscrits du Népâl, un peu cursifs, mais très-soignés. — 1 petit vol. obl. 92 fol.

94. Mahâvastu avadâna. Légendes buddhiques. Caractères sanscrits du Népâl. — 1 vol. obl. 532 fol.

95. Djâtakamâla « La Guirlande des Naissances. » Légendes bouddhiques. Caractères sanscrits du Népal. — Obl. 191 fol.

96. Kryâsañghraha « Recueil de Cérémonies. » (Bouddhique). Caractères sanscrits du Népal.— Obl. 112 fol.

97. Divyâvadâna. Légendes buddhiques. Caractères sanscrits Dévanagaris. — 1 vol. obl. 447 fol. (Envoyé par M. Hodgson.)

98. Divya avadâna. Recueil de Légendes bouddhiques. Caractères Dévanagaris. — Obl. 231 fol.

99. Saddharmapundarika « Le Lotus de la Bonne Loi. » Caractères Dévanagaris. — 1 vol. obl. 224 fol.

100. Le même que le précédent. En caractères sanscrits du Népâl. — Obl. 205 fol.

101. Durgati pariçôdhana. Traité bouddhique. Caractères sanscrits Dévanagaris. — Obl. 101 fol.

102. Vadjrâsana sâdhana mâla. Traité philosophique à l'usage des Buddhistes. Caractères sanscrits du Népâl. — Obl. 153 fol.

103. Bhuvanadîpiká. Traité buddhique. Caractères Dévanagari du Népâl. — Obl. 85 fol.

104. Pantcha Rakchâ. Ouvrage buddhique. (*Voir* Introduction à l'Histoire du buddhisme indien, page 462.) Caractères sanscrits du Népal. — Obl. 140 fol.

105. Nadî parîkchâ. Traité buddhique, incomplet. Caractères sanscrits du Népal. — Obl. 5 fol.

106. 7 feuilles manuscrites, sur lesquelles sont écrits en forme de tableaux les noms des divinités honorées par les Bouddhistes, et quelques formules de prières. Caractères Dévanagaris très-lisibles. Deux de ces feuilles sont à deux colonnes et portent une traduction en persan.

107. Atcharyakriyâ-Samutchtchaya. Traité rituélique à l'usage des Bouddhistes. Caractères sanscrits du Népâl. — 1 vol., 163 fol.

108. Dhâranîsangraha. Recueil de formules magiques (bouddhique). Très-belle écriture dêvanagari. — Obl. 168 fol.

109. Mahâmantrânusârinî. Ouvrage buddhique, qui traite des Mantras ou formules magiques. Caractères sanscrits Dévanagaris. — 1 vol. obl. 158 fol.

110. Samvarôdayatantra. Ouvrage qui contient des prières, des formules magiques, et des détails des diverses cérémonies usitées chez les Buddhistes. Caractères sanscrits du Népâl. — 1 petit vol. obl.

111. Bhûtadambara Tantra. Traité buddhique du genre des précédents. Caractère Dévanagari. — Un petit vol. obl. 47 fol.

112. Samputôdbhava Tantra. Traité mystique à l'usage des Buddhistes. Caractère Dévanagari. — Un vol. obl. 135 fol.

113. Pratyangîrâ Mahâvidyâ. Petit traité relatif à la déesse Durgâ ou Pârvatî, d'après les idées empruntées aux Civaïstes par les Buddhistes. Caractères sanscrits du Népâl. — Un petit vol. obl. 28 fol.

114. Dharmakôçavyâkhya. « Commentaire sur le Trésor de la Loi. » Ouvrage philosophique qui traite des diverses sectes buddhiques. Caractère Dévanagari. — Un vol. obl. 583 fol.

115. Abhidânôttarôttara. Traité buddhique. Caractères sanscrits du Népâl. — Un petit vol. obl. 215 fol.

116. Le même que le précédent. Caractères sanscrits du Népâl. — Un petit vol. obl. 154 fol.

117. Hê Vadjratantra. L'un des *Tantras* ou rituels ascétiques des Buddhistes. Caractères sanscrits du Népâl. — Un petit vol. obl. 66 fol.

118. Le même que le précédent. Caractères sanscrits du Népâl. — Un petit vol. obl. 55 fol.

119. Mahâkâla Tantra Râdja. Ouvrage ascétique qui renferme des formules mystérieuses et divinatoires en usage chez les Buddhistes. Caractères sanscrits du Népal. Un petit vol. obl. 62 fol.

120. Le même que le précédent. Caractères sanscrits du Népal. — 1 petit vol. oblong, 47 fol.

121. Karavîra Tantra. Traité ascétique à l'usage des Buddhistes. Caractères sanscrits du Népal. — 1 petit vol. obl. 102 fol.

122. Krichnayamârî Tantra. Traité Buddhique du même genre que le précédent. Caractères sanscrits du Népal. — 1 petit vol. obl. 60 fol.

123. Le même que le précédent. Buddhique. Caractères sanscrits du Népal. — 1 petit vol. obl. 110 fol.

124. Yôgâmbara Tantra. Traité Buddhique du même genre que les précédents. Caractères sanscrits du Népâl. — 1 petit vol. obl. 63 fol.

125. Suprabhâta Stôtra. Stances en l'honneur de Buddha. Beaux caractères dévanagaris. — 1 petit vol. obl. (en paravent) 32 plis.

126. Vadjrasutchi. Traité de polémique contre la division des castes. Caractères sanscrits du Népâl. — 5 fol. obl. Le texte de cet ouvrage a été lithographié et traduit en anglais.

127. Vadjrasûtchi. Caractères sanscrits dêvanagaris. — 1 vol. obl. 16 fol.

128. Kalyana-Pantchavimçatika Stuti. Vingt-cinq stances pour invoquer les Divinités Buddhiques. (*Voir* le Lotus de la Bonne Loi, pages 500 et 501.) Caractères dévanagaris. — 1 petit vol. obl. 4 fol.

129. Buddhavinaya. Traité de discipline Buddhique. Caractères dêvanagaris du Népâl. — 1 petit vol. obl. 102 fol.

130. Djâlâvalîtantra. Traité mystique (bouddhique). Caractères sanscrits du Népal. obl. 79 fol.

131. Souvarnaprabhâ. La splendeur de l'éclat de l'Or. Traité mystique à l'usage des Buddhistes. Caractères sanscrits du Népâl. obl. 120 fol.

Pali en caractères barmans.

132. Pârâdjika. L'un des plus importants recueils de légendes et de préceptes relatifs à la discipline, et qui fait partie des écritures canoniques des singalais.

Cet ouvrage précieux est composé en pâli, et écrit en très-beaux caractères barmans. — 154 feuillets ou 308 pages d'une écriture très-serrée.

133. Manuscrit pâli sur les devoirs des religieux et sur la discipline. Incomplet du commencement et de la fin, avec une lacune au milieu. Du reste, en général correct.

134. Khuddasikkhadîpanî, ou le Flambeau de la Petite Instruction. Manuscrit Pâli accompagné d'un commentaire littéral en Barman, contenant une partie des traités relatifs à la discipline, et appartenant au Vinaya. A la fin du manuscrit se trouve un fragment d'un traité également relatif à la discipline, en Pâli, mais sans commentaire barman, en 22 feuilles. Ce manuscrit contient 145 feuillets.

135. Abhidhânappadîpika, ou le Flambeau des

Mots. Vocabulaire Pâli; le même qui a été publié par Clough, dans sa *Pâli grammar*.

Dans ce manuscrit, le texte du vocabulaire est expliqué en barman, souvent avec de grands détails. Ce volume contient donc une synonymie Pâli et barmane complète. — Contient 189 f.

136. Sâsana âyupakarâna. L'un des discours de Gâutama Bouddha sur la discipline (vinaya).

Ce précieux manuscrit est divisé en deux parties. La première contient, en 19 feuillets, le texte pâli de cet ouvrage; la seconde reproduit en 40 feuillets le même texte, quelquefois avec des additions, et avec une traduction littérale en barman. — Contient 67 f.

137. Exposition du caractère et des devoirs d'un fidèle Bouddhiste, en cinq divisions, formant en tout 180 feuillets.

138. Histoire de l'une des naissances de Gâutama Buddha.

Ce volume contient, à ce que je crois, le *Némidjâtaka*, l'une des plus célèbres histoires de Gâutama. Le texte Pâli est accompagné d'une traduction littérale en Barman, qui est quelquefois très-développée. — Le manuscrit contient 74 feuillets.

139. Khuddha sikkhâ dîpanî. Le Flambeau de la Petite Instruction. Ouvrage qui fait partie de la collection dite Vinaya, ou de la discipline, et qui doit répondre au *Vinaya kchudrakavastu* de la collection des écrits émanés de Câkyamuné. — (*Voy.* Journal of the As. Society of Bengal, I, p. 2 et 5.) — Ce manuscrit contient 29 feuillets.

Manuscrits Palis en caractères Siamois.

140. Purânatîkasangraha. Commentaire en Pâli, sur un ouvrage philosophique dont je n'ai pu décou-

vrir le titre, parce que le commencement et la fin du manuscrit manquent.

Ce précieux et ancien manuscrit, qui a été copié à Siam, avec le caractère sacré du pays, est accompagné de nombreuses gloses en langue thai. — Ce manuscrit contient 177 feuillets.

141. Vimânavattu atthakathâ. Commentaire sur le *Vimanavatthu,* l'un des livres qui font partie de la division nommée Sutta.

Ce beau et ancien manuscrit de Siam a été copié avec le caractère sacré du pays, donné pour la première fois dans l'*Essai sur le Pâli.* Il est incomplet d'une vingtaine de pages qui manquent au commencement.—Ce manuscrit a 89 feuillets.

Manuscrits Palis en caractères Singhalais.

142. Thûpavansa. Ouvrage contenant l'histoire des *Thûpa* (en sanscrit *Stûpa*) ou *Topes,* élevés pour conserver les reliques des Bouddhas ou autres personnages religieux, tant dans l'Inde centrale qu'à Ceylan. Ouvrage riche en indications historiques sur l'Inde ancienne et sur Ceylan. — Contient 46 fol.

143. Mahâvamsatîka, Commentaire sur le grand Recueil historique intitulé *Mahavamsa,* écrit en Pâli, par Mahânâma, au commencement du ve siècle de notre ère.

C'est de cet ouvrage, qui est rare même à Ceylan, que Turnour a extrait les renseignements les plus précieux pour l'histoire du Bouddhisme qui se trouvent dans la préface de son Mahâvamsa et dans ses mémoires.

144. Rûpasiddhi. La perfection des formes. Grammaire Pâli, en Pali, avec un commentaire dans la même langue; ouvrage attribué à Kâtyâyana, savant grammairien, contemporain de Çakya-

muni. Sur ce précieux et ancien ouvrage, *voyez* Turnour, Mahâvamsa, préface.

145. Samantapâsâdikâvinaya. En Pali, avec un commentaire dans la même langue. Ouvrage qui fait partie des écritures bouddhiques, et qui est relatif à la discipline. Le commentaire qui est ample et détaillé, jouit, à ce qu'il paraît, d'une très grande autorité à Ceylan. — Ce ms. contient 132 feuillets, écriture serrée et très belle.

146. Nidâna vagga, ou exposition des Causes. En Pali, avec un commentaire très ample dans la même langue; l'un des ouvrages qui font partie des écritures bouddhiques, et qui appartient sans doute à la section nommée *Abhidhamma*. Le ms. est écrit avec le plus grand soin. — Il contient 69 feuillets.

147. Dîghasanghaya, ou la grande Collection. En Pali, contenant la première et la plus importante des divisions de la section des écritures bouddhiques nommées *Sûtra*. Ce magnifique manuscrit qui est écrit avec le plus grand soin, est accompagné d'une table des Sûtras qu'il renferme. — Il contient 200 feuillets.

148. Djinâlankara, ou l'ornement de Djina. En Pali, avec un commentaire pali, fort étendu et très curieux en plusieurs points. Manuscrit contenant la description du triomphe de Bouddha sur les obstacles moraux et physiques que lui opposa la nature et le démon Mâra. — Le ms. a 139 feuillets.

149. Sârârthadîpanî, ou Éclaircissements du Sens fondamental. En Pali, avec un commentaire dans la même langue. Manuscrit contenant une partie du *Saññuttasanghaya*, ou de la division nommée Sutta; ms. qui a appartenu au prêtre de Tottagamura à Ceylan, et qui a environ 600 ans d'ancienneté. Le ms. a 208 feuillets.

Ce manuscrit est un des plus précieux qui

existent à Paris; je n'en connais pas d'aussi anciens à la Bibliothèque du Roi. L'écriture en est remarquable en ce qu'elle se rapproche beaucoup du type des alphabets Tamoul et grantham, quoiqu'elle porte déjà tous les caractères de l'écriture singhalaise.

La note qui en accompagnait l'envoi, et qui est due selon toute apparence à un Singhalais qui se trouve actuellement à Londres, a été transcrite sur une des planchettes qui servent de reliure au manuscrit. Cette note donne pour titre à l'ouvrage *Sârârthaprakâsanî*, *Élucidation du Sens fondamental*. C'est en effet un ample commentaire en pali sur une collection de traités religieux écrits aussi en pali. La note précitée regarde l'original à l'explication duquel est consacré ce commentaire, comme une portion du *Sanyut Sangaya*, un des livres nommés *Sangaya*, lesquels contiennent les *Sûtra* ou axiomes moraux promulgués par Gâutama Bouddha dans ses entretiens avec ses disciples, et recueillis peu d'années après par Ananda. Je doute cependant que le texte de l'ouvrage dont nous avons ici le commentaire appartienne à la classe des *Soutra*. L'examen attentif que j'ai fait du commencement de l'ouvrage ne m'a pas permis de découvrir le mot *Sutta* (*Sûtra*), mais seulement celui de *Vinaya* (discipline). Je pense donc que le texte dont le *Sârârthadîpanî* est le commentaire fait partie des ouvrages compris sous le titre commun de *Vinaya* ou *discipline*, ouvrages dont plusieurs ont une grande importance, et qui passent pour avoir été recueillis de la bouche même de Gâutama Bouddha.

Cette conjecture me paraît confirmée par ce ce titre :

« Iti samantapâsâdikâya vinayatthakathâya Sâratthadîpaniyam vîrañdjâkandavannanâ Samattâ.»

Elle l'est encore par le fait qu'il existe deux

ouvrages ayant un titre à peu près semblable dans la VIe des listes que donne M. Upham (tom. III, p. 202, 203). L'un est le *Sawrarthadiepania*, qui appartient à la classe des *Vinaya*; l'autre est le *Sawrawrthaprakawsanya*, qui appartient à la classe des *Sûtra*. C'est par une confusion qu'explique suffisamment la ressemblance de ces deux titres que le second a été attribué à notre manuscrit.

Le Traité qui porte pour titre spécial *Vérandjákandavannana* a peut-être quelque analogie avec le *Varandjakasûtra* qui se trouve dans trois temples à Ceylan (Upham, tom. III, p. 182).

Le *Sârârthadîpanî* se trouve dans les mêmes temples, comme on l'apprend par les listes de M. Upham, tom. III, p. 169, 175, 183, 189.

150. Rasavâhinî. Le Fleuve du Goût. Ouvrage écrit en pali, et contenant une collection de récits historiques et légendaires (*vatthu*, en sanscrit *vastu*) relatifs à l'Inde et Ceylan, et qui sont plus ou moins directement attachés à l'histoire du Bouddhisme.

Cette collection curieuse et que je crois unique en Europe, contient 110 histoires dont les titres sont donnés dans une table qui termine ce beau manuscrit. Il a été copié l'an 2207 de Gâutama Bouddha, ou, selon le calcul singhalais, l'an 1663 environ de notre ère. — Le manuscrit a 205 feuillets.

151. Phâtimokkha, en pali, écrit en caractères singhalais. Cet ouvrage contient l'exposé des devoirs des membres du clergé, tant hommes que femmes, il répond au *pratimôkcha* qui fait partie de la collection du *vinaya* ou de la discipline. (Journ. of the As. Soc., of Bengal, I, p. 2 sqq.)

Ce magnifique manuscrit, qui est complet et très-correct, était inconnu aux auteurs de l'*Essai sur le pali*, qui ont composé leur description du *Phâtimokkha*, d'après le manuscrit siamois de la Bibliothèque royale. — Le manuscrit contient 22 feuillets.

152. Milindaprasna. Questions de Milinda. Ouvrage philosophique, contenant une controverse sur le bouddhisme, sous la forme d'un dialogue entre le roi *Milinda*, que l'on dit être un grec, et *Nâgasêna*, disciple de Gâutama. Cette discussion passe pour avoir eu lieu cent ans environ après le *Nirvâna* de Gâutama, et elle eut pour résultat la conversion de *Milinda*.

Cet ouvrage, qui est écrit en pali et en singhalais, est un des livres les plus importants pour la connaissance de la philosophie bouddhique. D'après Upham (Sacred and histor. Books, t. III, p. 170), cet ouvrage existe aussi en pali, sans commentaire. (Conf. H. p. 177, 181, 184 et 191.)

153. Bhesadjamandjusa. La Corbeille des Médicaments. Ouvrage de médecine, composé en pali et traduit en singhalais. Chaque mot du texte est répété dans la traduction singhalaise qui est souvent très-développée. La première feuille contient une table qui donne les noms, avec renvoi au chapitre, des maladies traitées dans cet ouvrage.

Ce beau et curieux volume est élégamment et correctement écrit. — Ce manuscrit contient 376 feuillets.

154. Sandhikappa. Théorie du Sandhi. Grammaire de la langue pali. L'ouvrage se compose de six livres, dont le premier traite du *Sandhi*, et d'où l'ouvrage entier a tiré son nom.

Ce beau et précieux manuscrit n'est connu en Europe que par son titre qui est donné dans la collection des livres singhalais d'Upham (T. III, p. 174). Ce manuscrit contient 47 feuillets.

Manuscrits en dialectes indiens.

A. En Radjpouti.

155. Dix chapitres du poëme de Tchand, donnés par le colonel Tod, provenant de la bibliothèque de Jaïpore. — 41 feuillets, 1 vol. in-fol. v.

156. Première partie du poëme de Tchand, en dialecte de Djaïpour, provenant du colonel Tod. — 31 feuillets, in-4, dem. c. d. R.

157. Kinodj Samaya. Récit de la bataille de Kanoudj, extrait du poëme de Tchand, en dialecte de Djaïpour, provenant du colonel Tod. — 86 feuillets non numérotés, in-4, dem. c. d. R.

B. En Mahratti.

158. Mahrata historical collection. Manuscrit en Mahratte cursif, contenant une collection historique composée de 23 chapitres qui forment à peu près l'ensemble des annales de Mahârachtra, contenant :

1er vol. — 1° Une Histoire de la fondation de l'empire Mahratte, par Civadji-Radja ;

2° Un Aperçu de l'Administration de Naraïn-Row et le récit de son assassinat par son oncle ;

3° Récit de la bataille de Paniput (commencement).

4° Continuation des manuscrits prov. du cap. Knox ;

5° Généalogies ;

6° Suite de la bataille de Paniput ;

7° Gangades Punt.

2me vol. — Ch. I et II : Deux histoires relatives à la fondation de l'empire Mahratte. — III. Origine de l'ère de Çâlivahâna. — IV. Table des revenus de Mandowgun dans la province d'Ahmednayar.

— V. Détails divers sur Çivadji. — VI.... — VII. Détails historiques sur les Pechwas. — VIII. Table de Radja-Bhodj. — IX. Aurengzeb au point de vue des Mahrattes. — X. Autre récit de la vie et de la mort de Narain-Row.

Les premières pages de ce volume sont accompagnées d'une traduction anglaise interlinéaire.

Le 3me vol. contient des traités historiques et autres qui sont considérés dans le Carnatic comme très-curieux et très-importants.

L'ensemble de cette collection mahratte a été recueilli à très-grands frais par le cap. William Hamilton.— 3 vol. in-fol. dem. mar. r. copiés avec soin et très-lisibles.

159. Bhagavad Gîtâ, en Mahratte. 76 feuillets. Petit in-8, dem. mar. gris.

C. En Telinga.

160. Krïchnaçatakamu. « Collection de cent stances en l'honneur de Krïchna. » En telinga, mêlé de sanscrit, et en caractères telingas.

Ce manuscrit qui contient 28 olles, y compris la feuille du titre que nous venons de transcrire, se compose de cent stances, dans chacune desquelles Krichna est invoqué une ou plusieurs fois sous les noms ou sous les attributs divers que lui donne la mythologie indienne. Le nom de Krichna est répété à la fin de chaque stance, qui est numérotée à droite en chiffres telingas.

161. Gadjendramokchanâm. « Délivrance du Roi des Éléphants. » En telinga; morceau traduit de quelque purâna sanscrit, et peut-être du bhâgavata Purâna, duquel l'épisode de la délivrance de l'éléphant fait partie.

Ce manuscrit qui se compose de 20 olles, en y comprenant la page du titre, est écrit avec la plus grande netteté, et paraît ancien.

162. Gadjendramokchanam. « Délivrance du Roi des Éléphants. » En telinga. Morceau dont le contenu paraît être le même que celui d'un autre manuscrit portant le même titre et ayant 20 olles; mais dont la rédaction paraît différer, au moins pour le commencement, où on lit une stance presque sanscrite que je ne retrouve pas dans l'autre manuscrit. — La présente copie a 11 olles, y compris la feuille du titre. Elle est très-bien écrite.

163. Sumatiçatakam. Collection de cent stances en l'honneur de Sumati. En telinga. Le personnage célébré ici sous le nom de *Sumati*, est peut-être celui qui est reconnu par les Djainas, comme le cinquième maître de la secte de l'époque actuelle. — Le manuscrit se compose de 11 olles, en y comprenant la feuille du titre. Il est très-nettement écrit en beaux caractères telingas.

164. Prabhavalapustakam. Ce manuscrit dont le titre est reproduit à la marge de la première page, avec l'orthographe de *prabhavalupustakam*, paraît être un livre d'astrologie, en telinga; mais comme les noms des constellations, des cieux et des enfers qui y sont énumérés sont tous sanscrits, le telinga n'y figure que dans quelques désinences grammaticales. — Le manuscrit se compose de 11 olles y compris la feuille du titre. Elles sont écrites en beaux caractères telingas.

165. Akcharasamudâyamu. Alphabet et syllabaire Telinga, manuscrit complet.

Ce manuscrit, qui se compose de 21 olles, renferme un alphabet Telinga, où chaque consonne figure avec toutes les voyelles qui peuvent la modifier, et où les consonnes sont unies les unes avec les autres. — Les caractères y sont de la plus grande beauté, et tracés avec une netteté parfaite.

166. Réunion de cinq alphabets, sanscrits, telingas et singhalais, avec leurs syllabaires. — 68 pag., in-fol. cart.

D. Tamoul.

167. Recueil de Stances en langue tamoule, dont plusieurs sont adressées à Nârayana.

Ce manuscrit, dont l'écriture est plus grosse que ne l'est ordinairement celle des livres tamouls, est écrit avec le plus grand soin ; les caractères ont été noircis.

168. Manuscrit tamoul, en prose dont j'ignore le titre, mais dont le contenu me paraît être religieux et légendaire. Ce grand et beau manuscrit est complet ; il se compose de 98 olles ; l'écriture n'a pas été noircie, mais elle n'en est pas moins très-lisible.

169. Manuscrit tamoul, en prose dont j'ignore le contenu, quoique je soupçonne d'après quelques mots que ce doit être un récit historique. — Ce manuscrit, dont l'écriture est ancienne, et qui n'a pas été noircie se compose de 28 olles.

170. Stances en tamoul, dont plusieurs riment alternativement par la dernière lettre. — Ce manuscrit, qui est bien écrit et dont l'écriture est noircie, se compose de 7 olles.

171. Manuscrit tamoul, en prose, dont j'ignore le titre, mais dont le contenu me paraît être religieux et mythologique. —Ce manuscrit considérable qui est bien écrit et lisible, quoique l'écriture n'en soit pas noircie, se compose de 169 olles.

172. Ancien manuscrit tamoul, qui me paraît être la traduction de quelque Purâṇa sanscrit; d'une main ancienne, mais lisible. Il se compose de 202 feuillets.

173. Manuscrit tamoul, ancien et très-étendu, qui me paraît être la traduction de quelque Purâna sanscrit. Ce manuscrit est d'une main ancienne et peu élégante, mais lisible. Quelques feuilletons ont été endommagés par le temps.

174. Liasse de feuilles écrites en tamoul, contenant des lettres et des comptes en langue et en caractères tamouls, au nombre de quatre paquets, chacun de plusieurs feuilles.

175. Nannukkuruvâjaga, Nannûluràipâdam.

176. Tirutchirambalam, Kâsikândam, Kadavel vâjuttu. Sur feuilles de palmier.

177. Aritchan diren kadâi. En tamoul.

178. Nâladiyâr, Adigâr, Adâivu, Urâi.

179. Nannuga, Pantchadasap, Pirragaranam, Mudalâvada, Chittiradibam, Kurubâdam. En tamoul.

180. Dictionnaire sanscrit et tamoul disposé par ordre de matières, sur deux colonnes, et pouvant servir également pour interpréter le tamoul par le sanscrit, comme le sanscrit par le tamoul. Ce Dictionnaire contient en outre de nombreux paradigmes de comparaisons et de déclinaisons dans les deux langues.

181. Nattoupadalam, Nayapadam, etc., et autres petits poèmes tamouls.

182. Avâiyadakkam, Aritchandiranâdakam, Viruttam.

183. Namukkuruvâjaga. En tamoul.

184. Tamijarriyum, Perummâl, Kadâi. En tamoul.

185. Tiruvalluver Kurral.

186. Tiruvalluvar Cural. Texte traduit en anglais et accompagné d'un commentaire très-développé par Ellis? — 1 vol. in-4, veau.

187. Pantchatandrakadai. Traduction tamoule du Recueil de fables indiennes nommé *Pantchatantra*. Ouvrage qui fait autorité pour le style dans le sud de l'Inde. L'abbé Dubois en a donné une imitation en français. (Titre de la main de M. Burnouf.) — 1 vol. in-fol., v. br.

188. Pantchatantra. Traduction française interli-

néaire des deux premiers Livres, par Limerey-Beauchamps, procureur du roi à Karikal. 72 p. in-fol. Les 11 dernières ne contiennent que la traduction française seule. — 1 vol. in-fol., cart.

189. Saduragaradi, ou quadruple trésor de la langue tamoule, composé par le célèbre Viramamouni (le P. Beschi) et qui fait autorité parmi les Brahmanes du sud de l'Inde. (Avec le titre et une note de la main de M. Burnouf.) — 1 vol. in-4, bas, fil.

190. Vocabulaire français-tamoul. La partie tamoule complète 205 pages; la partie française s'arrête à la 11e page. Jolie écriture. — 1 vol. in-4, veau.

191. Grammaire tamoule-française, avec la syntaxe et des exercices de traduction. 150 pages. — 1 vol. in-8, cart.

192. Grammatica tamulico-latina. Fecit Clemens Bonnaud, episcopus Dusiparensis, vic. apost. — 1 vol. in-8, cart.

193. Vocabulaire et exercices anglais et tamouls. Manuscrit de L. Beauchamps. Très-belle écriture. 1 vol. de 190 pages. — In-4, cart.

194. Exercices français-tamouls-telingas. Manuscrit de L. Beauchamps. Très-bien écrit. 84 pages. — 1 vol. in-4, cart.

195. Nouvelles conversations françaises-tamoules. Très-bien écrit. 1 gros vol. in-4 de 203 pages. cart.

196. Vocabulaire français-tamoul, par Limerey-Beauchamps. Belle écriture. Manuscrit in-fol., 28 pages à deux colonnes. — 1 vol. in-fol, cart.

197. Gangâ Mahâtmya. Histoire de la grandeur du Gange, en langue et caractères Uriya. Très-beau manuscrit, d'une main ancienne.

198. Lalitavistara. Histoire de Çâkyamuni, depuis sa naissance jusqu'à sa mort; l'un des ouvrages

réputés sacrés au Népal. Il est écrit en sanscrit, en prose mêlée de vers. Les *Gâthâs* ou stances — portent de nombreuses traces de prâkrit. Ce beau manuscrit qui a été écrit avec le devanâgari du Népal, m'a été donné par M. Hodgson, de Catmandou. Avril 1836.

199. Pradjñâpâramitâ, ou la Perfection de la Sagesse. L'un des livres fondamentaux du buddhisme népalais.

Ouvrage écrit en sanscrit, avec les caractères devanâgaris du Népal. — Ce beau et précieux manuscrit m'a été donné par M. Hodgson, en 1837.

Manuscrits Barmans.

200. Rakrveh pûm. La note du manuscrit porte Rakrveh pûm. Titre barman qui signifie *Livre du Choix des jours.* Ce manuscrit se compose de 24 petites tables formées de chiffres et de lettres barmanes. Les explications marginales sont en langue et en caractères barmans. Le manuscrit a 22 feuillets.

201. Manuscrit barman dont je n'ai pu découvrir le titre; mais dont le contenu paraît être astrologique. Les préliminaires contiennent diverses formules religieuses en pali. Le reste se compose de tables formées à l'aide de chiffres et de lettres barmanes. Le manuscrit contient 31 feuillets.

202. Manuscrit barman dont je n'ai pu déterminer le titre; mais dont le contenu me paraît être astrologique. Le manuscrit est en langue et en caractères barmans. On n'y rencontre qu'un très-petit nombre de mots palis, lesquels se représentent deux ou trois fois dans le même ordre. Ce manuscrit contient 33 feuillets.

Manuscrits Siamois.

203. Manuscrit en langue thay (ou en siamois), sur feuilles de palmier. Divers fragments bouddhiques.

204. Manuscrit en langue thay (ou en siamois), sur feuilles de palmier. Fragments d'une généalogie de Bouddha, sous le nom de Phravesandor. En prose.

205. Manuscrit thai ou siamois sur papier. Recueil de prières et de litanies usitées dans l'église catholique de Siam. Lamentations sur la sainte Vierge, lors de la Passion, *en vers*. — Prières du matin et du soir. Pater, Ave Maria, Credo, Confiteor, Commandements de Dieu et de l'Eglise, etc.

Manuscrits Singhalais.

206. Radjavaliya. La suite des Rois. Histoire ancienne de Ceylan, depuis les temps anciens jusqu'à l'arrivée des Portugais, ouvrage écrit en Singhalais. C'est le *Râdjavalo* dont la traduction anglaise se trouve dans le recueil d'Upham, t. II.

Ce manuscrit contient 67 feuillets.

207. Ratanâvaliya, ouvrage Singhalais qui passe pour être la traduction du célèbre traité pali, intitulé *Dampiyâva*, dont Upham a donné une analyse (T. III, p. 208 sqq.). Ce grand et beau manuscrit est écrit avec le plus grand soin. Le *Dampiyâva* fait partie de la division des écritures bouddhiques nommées *Sutta*.

Ce manuscrit contient 202 feuillets

208. Dharmapradîpikâ. Le Flambeau de la Loi. Ouvrage contenant un exposé complet de la religion de Gâutama Bouddha. Cet excellent traité

est écrit en Singhalais; il est entremêlé de textes sanscrits et pâlis. Le manuscrit est de l'an 1828; il n'en est pas moins généralement très-correct.

Ce manuscrit contient 169 feuillets.

209. Asadrisadjâtakakavipôta. Poème Singhalais en vers, dont le sujet est la naissance de Gâutama Bouddha connu sous le titre *Asadrisadjâtaka*.

Beau manuscrit contenant 55 feuillets.

210. Sulurâdjavaliya. Histoire des rois de Ceylan depuis l'arrivée des Hollandais dans les provinces maritimes, jusqu'à l'époque de leur expulsion par les Anglais. Cet ouvrage fait suite au *Râdjavaliya*, et tous les deux réunis contiennent l'Histoire ancienne et moderne de Ceylan.

Le manuscrit est en langue et en caractères Singhalais, et contient 26 feuillets.

211. Vêssantaradjâtaka, naissance (de Gâutama) en Vessantara. Ouvrage formant une partie du *Djâtaka pota*, et contenant le récit de la dernière des 550 naissances de Gâutama. L'histoire de *Vêssantaradjâtaka* est sans contredit la plus célèbre et la plus estimée de ces histoires; on en trouve une analyse, dans un petit traité publié à Londres en 1833 sous le titre de *The miniature of Buddhism etc.*, in-8 pag. 4 et sqq. — Ce manuscrit est en singhalais, et contient 32 feuillets.

212 Djâtaka pôta, le livre des naissances (de Gâutama.) Ouvrage écrit en singhalais, et qui contient l'histoire des 550 naissances de Gâutama Bouddha. Cet ouvrage, le plus célèbre et le plus vénéré de tous les livres singhalais, contient une exposition ample et détaillée de la religion de Bouddha. Il a été décrit par Clough (Singh. Dict. tom. II, pag. 209) et par Upham (Sacred and Histor. books etc. tom. III, p. 267) qui en a donné la table et quelques extraits. Ce magnifique ouvrage est extrêmement rare, et peu de temples à

Ceylan le possèdent même complet. La Soc. As. de Londres en a reçu le texte Pali de Sir Alex. Johnston.

213. Saddharmâlangkâra, l'ornement de la bonne loi. Cet ouvrage est la traduction singhalaise du *Rasavâhinî* Pali, qui fait également partie de ma collection. Le *Saddharmâlangkâra* commence par quatre morceaux qui, je crois, ne se trouvent pas dans l'original; mais qui n'en doivent pas moins être traduits du Pali, notamment le *Nidânavastu*. — Le manuscrit contient 621 feuillets.

214. Ummaggadjâtaka, naissance de Gâutama en Ummagga. Récit de la naissance de Gâutama, qui précéda celle de *Vessantara*, ou la dernière des 550 naissances énumérées dans le célèbre *Djâtaka pota*. Cet ouvrage écrit en singhalais, fait partie de cette collection; il contient un grand nombre de citations en Pali. Ce manuscrit est d'une écriture magnifique; les caractères sont assez gros et assez nets pour servir de modèles à un graveur. Il contient 178 feuillets.

215. Recueil religieux en singhalais, ou choix de morceaux relatifs aux points les plus importants du Bouddhisme, extraits des écritures sacrées conservées en singhalais, comme le *Sûvisivivaranaya* extrait du *Pûdjâvalîya*, p. 1; le *Dahamsondakathâva*, du *Saddharmâlankara*, p. 17; le *Dharmapâladjâtakaya*, du livre des *Djâtaka*, p. 26; le *Vessantaradjâtaka*, du même livre, p. 28; le *Sadevuloka*, le *Tchaturmaharadjikaya*, p. 53; le *Mahâbhinikamana*, du *Pûdjâvaliya*, p. 62; le *Mârayuddhayayi*, p. 90; le *Satsatiyavuhetiya*, p. 97; *Catapenairyâpayayi*, p. 106; et d'autres petits traités, ou listes de Dévas, au nombre de treize. — Le manuscrit contient 142 feuillets.

Manuscrits Tibétains.

216. Manuscrit Tibétain de 100 fol. *environ*. Caractères tibétains cursifs. Belle écriture. Semble être un Traité buddhique. Sans commencement et sans fin. — 1 vol. oblong.

Manuscrits français.

217. Copie de l'ouvrage de *Legentil*, offert par lui à Louis XVI, déposé à la Bibliothèque du roi, intitulé :

Essai sur l'Indostan, ou l'Empire Mogol, tiré de plusieurs historiens et géographes indiens, à Faisabad, capitale de la province d'Avad. *A Versailles*, 1785, 290 pages, in-fol. cart.

218. Copie d'un Traité de l'analyse des sensations. Anonyme. In-fol., dem.-v. f.

TABLE DES DIVISIONS.

TEXTES IMPRIMÉS DANS L'INDE.

EDITIONS AUTOGRAPHIÉES ET LITHOGRAPHIÉES A CALCUTTA, BOMBAY, ETC.

MANUSCRITS.

FIN DE LA TABLE.

PAR CONTINUATION.

BIBLIOTHÈQUE DE M. EUGÈNE BURNOUF.

SUPPLÉMENT.

Livres imprimés qui seront vendus le 22 et le 23 décembre 1854, rue de l'Odéon, 21, à 7 heures du soir,

Par le ministère de Me Ducrocq, assisté de M. Benj. Duprat, libraire de l'Institut, de la Bibliothèque impériale, etc.

2731. Biblia pad er aull heilaug kitning utlaugda Islendstu og prentud epter peirri Kaupmannahaufnftu Utgafu, 1747, etc. *Kaupmannahaufu*, 1813, in-8, bas. (Bible islandasie ou runique.)

2732. Y Bibl, Cyssegr-Lan sef yr hen destament a'r Newydd. *Llundain*, 1814, 1 vol. gr. in-8, pap. vél., mar. bl., fil., tr. dor. (Bible traduite en gallois ou welsh du pays de Galles.)

2733. Les Psaumes de David, traduits par J. M. Dargaud. *Paris*, 1838, gr. in-8, br.

2734. Book of religious and philosophical sects, by Muhammad-al-Sharastani, part. I, edited by W. Cureton. *London*, 1842, gr. in-8, cart.

2735. Dictionnaire hébreu raisonné, par A. Latouche. *Rennes*, 1845, in-8, br.

2736. Andreæ Mülleri opuscula nonnulla orientalia. *Francofurti ad Oderam*, in-4, d. v. viol.

2737. Historia orientalis, authore Joh. Henr. Hottingero. *Tiguri*, 1651, in-4, parch.

2738. Pauli Colomesii Italia et Hispania orientalis, etc. *Hamburgi*, 1730, in-4, d. v. ant.

2739. Litteratur der grammatiken Lexica, und Wörtersammlungen aller Sprachen der Erde nach alphabetischer ordnung der Sprachen, von Dr J. Severin Vater. *Berlin*, 1815, in-8, demi-vél. bl.

2740. Prüfung der Untersuchungen über die urbewohner Hispaniens vermittelst der Vaskischen Sprache, von W. von Humboldt. *Berlin*, 1821, in-4, d. v. f.

*2741. Die Verwandtschaft der germanischen und slavischen Sprachen, von Th. Bernd. *Bonn*, 1822, in-8, d. v. f.

2742. Des origines slaves, par Cyprien Robert. *Paris*, 1851, in-8, br.

*2743. Radices linguæ slovenicæ veteris dialecti scripsit Fr. Miklosich. *Lipsiæ*, 1845, in-8, br.

2744. S. Joannis Chrysostomi Homilia in ramos palmarum slovenicè, latinè et graecè, cum notis criticis et glossario edidit Franciscus Miklosich. *Vindobonæ*, 1845, gr. in-8, br.

2745. Histoire de l'anarchie de Pologne et du démembrement de cette république, par Cl. Rulhière. *Paris*, 1808, 4 vol. in-12, d. v. vert.

2746. Monimenta linguæ ac literaturæ Hungarorum in antiquitate vetusta a Josepho Szabo. *Sopronii*, 1833, pet. in-8, cart.

2747. Grammatica e vocabolario della lingua kurda, composti dal P. Maurizio Garzoni. *Romæ*, 1787, pet. in-4, d. v. ant.

2748. Frid. Guil. Sturzii de dialecto Macedonica et Alexandrina liber. *Lipsiæ*, 1808, in-8, v. gr.

2749. Nieuw Hand-Woordenboek der Nederduitsche en fransche Talen; door Agron en G. N.

Landré. *Amsterdam*, 1811, 2 vol. in-12, demi-rel. v. f.

2750. Nederduitsch en Maleisch Woordenboek, onder goedkeuring en begungstiging der hooge regering van Nederlandsch Indië, vervaardigd en uitgegeven door Roorda van Eysinga. *Gedrukt te Batavia*, 1824, in-8, cart.

2751. Maleisch en Nederduitsch Woordenboek, onder goedkeuring en begungstiging der hooge regering van Nederlandsch Indië vervaardigd en uitgegeven door Roorda van Eysinga. *Gedrukt te Batavia*, 1825, in-8, cart.

2752. Uber die Verwandtschaft der indo-germanischen, semitischen und Tibetanischen, nebst einer einleitung über den Ursprung der Sprache, von Franz Wüllner. *Munster*, 1838, in-8, d. v. f.

2753. Mélanges de littérature indienne, 1 vol. gr. in-8, cart. : Mâlatî-Mâdhavae actus I. (Sanscrite.) — Corpus scriptorum veterum qui de India scripserunt, edidit et commentationibus instruxit Fr. Schauffelberger. Fasc. I, continens : Scylacem, Hecathæum, Herodotum, Ctesiam. *Bonnæ ad Rhenum*, 1845. — Notice sur la vie et les ouvrages de M. A. W. de Schlegel, par Ch. Galusky. — Analyse du Kathaka Oupanischat, par le baron d'Eckstein (*avec une lettre d'envoi de l'auteur, adressée à M. Eugène Burnouf*). — De l'état présent des études sur le Bouddhisme, et de leur application, par Félix Nève. *Gand*, 1846. — De la langue et de la littérature sanscrite, par Eug. Burnouf. — Etudes sur le théâtre indien (Stékiare Vassapou, histoire dramatique de saint Eustache, mélodrame en 3 actes et en vers tamouls, représenté à Pondichéry en 1837), par Vallet de Viriville. — Le barattement de la mer, extrait du Mahabharata; texte sanscrit avec la traduction française, par Ed. Lancereau. — État actuel des Indes anglaises, par A.-D. de Jancigny.

(4 *parties. Complet.*) *Paris*, 1840. — Des langues et de la littérature de l'archipel d'Asie, sous le rapport politique et commercial, par Ed. Dulaurier. — L'Orient, par Camille Wins. *Mons*, 1846. — Question de Perse, par Alph. Denis, etc.

2754. Le lotus de la bonne loi, traduit du sanscrit, accompagné d'un commentaire et de vingt-et-un mémoires relatifs au Bouddhisme, par E. Burnouf. *Paris, Impr. nat.*, 1852, in-4, br.

2755. Antient indian literature illustrative of the researches of the asiatick society instituted in Bengal. *London*, 1807, in-4, cart.

2756. Decade di alberi curiosi ed eleganti piante delle Indie orientali, e dell' America, dal celebre dottore Giovanni Hill. *Roma*, 1786, in-4, d. m. vert.

2757. Catéchisme abrégé en la langue de Madagascar pour instruire sommairement ces peuples, les inviter et les disposer au baptême. S. L. N. D., in-8, br.

2758. A discourse on the nativity of our lord Jesus-Christ, by Robert Newstead, with a Singhalese translation. *Colombo*, 1823, in-12, demi-rel.

2759. Illustrations of the literature and religion of the Buddhists, by B.-H. Hodgson. *Serampore*, 1841, in-8, cart.

2760. The pilgrimage of Fa Hian; from the french edition of the Foe Koue Ki of MM. Rémusat, Klaproth, and Landresse; with additional notes and illustrations. *Calcutta*, 1848, in-8, cart.

2761. Vocalismus oder sprachvergleichende kritiken über *J. Grimm's* deutsche grammatik und *Graff's* althochdeutschen Sprachschatz mit Begründung einer neuem theorie des ablauts, von Franz Bopp. *Berlin*, 1836, in-8, d. mar. r.

2762. Ueber die monatsnamen einiger alter Völker insbesondere der Perser, Cappadocier, Juden und Syrer, von Theod. Benfey und Moriz A. Stern. *Berlin*, 1836, in-8, d. m. r.

2763. Illustrations of the grammatical parts of the guzerattee, mahratta and english languages, by D^r. Robert Drummond. *Bombay*, 1808, in-4, d. mar. or.

2764. Selections from the vernacular Boodhist literature of Burmah, by T. Latter. *Maulmain*, 1850, in-4, cart.

2765. On the aborigenes of India, by B. H. Hodgson. Essay the first: on the Kocch, Bodo and Dhimal tribes, in three parts; etc. *Calcutta*, 1847, in-8, cart.

2766. De l'accentuation dans les langues indo-européennes tant anciennes que modernes, par Louis Benlœw. *Paris*, 1847, in-8, br.

2767. Die erdkunde im verhaltnik zur natur und zur geschichte des Menschen, oder allgemeine, vergleichende Geographie, von Carl. Ritter. *Berlin*, 1822-51, 15 tomes en 16 vol. Les tom. 1-10, dem. mar. r.; les autres br.

2768. The story of Dooshwanta and Sakoontala extracted from the Mahabharata, a poem in the sanskreet language, translated by Charles Wilkins, originally published in the oriental repertory, by Dalrymple. *London*, 1794, in-4, cart.

2769. A vocabulary Khuree Bolee and English of the principal words occurring in the Prem Sagar. in-4, d. mar. r.

2770. Jâska's Nirukta sammt den Nighantavas herausgegeben von Rudolph Roth. *Gottingen*, 1848, 2 p. in-8, br.

2771. Vikrama och Urvasi eller Hjelten och nymfen; ett indiskt skadespel af Kalidasa; ofversatt och forklaradt af C. F. Bergstedt. *Stockholm*, 1846, in-8, br.

2772. Lilavati; a treatise on algebra and geometry, by Sri Bhaskara Acharya. *Calcutta*, 1832, in-8, d. m. citr.

2773. The Ardai Viraf Nameh; or, the revelations of Ardai Viraf, translated from the persian and Guzerattee versions, with notes and illustrations, by J. A. Pope. *London*, 1816, in-8, d. m. r.

* 2774. A glossary; or, collection of words, phrases, names, and allusions to customs, proverbs, etc., which require illustration in the works of english authors, particularly Shakespeare, by Rob. Nares. *Stralsund*, 1825, 1 vol. gr. in-8, d. v. ant.

2775. Notice des monuments exposés dans la galerie d'antiquités égyptiennes, au Musée du Louvre, par Emmanuel de Rougé. *Paris*, 1849, in-8, br. papier fort.

* 2776. Geschichte der Maratten bis auf den lezten frieden mit England, von Matthias Christian Sprengel. *Frankenthal*, 1814, in-12, br., avec carte.

2777. Précis historique de la destruction du corps des Janissaires par le sultan Mahmoud, en 1826; traduit du turc par Caussin de Perceval. *Paris*, 1833, in-8, br.

2778. Fragments sur la Chine: — Recherches sur les mœurs des anciens Chinois, par Ed. Biot. — Sur les colonies militaires et agricoles des Chinois, par le même. — Iu-Kiao-Li, Texte chinois publié par Levasseur. — Antiquités chrétiennes de la Chine, par Reinaud. — Et autres br. En tout onze pièces in-8, br.

2779. Anhang der Zend Avesta, von Joh. Fried. Klenker. *Leipzig* und *Riga*, 1781, 2 vol. in-4, d. v. f.

2780. A collection of pleasantries, or, fables and stories, translated from english and persian into Urdu and English by Rajah Kali-Krishna Bahadur. *Calcutta*, 1835, in-12, br.

LIVRES TAMOULS.

2781. Grammatico latino-tamulica, in quâ de vulgari Tamulicae linguae idiomate dicto fusius tractatur; auctore Constantio Josepho Beschio. *Pudicherii*, 1843, in-8, bas.

2782. Lindley Murray's english grammar translated in Tamil by Gnanapragasa Moodeliar. *Madras*, 1826, in-4, bas.

2783. Abridgment of Murray's english grammar translated in tamil by P. Gnanapragasa Moodaliar. *Madras*, 1828, in-18, bas.

2784. *Râmâyanam ontarakândam*, septième et dernier chapitre du Râmâyana. En Tamoul. *S. L. N. D.*, in-4, bas.

2785. Exercice abrégé de la haute langue Tamoule, par Visâgappéroumâlayar, fils de Candappayar, pour apprendre aux enfants et autres, l'écriture, le langage, les arts, etc., pet. in-4, bas. (En tamoul.)

2786. Chants sacrés, composés par la sœur aînée de Tirouvallouvar, in-4, bas. (En tamoul.)

2787. Manière de prier. Livre chrétien, in-12, demi-rel., dos et coins de mar., r. fil. (En tamoul.)

2788. Exercices de la langue sublime, par Tandavarayâ-Moudeliâr, pour régler la haute poésie tamoule, in-4, bas. (En tamoul.)

2789. *Adissouvadi* (livre d'école pour les commençants), alphabet, syllabaire, suivi de quelques fables pour exercices, in-12, br. (En tamoul.)

LIVRES MONGOLS.

2790. *Arban tzougoun etzen Geser Khantogotchzi.* Histoire de Geser Khan, maître des dix régions. Texte mongol, publié par Jac. Schmidt, membre de l'Acad. des Sciences de St-Pétersbourg, in-4, en livraisons.

2791. MANI GAMBO. Cet ouvrage a été composé par le prince HON-TSAN-GAMBO. Il renferme un commentaire sur la formule mystique : *Om mani padme houn* (salut à la perle (cachée) dans le Lotus !), une notice abrégée sur les *Bouddhas* de la période actuelle, et l'histoire de la propagation du bouddhisme dans le Thibet, 12 cahiers in-4, obl., renfermés dans deux boîtes. (En mongol.)

2792. *Khoutouktou degedou altan Gorel-touerketon Soudour nogodoun Khagan.* Instructions de Çakyamouni sur les trois États de *Bouddha* et sur les deux objets de la spéculation et de la morale, in-4, obl., 6 cahiers dans une boîte. (En mongol.)

2793. *Khan i arakha mandchou monyou gisoun i boulekou bitkhe.* Le miroir impérial de la langue mandchou, avec une version mongole interlinéaire. 20 cahiers in-4, renfermés dans deux boîtes.

2794. *Endouringge tatsikhian i bitkhe.* Les 16 instructions de l'empereur Yong-tching, en mandchou et en mongol interlinéaire. 2 vol. in-folio, dans une enveloppe.

2795. *Ouliger oun dalaï.* Recueil d'histoires sur la vie et les actions de Bouddha Çakhyamouni, et de quelques-uns de ses disciples qui ont vécu dans les anciens temps. 8 cahiers in-4, obl., dans une boîte. (En mongol.)

2796. *Erdeni oki in toktagal,* la loi du symbole précieux; ouvrage appelé aussi : l'Histoire du grand véhicule. 4 cahiers in-4 obl., dans une boîte. (En mongol.)

2797. *Ouligèr oun nom.* Le livre des paraboles ou histoires allégoriques, *imprimé à Péking*. 4 cahiers obl., dans une boîte. (En mandchou.)

2798. *Bodhi mour, etc.*, ou le Chemin de l'Intelligence, 4 cahiers oblongs. (En mongol.)

2799. Un vol. in-8, bas. En Tenougou ou Télenga. Paraît être un Traité de grammaire.

2800. Un vol. in-8, bas. Paraît être une grammaire du dialecte *Kamara?* n'est pas du pur Tamoul. Langue de la côte Malabar.

2801. 1° *Védantânousâra*, ou essence du Vedanta de Sananda Parivrâdja-Kâtchârya, avec une glose en dialecte bengali; 2° *Soubhôdhinî*, de Sinhasarasvatî; 3° *Vîdoanmanôranguinî*, de Râmakrichmatistha, Commentaires sur le même sujet, en langue sanskrite et en caractères bengali; 4° *Hastâmalakagrantha*, avec une glose en dialecte bengali et un commentaire de Mastagrava. *Calcutta*, 1814, pet. in-8, cart.

2802. 1° *Abhidhânakôcha* (le Trésor des Substantifs), par Trikanda; 2° *Ané-Kârthakôcha* (le Trésor des divers sens des mots), par Médini. *S. L. N. D.* 1 vol. in-8, v. jaspé.

PHILOSOPHIE ET LITTÉRATURE.

2803. Essai sur la métaphysique d'Aristote, par Félix Ravaisson. *Paris*, 1837-46, 2 vol. in-8, br.

2804. De la métaphysique d'Aristote, par V. Cousin. *Paris*, 1838, in-8, br.

2805. Politique d'Aristote, traduite en français, par J. Barthélemy Saint-Hilaire. *Paris*, 1848, 1 vol. in-8, br., grand papier vélin.

2806. Politique d'Aristote, traduite en français, avec le texte en regard, par Barthélemy Saint-Hilaire. *Paris, Impr. roy.*, 1837, 2 vol. in-8, papier vél., br.

2807. De la logique d'Aristote, par J. Barthélemy Saint-Hilaire. *Paris*, 1838, 2 vol. in-8, br.

2808. Logique d'Aristote, traduite en français, par J. Barthélemy Saint-Hilaire. *Paris*, 1844, 4 vol. in-8, gr. papier vél. br.

2809. Psychologie d'Aristote. Opuscules (*Parva naturalia*), traduits en français, par J. Barthélemy Saint-Hilaire. *Paris*, 1847, in-8, grand papier vél. br.

2810. Psychologie d'Aristote. Traité de l'âme, trad. par J. Barthélemy Saint-Hilaire. *Paris*, 1846, 1 vol. in-8, grand papier vél. br.

2811. De l'École d'Alexandrie : Rapport précédé d'un Essai sur la méthode des Alexandrins et le mysticisme, et suivi d'une traduction de morceaux choisis de Plotin, par J. Barthélemy Saint-Hilaire. *Paris*, 1845, in-8, br.

2812. L'École éclectique et l'École française, par Saphary. *Paris*, 1844, in-8, br.

2813. Lexicon Aeschyleum composuit Aug. Wellauer. *Lipsiæ*, 1830. 1 vol. in-8, dem. mar. r.

2814. Lexicon Sophocleum adhibitis veterum interpretum explicationibus, grammaticorum notationibus, recentiorum doctorum commentariis; composuit Fr. Ellendt. *Regimontii Prussorum*, 1835, 2 vol. in-8, pap. fin, dem. v. f.

2815. Essai sur Parménide d'Élée, suivi d'un texte et de la traduction des fragments, par Francis Riaux. *Paris*, 1840, in-8, br.

2816. Philodemi rhetorica restituit, latinè vertiti. E. Gros. *Parisiis, Didot*, 1840, gr. in-8, br.

2817. Explication d'un passage de Plutarque sur une loi de Lycurgue nommée la Cryptie par Wallon. *Paris*, 1850, in-8, br. — Les Ecoles philosophiques en France, depuis la révolution de février, par Saisset. *Paris*, 1850, in-8, br. et autres. En tout 5 br. in-8.

2818. Recherches sur les établissements des Grecs en Sicile, jusqu'à la réduction de cette île en province romaine, par Wladimir Brunet de Presle. *Paris, Impr. roy*, 1845, gr. in-8, br.

2819. Grammatik der Romanischen sprachen, von Fr. Diez. *Bonn*, 1838, 3 vol. in-8. Les 2 premiers dem. v. f., le 3e br.

2820. Études sur Virgile, comparé avec tous les poëtes épiques et dramatiques, anciens et modernes, par P. F. Tissot. *Paris*, 1841, 2 vol. in-8. br.

2821. Histoire naturelle de Pline, texte publié avec une traduction en français, par E. Littré. *Paris*, 1850. 2 vol. gr. in-8, br. (*De la collection Nisard.*)

2822. Omnia Andreae Alciati emblemata. *Parisiis*, 1602, in-8, v. m.

2823. Thesaurus epistolicus Lacrozianus ex bibliotheca Jordaniana edidit Jo. Lud. Uhlius. *Lipsiæ*. 1742. 2 t. en 1 vol. in-4, v. br.

2824. L. Caecilii Minutiani Apuleii de orthographiâ fragmenta et Apuleii minoris de notą aspirationis et de diphthongis libri duo; edidit et animadversionibus auxit Frid. Osann. *Darmstadii*, 1826, in-8, d. v. f.

2825. Alexandri ab Alexandro genialium dierum libri VI. *Lugduni Batav.*, 1673. 2 vol. in-8, vélin.

2826. De charlataneriâ eruditorum declamationes duae; autore J. B. Menckenio. *Amstelodami*, 1715, in-8, d. v. f. non rog. (*Thouvenin.*)

2827. Mirabilis liber qui prophetias revelationesque, necnon res mirandas preteritas, presentes ac futuras aperte demonstrat. 2 tomes en 1 vol. in-8, goth. mar. vert. dent. à compartiments, tr. dorée. (*Ducastin.*) — La première partie finit au recto du f. CX, mal coté XC. La seconde, qui est en français et imprimée à longues lignes, finit au verso du 28e f., par cette souscription: *On les vend au Lyon dargent en la rue sainct Jacques* (*à Paris*).

2828. Les vrais principes de la versification développés par un examen comparatif entre la langue italienne et la française, par Ant. Scoppa. *Paris*, 1814. 3 vol. in-8, bas. fil.

2829. La divina commedia di Dante Alighieri giusta la lezione del codice Bartoliniano. *Udine*, 1823. 4 vol. in-8, br.

2830. Histoire de la poésie scandinave. Prolégomènes, par Edélestand du Méril. *Paris*, 1839, in-8, br.

2831. Les Niebelungen ou les Bourguignons chez Attila, roi des Huns. Poëme traduit de l'ancien idiome teuton, par madame Moreau de la Meltière, publié par Fr. Réaux. *Paris*, 1837. 2 vol. in-8, d. v. f.

DE LA COLLECTION DES DOCUMENTS RELATIFS A L'HISTOIRE DE FRANCE.

2832. Archives législatives de Reims, par Varin. Tome IVe. *Paris*, 1852, in-4, cart.

2833. Archives administratives et législatives de Rheims, par Varin. — Table générale des matières, par M. L. Amiel. *Paris*, 1853. 1 gros vol. in-4, cart.

2834. Négociations de la France dans le Levant, publiées par E. Charrière. Tome 3e. *Paris*, *Impr. impér.* 1853, in-4, cart.

2835. Recueil des lettres missives de Henri IV, publié par Berger de Xivrey. Tome 6e. *Paris*, *Impr. impér.*, 1853, in-4, cart.

2836. Peintures de l'église de Saint-Savin, texte par P. Mérimée, dessins par Gérard Séguin. *Paris*, *Impr. roy.*, 1844, texte gr. in-folio, atlas, 4 livraisons.

2837. Monographie de la cathédrale de Chartres. *Paris*, *Impr. impér.*, 1853. 5 livraisons, gr. in-fol., br.

2838. Chronique du religieux de saint Denis, contenant le règne de Charles VI, de 1380 à 1422, publiée et traduite par M. Bellaguet. *Paris*, 1852. t. 6e, in-4, br.

2839. Procès des Templiers, publié par Michelet. *Paris*, *Impr. nat.*, 1851. t. 2e, in-4, cart.

2840. Statistique monumentale de Paris, cartes, plans et dessins, par Albert Lenoir. 25 livr. gr. in-fol.

2841. Monographie de l'église Notre-Dame de Noyon, par Daniel Ramée, atlas. *Paris*, *Impr. roy.*, 1845, gr. in-fol., br.

2842. Correspondance administrative sous le règne de Louis XIV, recueillie et mise en ordre par G.-B. Depping. *Paris*, *Impr. nat.*, 1852. t. 2e, in-4, cart.

2843. Recueil des monuments inédits de l'histoire du Tiers-État, tome 2e, par Augustin Thierry. *Paris*, 1853, in-4, cart.

2844. Papiers d'état du cardinal de Granvelle. *Paris*, *Impr. nat.*, 1852, in-4, cart., t. 9e.

2845. Les quatre livres des rois, traduits en français du XIIe siècle, suivis d'un fragment de moralités sur Job, et d'un choix de sermons de saint Bernard, publiés par Leroux de Lincy. *Paris*, *Impr. roy.*, 1841, in-4, br.

2846. Histoire des conquêtes et de l'établissement des Français dans les États de l'ancienne Grèce sous les Ville Hardoin, à la suite de la quatrième croisade, par J.-A. Buchon. *Paris*, 1846, gr. in-8, br., t. Ier. (*Société de l'Hist. de France.*)

2847. Mémoires inédits de Louis-Henri de Loménie, comte de Brienne, publiés par F. Barrière. *Paris*, 1828, 2 vol. in-8, br.

2848. Dictionnaire Galibi, précédé d'une grammaire, par De La Salle de l'Estang. *Paris*, 1763, in-8, d. v. ant.

2849. De la littérature des Goths, par M. F. *Genève*, 1837, in-8, br.

2850. La danse des morts, dessinée par Hans Holbein, gravée sur pierre par Joseph Schlotthauer, expliquée par Hippolyte Fortoul. *Paris*, S. D., in-12, fig., br.

2851. Les Amours épiques, Poëme héroïque en six chants, par Parseval-Grandmaison. *Paris*, 1811, in-8, v., gr. fil.

2852. Nouveau glossaire génevois, par J. Humbert. *Genève*, 1852, 2 vol. in-12, br.

2853. Chronique d'Arras et de Cambrai, par Balderic, chantre de Térouane au XIe siècle, traduite en français d'après l'édition latine de Leglay, par Faverot et Petit. *Valenciennes*, 1836, in-8, fig., br.

2854. Mélanges de géographie : notice historique sur la Guyane française, par Ternaux-Compans. *Paris*, 1843, in-8, br. — Mémoire sur la ville et la vallée de Goçeir, etc., par Dubois Aymé, in-8, br., et autres. En tout, 5 br., in-8.

2855. OEuvres de Fr. Rabelais. *Paris*, *Janet*, 1823, 3 vol. in-8, d. v. br.

2856. De la sagesse, par Charron. *Paris*, 1824, 3 vol. in-8, d. v. f.

2857. Pensées, fragments et lettres de Blaise Pascal, publiées pour la première fois conformément aux mss. originaux, par Prosper Faugère. *Paris*, 1844, 2 vol. in-8, br.

2858. Traduction de l'essai sur l'homme de Pope, en vers français, par M. de Fontanes. *Paris*, 1821, in-8, br.

2859. Discours du général Foy, précédés d'une notice biographique par Tissot, d'un éloge par M. Etienne, et d'un essai sur l'éloquence politique en France, par M. Jay, avec portrait et *fac simile*. *Paris*, 1826. 2 vol. in-8, d. v. fauve.

2860. Revue archéologique. *Paris*, *Leleux*, 1845-46, 1re et 2e année en livraisons.

2861. Histoire diplomatique du chevalier portugais Martin Behaim de Nuremberg, avec la description de son globe terrestre, par Ch.-Théoph. de Murr, trad. de l'allemand par H.-J. Jansen. *Strasbourg*, an X (1802). in-8, cart.

2862. Coryat's crudities; reprinted from the edition of 1611; to which are now added his letters from India, etc., and extracts relating to him, from various authors. *London*, 1776. 3 vol. in-8, d. v. f.

Bonne réimpression de la curieuse relation de Thomas Coryat, qui porte dans l'édition de 1611 ce titre bizarre : *Crudités dévorées à la hâte pendant un voyage de cinq mois, en France, en Savoie, en Italie, etc.*

2863. Mélanges sur l'ancienne Perse, 6 pièces in-8, br., dont : Mémoire sur les ruines de Ninive, par Ferd. Hoefer. *Paris*, 1850. — Recherches sur la chronologie des empires de Ninive, de Babylone et d'Ecbatane, etc., par de Saulcy. *Paris*, 1849. — Mémoire sur l'Ecriture cunéiforme assyrienne, par Botta. *Paris*, *Impr. nat.*, 1848, etc., etc.

2864. Voyage en Perse de MM. Eugène Flandin et Pascal Coste, gr. in-fol., fig., livraisons 1 à 55.

2865. Nineveh and Persepolis : an historical sketch of ancient Assyria and Persia, with an account of the recent researches in those countries, by W. S. W. Vaux. *London*, 1851, in-12, fig., et cart. percaline.

2866. Monument de Ninive, par Paul-Émile Botta. 5 vol. gr. in-fol., fig., en livr. (*Complet.*)

2867. Choix de peintures de Pompéï, par Raoul-Rochette. *Paris*, *Impr. roy. et nat.*, 1844-1851, livr. 1 à 7, gr. in-fol., fig. col.

2868. Voyage en Sardaigne, par le général A. de la Marmora, atlas de la seconde partie; antiquités. *Paris*, in-fol. obl., br.

2869. Recherches sur le culte, les symboles, les attributs, et les monuments figurés de Vénus en Orient et en Occident, par Félix Lajard. *Paris*, 1837-48, 7 livr. in-fol., grand pap., épreuves sur pap. de Chine.

Imprimerie de W. Remquet et Cie., rue Garancière, n. 5.

www.ingramcontent.com/pod-product-compliance
Lightning Source LLC
Chambersburg PA
CBHW071619270326
41928CB00010B/1702

9782012528550